間宮）海峡
島
ホロコタン
タライカ湾
北知床岬
海豹島
ウショロ
クシュンナイ
ナヨロ
エンルモコマフ（真岡）
クシュンコタン（大泊）
アニワ湾
中知床岬
シラヌシ
ラペルーズ（宗谷）海峡
宗谷
礼文島
利尻島
北海道
札幌
館
知床岬
厚岸
釧路
根室
クナシリ島
シコタン島
ハボマイ群島
エトロフ島
ウルップ島
ブロートン島
レブンチリポイ島
ヤンゲチリポイ島
シムシル島
ケトイ島
ウシシル島
ラショワ島
マツワ島
ライコケ島
ムシル列岩
チリンコタン島
シャシコタン島
太平洋
0
100
200
300
400
500 km

千島列島をめぐる日本とロシア

秋月俊幸❖著
Toshiyuki Akizuki

北海道大学出版会

まえがき

第二次世界大戦後のロシアの千島列島に対する占領と実効支配はすでに半世紀以上に及んでおり、日露両国間には「北方領土問題」のゆえに第二次大戦の平和条約が未締結という異常な状態が続いている。

日本とロシアの間に横たわる千島列島は、一二〇〇キロメートルという長大な距離にもかかわらず、一八世紀以来両国を結びつける長い橋の役割を果たしてきたということができる。一七世紀末にカムチャツカ半島南部で発見された大坂の商人デンベイの話から日本における商業の発展に関心をもったロシアのピョートル一世(大帝)は、直ちに日本に至る航路の探索とその国との交易樹立の努力を命じたが、その後のロシア人の千島列島南下は、常にそのことを念頭に置いたものであった。一方、日本ではこの列島の北部の島々に現れた異国人の噂が、松前藩の秘密主義にもかかわらず幕府の知るところとなり、天明年間の蝦夷地および南千島の探検の結果日本人のロシア知識が深まり、最初のロシア観も形成されたのである。

その後の日露関係はときに衝突事件があったもののおおむね良好であったが、それは両国が互いを尊重しつつ、千島列島における勢力範囲を認めていたからである。明治八年(一八七五)の「樺太千島交換条約」はサハリン島における日本の権益をロシア領の北千島と交換したもので、それは日本側に多くの不満が残ったものの、当時の両国の力関係を考えればやむをえないものであった。ただ、サハリン島および千島列島における先住民のアイヌたちは日露両国の都合によって、彼らの運命を定められてしまったのである。

本書の目的は、日本人とロシア人の千島列島をめぐる関わりを歴史的に検証しつつ、日露関係の意義を考察することである。日露関係史についてはこれまで多くの先行文献があり、千島列島史についても北海道大学の高倉新一郎氏、ハワイ大学のジョン・ステファン氏、サハリン大学のミハイル・ヴィソーコフ氏などの著書があるが、筆者は主として日本北方史の観点から各国の研究に配慮しつつ史実を誤りなく伝えることを心がけた。ロシアにおいてはペレストロイカ以後の歴史記述にかなりの改善が見られるにせよ、領土拡大を美化して史実を歪曲する傾向がなお多く見られるからである。

本書の編集については、北海道大学出版会ＯＢの前田次郎氏に、また刊行については同出版会の成田和男氏にひとかたならぬお世話をいただいた。両氏に心からお礼を申しあげたい。

秋月俊幸

千島列島をめぐる日本とロシア――目次

目　次

目　次

目　次

序　章　千島列島の地理と先住民

一　霧と流氷の火山列島

千島列島は、カムチャツカ半島南端のロパトカ岬と北海道東端の根室地方の間に約一二〇〇キロメートルにわたり弧状に連なり、オホーツク海と太平洋を分けている列島である。そこには大小約三〇の島々および多数の岩礁が含まれるが、それらはカムチャツカ半島から北海道中央部へ続く千島・カムチャツカ火山脈の頭背が海中より姿を現したもので、多くの島々には活火山もしくは休火山が見られる。この火山脈は、太平洋プレートが千島・カムチャツカ海溝において北アメリカプレートの下に斜めに沈み込む際に、深度約一〇〇～二〇〇キロメートルにおいて発生したマグマが噴出してできたものといわれている。これに対し、クナシリ島の南方に並列するシコタン島およびハボマイ群島は第三紀層の千島列島より古い中生代の地層でゆるやかな丘陵地と段丘からなっており、根室半島の延長が陥没により離れ島になったものである。

このように典型的な火山列島である千島列島には休火山を含めて約一六〇の火山が認められ、三二座では一八世紀以降の噴火が確認されている。北端の平坦なシュムシュ島を例外として明らかな火山形を有する山々が多数あり、そのなかには標高一〇〇〇メートルを越えるものが六四座、一五〇〇メートル以上のものでも九座が数えられる。このような火山性の島々のゆえに、海岸には至るところ溶岩の流出による断崖が屹立して奇岩が横たわり、暗礁が海中深く延びているので船の停泊に適した入江は非常に限られている。

この列島の位置は中緯度帯にありながら（シュムシュ島北端は北緯五〇度五二分、クナシリ島南端は四三度四〇分）、その気候はベーリング海から千島列島東岸や北海道東方に沿って金華山付近まで南下する千島海流（親潮）の影響を受けて、年間を通じて冷湿である。以上のほか宗谷海峡を通って列島の南西側に達している弱い暖流や、冬季にシベリアから吹きつける寒冷な季節風とそれがもたらす流氷、夏季に発生する濃霧などがこの列島の気候を著しく複雑にしている。しかし海洋性気候のゆえに夏冬の気温差は比較的に小さく、夏季の気温は低いものの冬季の寒気はそれほどには厳しくない。年間を通じてもっとも寒い二月の平均気温は零下六〜七度、もっとも暑い八月の平均気温は北部で一〇度、南部で一六度ほどで、北海道南東沿岸と比べて冬はやや暖かいが、夏はかなり低温である。

千島列島をめぐる気象上の特徴は、一年を通じての強い季節風（冬季の北西風、夏季の南東風）と夏季の濃霧、およびこの地の緯度としては世界でも稀な冬季のオホーツク海側の流氷である。そのうち濃霧は、春から夏にかけて南方の太平洋より吹きつける気温の高い湿った空気が低温の千島海流に触れて発生する。とくに中部以南の島々では六〜八月には月の半ば以上が濃霧に覆われて日照時間を極端に少なくし、気温の上昇を妨げている。またオホーツク海の流氷は、アムール河から流出する多量の淡水によって塩分濃度が薄められた海表面にシベリア大陸から寒冷な季節風が吹きつけることによって形成され、二月以降四月頃まで強い北西風によって中部千島以南に運ばれる。それはエトロフ、クナシリ、シコタン、ハボマイ群島および北海道東北部の海面を覆い尽くすことがしばしばで、ときには北海道の襟裳岬にまで達することもある。このように夏季の濃霧と冬季の流氷は、季節を問わない暴風とともに暗礁の多い千島海域における船舶の航行を困難にする最大の障害であったが、原始的な小舟の時代には潮の満干のときに島々の間の海峡を通って太平洋からオホーツク海へ、あるいはその逆の方向へ一度に流出する潮流も危険であった。一般に大潮の高低は列島の北部ほど大きく、いくつかの海峡では潮流の落差は一〇メートル以上にも達して渦潮が発生するという。

千島列島は緯度にして南北に七度以上の差があるので、南部の島々と北部の島々では植物相に著しい違いが見られる。すなわちクナシリ、エトロフ、シコタンなどには北海道の北東部と同様にエゾマツ・トドマツ・グイマツなどの針葉樹林があり、ナナカマド・シラカンバ・エゾヤマザクラ・ヤチダモなどの広葉樹林も見られる。しかしそれらはウルップ島以北には生育せず、そこではハイマツ・ミヤマハンノキなどが茂り、平地にも高山植物が見られるなど亜寒帯の様相を示している。北海道大学の館脇操教授はエトロフ島とウルップ島を分かつエトロフ水道(フリース海峡)を温帯植物と亜寒帯植物の分布境界線として「宮部ライン」と名付けたが、それは千島植物誌研究の先駆者であった恩師の宮部金吾博士を記念したものである。

千島列島の近海は千島海流のお陰で鮭・鱒・タラ・オヒョウなどの寒流性魚類の一大漁場であるばかりでなく、帆立貝・ホッキ貝・カニ・エビの類も豊富で、海岸の岩礁にはコンブその他の海藻類が著しく繁茂している。そのためこの列島はかつてはアリューシャン列島やアメリカ北西岸と並んで、ラッコ・アザラシ・オットセイ・トド・セイウチなどの海獣の繁殖地としても世界的に知られていた。一八世紀初頭以来ロシア人その他の外国人狩猟者たちを千島列島に引き付けたのは、このようなラッコやオットセイなどの高価な毛皮獣であった。陸棲動物は北部のシュムシュ島とパラムシル島にはヒグマとキツネがいたが、中部千島ではキツネが唯一のものであった。南千島には北海道で見られる全ての動物が生息している。

千島列島の主要な島々を北から順番に列挙し、それらの地勢の特徴を記せば以下の通りである(主として北海道庁『千島概況』による)。

アライド(阿頼度)　アイヌ名オヤコバ(近年ロシアではアトラソフ島と呼んでいる)。全島が直径約一四キロメートルの円形の活火山(親子場山、別名アライド山、二三三四メートル)よりなる。面積は一五六平方キロメートル。

シュムシュ(占守)　海底の隆起によって生じた列島中唯一の平坦な島で、約一一キロメートルを隔ててカムチャツカのロパトカ岬と相対している。面積は三八六平方キロメートル。

パラムシル(幌筵)　長径約一〇〇キロメートルの北部諸島中最大の島で、標高一〇〇〇メートル以上の火山十余座が連続している。面積は二〇四二平方キロメートル。

シリンキ(志林規)　長径約四キロメートル、全島山岳よりなり、最高は七五一メートル。面積は一〇平方キロメートル。

マカンル(磨勘留)　長径約一〇キロメートル、険阻で一一六八メートルの火山あり。面積は四三平方キロメートル。

オンネコタン(温禰古丹)　長径約四二キロメートル、一〇〇〇メートル級の火山二座があり、黒石山の外輪山のなかには幽仙湖がある。面積は四四一平方キロメートル。

ハリムコタン(春牟古丹)　長径約一三キロメートル、標高一二一三メートルの火山あり。面積は七四平方キロメートル。

エカルマ(越渇磨)　長径約七キロメートル、全島一山で、島頂は一一七九メートル。面積は三一平方キロメートル。

チリンコタン(知林古丹)　一辺約二キロメートルの方形の島で、島頂は七三七メートル。面積は六平方キロメートル。

シャシコタン(捨子古丹)　長径約二五キロメートル、北部と南部に高度八〇〇～九〇〇メートルの火山がある瓢形の島。古来千島アイヌのラッコ狩猟場であった。面積は一二二平方キロメートル。

ムシル（牟知）列岩　シャスコタン島とライコケ島の間の四つの岩礁の総称。潮流の早い難所として知られていた。

ライコケ（雷公計）　直径約二キロメートルの円形の島、標高五五一メートルの休火山がある。面積は四平方キロメートル。

マツワ（松輪）　長径約一一キロメートル、標高一四八五メートルの活火山芙蓉山あり。面積は五三平方キロメートル。

ラショワ（羅処和）　長径約一五キロメートル、南北二高地の間に淡水湖あり。この島には以前千島アイヌの永住地があった。面積は六三平方キロメートル。

ウシシル（宇志知）　干潮時には連結する南北二島の小島よりなり、南島の南側には噴火口でできた入江がある。以前鷲や鴨などを狩猟していた千島アイヌの穴居跡がある。面積は六平方キロメートル。

ケトイ（計吐夷）　直径約一〇キロメートルの円形の火山島。一〇〇〇メートル級の計吐夷岳、白烟山の二山あり。面積は七一平方キロメートル。

シムシル（新知）　長径約五九キロメートルの火山島で、南端に新知岳（一五二六メートル）、中央に新知富士（一三六〇メートル）がある。北東端には最深部二四〇メートル、面積約一三平方キロメートルの広いブロートン湾があるものの、湾口の二〇〇メートルは水深わずか二メートルで船舶の出入りは不可能である。面積は三四三平方キロメートル。

ブロートン(武魯頓)　アイヌ名はマカンルル。周囲約一一キロメートルの円形の島で、高度八〇一メートルの一峰があるのみ。島名はイギリスのブロートン探検隊が回航したことによる。かつてはエトロフ島民のラッコ狩猟場であった。面積は八平方キロメートル。

レブンチリポイ(知理保以北島)　周囲は約二二キロメートルで、硫黄山など三座の円錐峰がある。面積は南北両島を合わせて三三平方キロメートル。

ヤンゲチリポイ(知理保以南島)　北島の南西約二キロメートルにあり、周囲約一六キロメートル。以前は南北アイヌたちのラッコ狩猟場であった。

ウルップ(得撫)　中部千島最大の島で、長径一一六キロメートル、幅二〇キロメートルの細長い島。西端は約四〇キロメートルのエトロフ水道(フリース海峡)を隔ててエトロフ島北東端と相対する。地勢は険阻で一〇〇〇メートル級の高山八座が屹立するが森林はない。周辺はかつて豊富なラッコの生息地だったので「ラッコ島」として知られていた。面積は一四二九平方キロメートル。

エトロフ(択捉)　列島中最大の島で、約二二キロメートルのクナシリ水道を隔てて南東のクナシリ島と相対する。長さ約二〇四キロメートル、幅五～三〇キロメートルの細長い島で、一〇〇〇メートル級の高山八座があり、最高峰は一六三九メートルの単冠山《ヒトカップ》。いくつかの湖沼や河川のほか、やや広い平原があり、集落は主として西岸にあった。面積は三一三九平方キロメートル。

クナシリ(国後)　千島列島西南端の島で、約一六キロメートルの野付水道を隔てて北海道の野付崎に相対する。長さ約一二二キロメートル、幅七〜二九キロメートルの細長い島。地勢はおおむね高峻で最高峰は茶々岳(一八四五メートル)である。河川や湖沼のほか東岸にはやや広い平原や集落もある。面積は一五〇〇平方キロメートル。

シコタン(色丹)　根室半島の東方約七五キロメートルにある長さ二八キロメートル、幅九キロメートルの長方形の小島。全体が二〇〇〜三〇〇メートルのなだらかな丘陵で平地は少ない。最高峰は斜古丹山(四一三メートル)。面積は二五五平方キロメートル。

ハボマイ(歯舞)群島　根室半島の沖合東方に点在する島々で、シコタン島とともに根室半島から続く土地の陥没によって生じたといわれ、いずれも平坦な島である。西からスイショウ(水晶)、アキユリ(秋勇留)、ユリ(勇留)、シボツ(志発)、タラク(多楽)の主要な五島のほか多数の岩礁よりなり、最大の志発島でも面積は四五平方キロメートルで五島を合わせた面積は約一〇〇平方キロメートルである。

以上の島々の名は、ロシア人が名付けたといわれる「アライド島」とイギリスの航海者にちなんだ「ブロートン島」を除けば、全てこの列島の先住民アイヌの呼称であり、括弧内は日本における漢字表記である。ロシア人は当初はこれらの島々を北方からロシア語の順序数で呼んでいたが、のちには前記のアイヌ語名を採用するようになった（第二次大戦後にソ連政府はいくつかの島名をロシア人名に改めている）。

わが国では千島列島を地理的および歴史的観点からエトロフ水道（フリース海峡）をもって南千島と北千島に分けているが、第二次大戦前には北千島のうちオンネコタン海峡以南（マカンル島からウルップ島まで）を国際条約に基づく海獣禁猟区域として中部千島と呼んでいた（近年ロシアでは、とくに水深の深いクルーゼンシュテルン海峡とブソル海峡によって列島を区分し、ムシル列岩以北を北クリール諸島、チリポイ島以南を南クリール諸島、ライコケ島からシムシル島までを中部クリール諸島と呼んでいる）。列島の総面積は約一万平方キロメートルで岐阜県にほぼ等しく、そのうち最大の島エトロフ島は沖縄県全島より四割ほど大きい。

二　アイヌとクリール人（千島アイヌ）

それでは一二〇〇キロメートル余の延長をもつ気候風土の厳しいこれら絶海の島々に、最初に住みついたのはどのような人々であったろうか。クナシリ島、エトロフ島などの南千島諸島には北海道から伝播した続縄文文化系の遺跡が見られ、それは少なくとも中部千島のシムシル島にまで及んでいたようである（北構保男「千島アイヌ史序説」）。そのことは北海道の先住民であったアイヌ系の人々がかなり早い時期から南千島諸島にも移住し、おそらくは海獣狩猟に従事しつつ、島々を経由しながら北上を始めていたことを示している。

しかしその後紀元五〜六世紀頃、サハリン島南部から海獣狩猟民族（諸説があるがニヴフ系であったと思われる）が北海道北西沿岸に渡来して、オホーツク文化が北海道のオホーツク海沿岸全域に広がると、それはやがて千島諸島北部にまで波及したようである。一九三三〜三八年に北千島北端のシュムシュ島およびパラムシル島で発掘調査をした函館在住の考古学者馬場脩は、古い竪穴住居址や貝塚からオホーツク文化に属する種々の遺物を発見し、その文化が南千島から北進したものと推定した（馬場脩「考古学上より見たる北千島」二）。だとすればオホーツク文化を北千島にもたらしたのは、それ以前にオホーツク文化を受容していた南千島のアイヌ系の人々であったろう。

北海道や南千島のオホーツク文化は一三世紀頃までには初期アイヌ文化に移行する擦文文化に吸収融合されたといわれているが、北千島諸島においても一五〜一六世紀頃になると擦文文化に特徴的な内耳式土器の使用が主流となったようである。擦文文化の波及はさらにカムチャツカ半島南端地方でも見られたが、それはアイヌ民族の北千島からカムチャツカ半島への進出を意味するものであった。そのことはかつては、カムチャツカ半島南端地方に多数のアイヌ語地名が残っていたことによっても裏付けられる（鳥居龍蔵『千島アイヌ』、村山七郎『北千島アイヌ語』）。一七世紀末から一八世紀初頭にかけてカムチャツカ半島を征服したロシア人たちは、カムチャツカ半島南端および千島諸島北部に住む先住民を「クリール人」と呼んでいたが、それはまぎれもなくアイヌ系の人々であった。カムチャツカ最初の学術探検家クラシェニンニコフによれば、「クリール人」というのはカムチャダール人(イテリメン人の旧称)が彼らを「クジー」と呼んでいたのをロシアのコサックたちが「クリール」と訛ったものだという(アイヌ語では「クル」は人を意味する接尾語である)。彼はまた、ロパトカ岬地方とシュムシュ島の住民たちはクリール人とカムチャダール人の混血でカムチャダール語を話すが、顔付きや多毛の形質ばかりでなく風俗習慣も純粋クリール人(千島アイヌ)に似ていると記している(クラシェニンニコフ『カムチャツカ誌』)。それ以後ロシア人たちは「千島列島」を「クリール諸島」と名付け、一九世紀中頃までは千島列島の住民のみならず北海道のアイヌをも同様に「クリール人」と呼んでいたのである。

ところで一八八四年(明治一七)にシュムシュ島からシコタン島に移されていた千島アイヌたちから彼らの言語を聴取した人類学者の鳥居龍蔵は、それが北海道アイヌ語と少し異なっているものの、周辺の諸民族の影響を受けていない純粋のアイヌ語であったことを記している(千島アイヌ語にはアイヌ語の古語も保存されていたという)。そして彼らの風俗から想像される「還元された土俗」についても、鳥居は千島アイヌの方が古風なアイヌ風俗を残しているかもしれぬと想像していた。もちろん彼らは二〇〇年近いロシア人の支配の下にロシア正教を受け入れ、ロシア風の衣服を着し、ロシア名を名乗るなどかなりロシア化されていた面もあったが、風俗的にはイナウを崇拝し、女性は唇辺や手に入れ墨をし、生業について見れば島々を移動しつつ海獣狩猟に従事し、移住先の島々に竪穴住居を造って一時的に定住し、土器を作るとともに石斧・石銛・石鏃などの石器をも使用するなど古来の生活を維持していたのである。鳥居はそのことを彼らが当時なお石器を使用していたポリネシア人、エスキモー、チュクチ、コリャークと同様、「現今石器時代(present stone age)」の段階にあったと述べている(鳥居龍蔵『ある老学徒の手記』)。

これに対し彼らより遅れて北海道から南千島諸島に移住したアイヌたちの風俗は、北千島のアイヌたちより北海道本島の同族に類似していたが、それは彼らが地理的に北海道に近く、社会・経済的接触が頻繁であったためと思われる。それゆえ鳥居は、後者を北海道アイヌとともに「蝦夷アイヌ」と呼び、前者を千島固有の住民として「千島アイヌ」と名付けたのであった。とはいえ南千島のアイヌたちも日本人との接触が始まった寛文・正徳年間頃(一七世紀半ば〜一八世紀初め)には、漂流日本人たちの証言に見られるように、まだ北海道アイヌとは違ってオヒョウなどの植物繊維を織ったアツシではなく、千島アイヌに類似した「大島の皮、狐、らつこ、あしか、熊の皮」から仕立てた衣服を着用していたのである。それゆえ寛文元年(一六六一)にエトロフ島に漂着した伊勢松坂の漂着民たちが、その地の住民たちから皮の衣服と交換に、着ていた衣類を下帯に至るまではぎ取られたというのは、当時この島の島民たちにはまだ木綿の衣類が貴重だったからであろう(「勢州船北海漂着記」)。そのことは正徳二年(一七一二)に同島に漂着した薩摩大隈の漂流民たちの場合も同様であった(「恵渡路部漂流記」)。

のちに露米会社がアレウート人を中部千島に移住させた頃の千島アイヌたちの住居場(コタンバー)はシュムシュ、パラムシル、ラショワの三島にあったが、その沿海にはラッコが少なかったので、彼らは狩猟や漁撈のときはオンネコタン、ハルムコタン、シャシコタン、マツワ、ウシシルの諸島に出稼ぎして、ラッコのほかトド、アザラシを狩猟し、それぞれの島に竪穴住居を造ってそこで冬季を過ごしていた。冬季には住居場でも狩猟場でも狐狩りをしていたようである。このように千島アイヌの生活は遊牧生活に似ていて、「魚を捕え、獣を猟しつつ各自のコタンバーを離れ、島より島につたひ行くを以て、今年甲の島にあるかと思へば翌年は乙の島に移り、乙の島に来たりしかと思へば、又転じて丙島、丁島に行くと言ふ有様なれば、人口は住家、漁場の数を以て推測するを得ず、是等に就て総人員を知らんとするは極めて難事なりといふべし」(鳥居龍蔵『千島アイヌ』)という有様であった。

千島アイヌ(クリール人)の人口について見れば、それは次のような情報によって想像することができる。一七四七年にロシア正教のカムチャツカ掌院ホコンチェウスキーが修道司祭イオサフを千島に派遣したとき、当時シュムシュ、パラムシルに住んでいた二五三人のクリール人のうち五六人に洗礼を授けたという。一七六六年のツエイの調査によれば、第一島シュムシュ、第二島パラムシル、第一四島ウシシルの三島に二六二人のクリール人が住んでいた(ポロンスキー『千島誌』)。以上から見れば一八世紀中の千島アイヌの人口はおよそ三〇〇人前後であったと考えられるが、一八〇〇年代の初めには著しく減少して一六〇人となり、一八三〇年に北千島諸島を政府から引き継いだ露米会社の調査によれば、第一島シュムシュの住民は二〇人、第二島パラムシルは五〇人、第七島シャシコタンは一五人、総計八五人であったという(鳥居龍蔵『千島アイヌ』)。それから半世紀後の一八八四年(明治一七)に日本政府がシュムシュ、パラムシルからシコタン島に移住させた千島アイヌの人口は九七人であった。このような急激な千島アイヌの人口の減少が疫病もしくは何らかの事故によるものか、あるいはカムチャツカへの移住によるものであったかは明らかではない。

第一章　千島列島に関する初期の情報

一　イエズス会宣教師たちの蝦夷地報告

古くから千島諸島の特産物として知られていたのは、中部千島の「ラッコ島」(ウルップ島)周辺に豊富に生息していた柔らかで密生した毛をもつ高級毛皮獣のラッコの皮であった。それはクナシリ、エトロフ両島のアイヌたちが中部千島諸島に出猟して捕獲し、日本商品と交易するために北海道東辺のメナシ地方にもたらしていたのである。メナシのアイヌたちはそれを日本人との交易のためにはるばると松前まで持参していたという。ラッコについてのもっとも早い記録は室町幕府に関する史書『後鑑《のちかがみ》』に記されている記述で、それは応永三〇年(一四二三)四月に「安藤陸奥守」という人物が足利義量《よしかず》の室町幕府第五代将軍就任の祝いに昆布五百把などとともに「海虎皮三十枚」を献上したというものであった。「海虎」は「猟虎」と同じくラッコのことである。

安藤(安東)氏は鎌倉時代以来執権北条氏から「蝦夷管領」を委任され、津軽の十三湊《とさみなと》を拠点に日本海交易や北方交易を支配していたので、蝦夷島のアイヌたちとの交易で得られた北方特産の昆布やラッコなどを独占していたと思われる。その後安藤氏に代わって蝦夷島南部の和人勢力のなかで重きをなしたのはコシャマインの乱で武名を挙げた武田信広が引き継いだ蠣崎氏であったが、その五代の末裔にあたる蠣崎(松前)慶広は文禄二年(一五九三)朝鮮侵攻のために九州の名護屋に詰めていた豊臣秀吉のもとに伺候してラッコ皮三枚を献上したという。彼がそのことを喜んだ秀吉によって志摩守に任じられ、諸国から蝦夷地に到来する商船への課税権を認める朱印状を与えられたのもそのときであった(『新羅之記録』)。さらに慶長九年(一六〇四)には松前慶広はすでに天下を掌握していた徳川家康からアイヌ交易や蝦夷地交易の独占権を認める黒印状を与えられて、松前藩の蝦夷地支配の根拠を得ることができた。家康が大坂夏の陣で最終的に豊臣氏を滅ぼした元和元年(一六一五)には、慶広は駿河城に赴いて長さ七尺、幅二尺三寸余のラッコの大皮を家康に献上して大変珍しがられたという。それはメナシ地方のアイヌ首長ニシラケアイヌが数十艘の夷船を率いて松前に持参したラッコ皮数十枚のなかに含まれていたものであった(『福山秘府』)。このようにラッコ皮は蝦夷地の特産物の一つとして権力者に対する貴重な献上品として利用されていたようであるが、当時の史料のなかではまだその産地について言及したものはなかった。

ラッコの産地について簡単で曖昧ながらも初めて蝦夷地からの情報を記録したのは日本の史料ではなく、遠いヨーロッパからキリスト教布教のために来日し、元和四年(一六一八)に松前を訪れたジェロニモ・デ・アンジェリスというイエズス会のイタリヤ人宣教師がマカオの同僚に送った書簡であった。慶長一九年(一六一四)にはすでに徳川家康によってキリシタン禁令が布告されており、外国人宣教師たちの多くは長崎からマカオに追放されていたが、アンジェリスは密かに日本に留まって関西から東北地方において日本人に洗礼を施し、ミサを執り行なっていたという。彼が蝦夷地旅行を企てた理由は、将来の布教のためにその地方の住民と地理についての情報を得るためであった。

アンジェリスは一六一八年一〇月一日付マカオのルセナ神父宛の私信のなかで、毎年蝦夷地東部のメナシ地方から百艘の船が乾燥した鮭や鰊のほかに多数のラッコ皮を積んで松前に到来すると書いている(チースリク編『北方探検記』)。その皮は貂《テン》に似ていて非常に高価であるが蝦夷には産出しないので、蝦夷人たちはそれを「ラッコ島」という島に赴いて購入してくるのである。ラッコ島は蝦夷地の奥の六つの島々の近くにあり、ノヴァ・イスパニア(新大陸／アメリカ)の北西端に向かい合っている島だと書かれている。アンジェリスはメナシを蝦夷島の北東端と考えていたので、アメリカ大陸との位置関係を別にすれば、ラッコ島を蝦夷島の奥地の島々すなわち千島諸島のなかに正しく置いていたのである。メナシの蝦夷人たちがそこへラッコの皮を「買いに行く」というのはアンジェリスの誤聞で、メナシへやってくるクナシリ島やエトロフ島のアイヌたちから日本商品との交換でラッコを「買っていた」ことを述べているのであろう。

アンジェリスの蝦夷地旅行から二年後の元和六年(一六二〇)には、東北地方布教における彼の同僚であったディオゴ・カルワーリュというポルトガル人宣教師も、やはり蝦夷地を訪れてその地のことを記している。彼は慶長一九年(一六一四)のキリシタン禁令のときマカオに追放されたイエズス会士の一人であったが、元和二年(一六一六)には殉教を覚悟して日本に戻ってきた、「燃えるばかりの隣人愛に満ちた活動的な人物で、日本語が非常に巧みであった」という。当時は松前近傍の大千軒岳で金鉱脈が発見され、数万人《(マヽ)》の金掘人たちが蝦夷地に渡っていたので、彼は鉱夫に扮して布教活動を行なったようである。そのため彼の報告には当時の蝦夷地における金採掘の珍しい記述なども含まれている。彼もまた松前に東方からやってきたメナシ・アイヌたちから通訳を経て情報を入手したらしく、彼らが六三日の航海ののち蝦夷と日本を隔てる津軽海峡を通ってこの地に到着し、ラッコ島から出るラッコ皮のほか生きた鷹や鶴、日本人が矢を飾る鷲羽などをもたらしていることを記している(チースリク編『北方探検記』)。

ところでアンジェリスとカルワーリュの報告のなかには、蝦夷地の地理、とくに大陸との位置関係についての憶測的情報が述べられている。当時カトリック派のイエズス会は東方への布教の海路を新教国のイギリス船やオランダ船に妨害されていたので、ヨーロッパからアジアへ至る新たなルートを探しており、慶長一九年のキリシタン禁令によってアジア大陸と蝦夷地の地理的関係の解明はさらに焦眉の急になっていたという。しかし蝦夷地の地理は日本人にとってさえ不明であったので、松前で日本人やアイヌたちから得られた情報は非常に断片的なもので、その結果元和四年(一六一八)のアンジェリスの報告では蝦夷地はアジア大陸の半島であり、東方はアニアン海峡(アジア・アメリカ間の想像上の海峡)によって新大陸から隔てられていると述べていた。カルワーリュも蝦夷地がタターリアもしくは高麗の方に広がり、浅い沼地を隔ててアジア大陸に続いていると考えていた。

以上のようなアンジェリスとカルワーリュの蝦夷地報告に対して、彼らの上司であったミヤコ教区(京都)のフランシスコ・パシェコ神父は、その地についてのさらに正確な情報と地図を求めたようである。アンジェリスが元和七年(一六二一)に再び松前に赴いたのは、先年に改宗させた日本人信者たちの懺悔を聞き、ミサを行なうことのほかに、蝦夷地の地理的情報を再確認するためであった。その結果アンジェリスは蝦夷地をタターリアの一部とした前の考えを改め、パシェコ神父宛の報告書ではそれを大きな島と推定して一枚の地図を付加した。その地図では日本の北方に扁平で巨大な蝦夷島が描かれ、その中央には東西に延びる山脈があり、その南方を流れる大河がこの島を南北に分離している(図1)。この地図とよく似た「松前蝦夷地理之図」という松前の古図が知られているので、アンジェリスは松前で入手した日本の地図に拠ったものであろう。この島の東端にはメナシの地名があるが、その彼方にはラッコ島その他の島々は示されていない。この地図の特徴は巨大な蝦夷島をカギ形に包み込むようにアジア大陸が描かれ、その間が細長い海峡になっていることである。

以上のように日本人でさえ蝦夷地の地理に無知であった時代に、イエズス会の宣教師たちはそれぞれ二度にわたって蝦夷地を訪れ、日本人や東西のアイヌたちからできる限りの情報を入手してそ

図1　アンジェリスの日本およびエゾ地図(1621年)

れをヨーロッパに伝えたのである。たとえそれらが不正確であったにせよ、それは蝦夷地に関する最初の地理情報であり、そのなかにはラッコ島を含む千島諸島の情報も含まれていたのであった。しかし、彼らは当然ながら当時の厳しいキリシタン禁制の迫害を免れることはできなかった。元和九年(一六二三)にはアンジェリスが五〇人の信者とともに江戸で火刑に処せられたのち、翌年にはカルワーリュも仙台において九人の信者たちとともに厳冬期の氷のような広瀬川で水責めによって殉教したのであった。

二　フリースの日本北辺航海と地図

一五七〇年に『地球の舞台』という書名で初めて世界地図帳を刊行したベルギーの有名な地理学者オルテリウスは、一五八九年に刊行した『太平洋最新図』のなかで本州、九州、四国よりなる日本諸島をアジア大陸とアメリカ大陸の間に置き、日本の北に「銀の島(Isla de Plata)」という大島を描いていた。それは位置から見れば北海道にあたる島であるが、当時はまだ「エゾ島」のことはヨーロッパでは知られていなかったので、おそらくそれは一五八〇年頃にあるスペイン船が日本東方で発見したという、金銀に富み親切な住民の住む島の噂が元になっているのであろう。

一六〇九年(慶長一四)スペインのフィリピン総督ドン・ロドリゴ・デ・ヴィヴェロが帰国の途中日本に漂着したとき、徳川家康は帰化イギリス人のウィリアム・アダムズ(三浦按針)に建造させていた新船で彼を新大陸のメキシコへ送り返した。その答礼のため慶長一六年(一六一一)に来航したセバスチャン・ヴィスカイノは、スペイン王フェリペ三世から前記の「金銀島」探索の命を受けていた。翌慶長一七年彼は浦賀を出帆したのち、帰途にその島を日本東方海上において一カ月にわたり探索したが、暴風による船の破損のため日本に引き返し、翌年伊達政宗がローマへ派遣した支倉常長一行の船に便乗してメキシコに帰った。この噂はやがて長崎のオランダ商館を通じてバタヴィヤ(ジャカルタ)のオランダ東インド会社の知るところとなり、日本東方の「金銀島」の探索とともにアジア北東沿岸への探検が企てられた結果、北海道やカラフトの東岸、南千島諸島の地図が初めて近代的な測量技術によって描かれることになったのである。

一六三五年(寛永一二)に長崎のオランダ商館からスペイン船の金銀島探索についての情報を受け取ったバタヴィアのオランダ東インド総督ファン・ディーメンは、その発見のため一六三九年にA・J・タスマンとM・H・クワストを二隻の船で日本東方の海上に派遣した。しかし彼らは二カ月にわたる調査でも指定された海域には島影さえ発見できず、乗組員には病死者が続出して帰還した。そのため一六四三年には改めてマールテン・G・フリースによる再度の探検航海が行なわれたのである。その際にディーメンがフリースに与えた航海の目的は、①エゾはアジア大陸(中国)と地続きであるか、あるいは島であるか、②日本、エゾ、カタイ王国(中国)、タタ－リア沿岸の測量、③金銀島(日本の東方、北緯三七・五度付近)の調査、④発見された土地の領有のために記念の石を置くこと、などであった(スハープ『南部漂着記』)。

一六四三年(寛永二〇)三月二日フリースはカストリクム号を、また僚船のブレスケンス号はヘンドリック・スハープが指揮してバタヴィアを出帆したが、五月一九日八丈島付近で両船は暴風のため互いを見失った。フリースのカストリクム号は北緯四二度で「エゾ地」の沿岸を望見し、六月二日十勝川河口付近に到着したとき、初めてアイヌたちの訪問を受けた。その後フリースはエトロフ島とウルップ島の間のエトロフ水道(フリース海峡)を北上、ウルップ島西端の岬に上陸し、丘の上に木製の十字架を建てて、この島を「コンパニースランド」(東インド会社の土地)と命名してその領有を宣言した(北構保男『一六四三年アイヌ社会探訪記』、Coen, Voyage to Cathay, Tartary and the Gold- and Silver-rich islands, east of Japan, 1643.)。その折に作られた東方が広がった「コンパニースランド」の地図からみれば、彼はこの島がアメリカ大陸から延びる沿岸の一部と考えていたようである。そこからさらに北方へ進んだ船は、再び南下して今度はエトロフ島の北西端に接近したが、濃霧のため上陸することはできなかった。フリースはこの島を「スターテンランド」(オランダ国の島)と名付けている。そこからクナシリ島に向かい、北東端に上陸してその地のアイヌたちと接触した。しかし彼らはその後も濃霧のため根室海峡を発見できなかったので、この島を北海道と地続きの土地とみなしていた。

フリースはさらに「エゾ地」からタタール地方沿岸に向かうこととし、北海道のオホーツク海沿岸北方を北西に航行したが、連日の濃霧のために宗谷海峡を通過する前にサハリン島のアニワ湾に到着した。霧が晴れたとき彼らの前には大きな湾が広がり、やがてカストリクム号を一四艘の小舟が訪れてきたが、その住民たちは十勝川河口やクナシリ島東端で出会ったと同様なアイヌたちであった。そのことや宗谷海峡を発見しなかったことから、オランダ人たちは北海道とサハリンもまた地続きの土地と見誤ったのであった。

フリース一行はタマリの部落(クシュンコタン)に上陸して住民たちに歓迎された。そこではその地の長老に書簡を与え、オランダ国旗を掲揚し、ラッパで国歌を吹奏してこの地の領有の儀式を行なった。そこから南東に向かい、突出した岬(中知床岬)を「アニワ岬」と名付けた。この名称は「アニアン海峡」の場合と同様に、マルコ・ポーロの『東方見聞録』に記された「アニン」という地名にちなんだものという。七月二二日にはこの岬を回航してサハリン東岸沿いに北上し、再び大きな湾(タライカ湾)に入った。一行中のコルネリス・クーンらはその東方に細長く延びる北知床半島に上陸し、同地のアイヌたちとも友好的に交際した。七月二八日には舵手のジーフェルトが、オットセイが無数に生息している小島に上陸し、この島を「ロッベン・エイラント」(海豹島)と名付けた。フリース一行は北方探検のために指定された期限が来たので、北知床岬(Cap Patience/忍耐岬)を回航することなく八月三日には帰途につき、再びエトロフ水道を通過して北海道のアトキス(厚岸)に到着した。八月二七日にはこの港に松前から日本船が到来し、若い船頭と六人の水夫たちがカストリクム号を訪れた。自分のことを和人とアイヌの混血だと語った船頭は、エゾ地が一つの島であるといい、自分の記憶によって日本とエゾ地沿岸の地形を鉛筆で描いてくれたという。後述するフリースの地図における北海道南部の形はそれに拠ったものであろう。

九月二日、カストリクム号はいよいよ金銀島の探索に向かい、九月二三日まで訓令に従って北緯三七〜三八度、東経一四一〜一五〇度の日本東方海上を探索した。次いで一〇月二七日まで日本の東南海上を探索したが、いずれの場合も一つの島影さえ発見できなかった。その後、八丈島に上陸して牛・鶏・オレンジなどを交易で入手したフリース一行は、当時オランダ人の支配下にあった台湾に向かったが、その途中で五カ月前に見失った僚船のブレスケンス号と四国南東の海上で偶然に再会し、ともに安平港(台南)に到着した。ブレスケンス号についてみれば、それはカストリクム号から離れたのち宮古と釜石の間の山田浦に立ち寄って水を補給後、北海道南岸沿いに南千島諸島を航行したという。この船の航海日誌を検討した有名な地理学者ウィッツェンによれば、彼らもスターテンランドやコンパニースランドに到着した可能性があるという。彼らはその後七月末に薪水の補給のため再び山田浦に寄港したところ、上陸したスハープ船長ら一〇人は南部藩士に捕らえられて江戸送りとなった。彼らは密入国の宣教師の疑いで厳重な尋問を受けたが、一六四三年(寛永二〇)一二月オランダ商館長の江戸参府のときに疑いが晴れ身柄を引き渡された。

以上のように、フリース一行は一六四三年六〜九月に日本北辺の海域を航行して北海道、南千島、サハリン島の沿岸を調査し、その後日本の東方海上で空しく金銀島を探索したのであった。その結果作製された地図(図2)は、その後一八世紀末まで一四〇年以上もこの海域(千島を除き)に欧州の探検船が現れなかったので、ヨーロッパでは日本北辺地域に関する唯一の実測地図として長い間権威のある典拠となった。

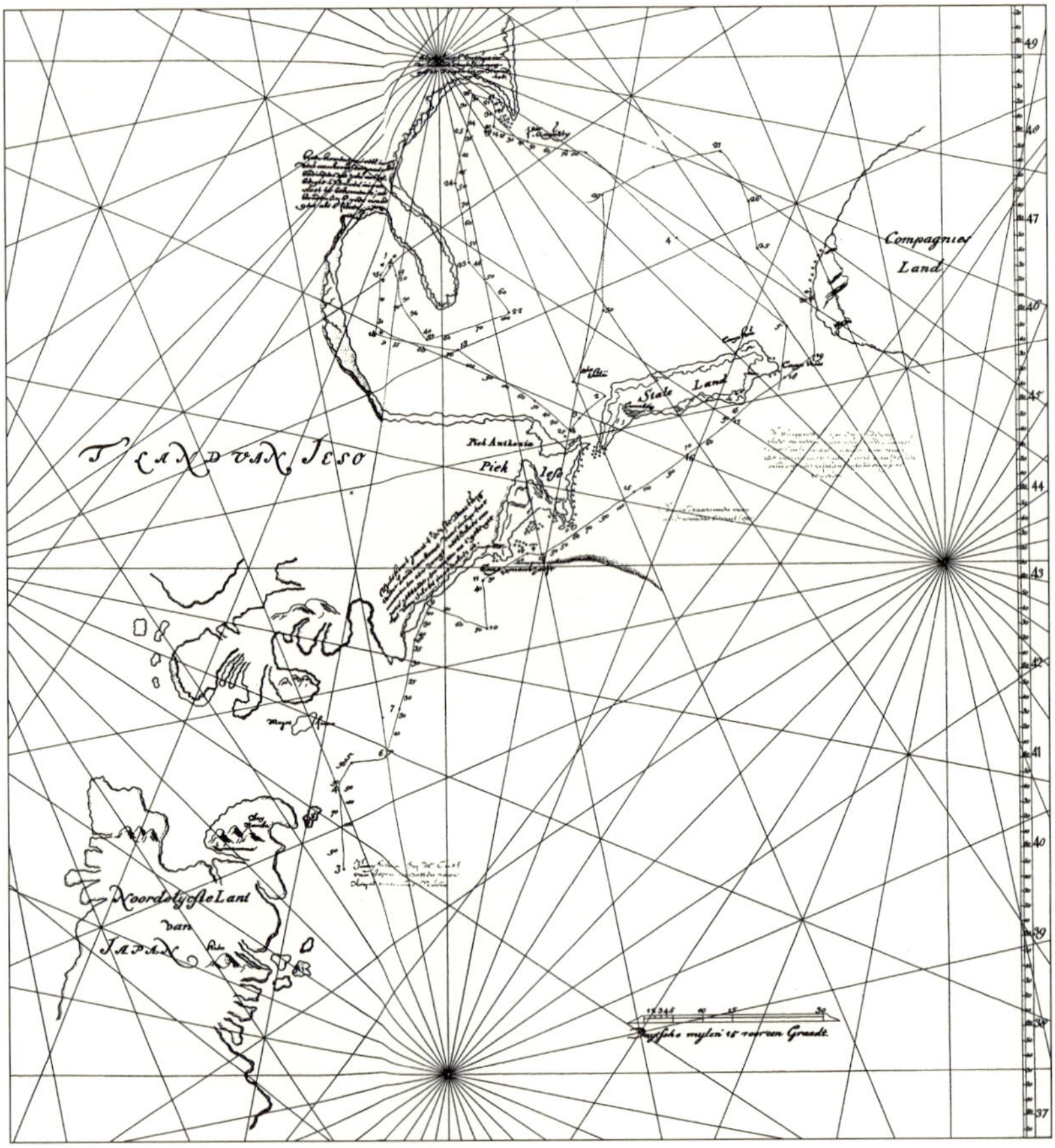

図 2　フリースのエゾ地図(1643 年)

図3　ヤンソニウス「日本・エゾ新図」(1650年)

この地図の特徴は、日本の北方に北海道の太平洋沿岸とオホーツク海沿岸を描きながら、オホーツク海沿岸は途中から北方に延びてサハリン島のアニワ湾沿岸につながっていることである。またサハリン島ではアニワ湾とタライカ湾の形がかなり明確に示されている。北海道の東方にはスターテンランド（エトロフ島）とコンパニースランド（ウルップ島）があり、後者は東方に広がる巨大な陸地のように現されたので、その後アメリカ大陸の一部と誤解されるようになった。さらにフリースは濃霧のために根室海峡を発見できなかったので、クナシリ島は北海道の一部となり、また宗谷海峡も発見できなかったので、北海道北部とサハリン島は連続していると考えられたのである。彼が調査しなかった北海道南部や本州北部の形は、厚岸で日本の船頭が描いてくれた地図が利用されているのかもしれない。それはいくらかアンジェリスの地図に似たところがある。

この地図を最初に利用したのは、オランダの地図学者ヨアンネス・ヤンソニウスが一六五〇年に刊行した「日本・エゾ新図」（図３）であった。しかしフリースのエゾ地図はアジア大陸との関係を明らかにしなかったので、その後のヨーロッパの地図学者たちは、各人の推測によって種々の地図を作り出し、日本北辺の地図は混乱を極めるようになった。後述のようにやがてそれに系統の異なるロシアの千島地図が加わって、その混乱に拍車がかかったのである。

三　松前藩の千島認識と地図

イエズス会士たちの蝦夷地報告に見られるように、松前藩成立当初の一七世紀初頭には蝦夷地の各地からアイヌの住民たちが松前を訪れて交易が行なわれていたようで、和人たちが交易のために蝦夷地へ赴くことはまだ普通ではなかったようである。そのような事情から必然的に当時の松前藩の蝦夷地に関する情報はごくわずかなものであったと思われる。しかし日本本土における蝦夷地物産への需要が高まり、多くの大船が松前に渡来すると、蝦夷地物産の収集のために和人たちが藩の許可を得て蝦夷地に赴くようになり、一七世紀の中頃までには蝦夷地のなかでアイヌとの交易に便利な場所が数多く設定されるようになった。やがてそれらの場所は松前藩主が上級藩士たちに給地として与える商場《あきないば》となり、さらにそれは諸国から松前に集まった商人たちに請け負わされて場所請負制度の成立となるのである。

ところで徳川家康は江戸幕府を開いた二年後の慶長一〇年(一六〇五)には、全国の諸大名に石高や租税の調査とともに各藩の国絵図の提出を命じている。当時の松前藩はそれに応えることができるはずもなかったが、寛永年間(一六二四〜四三)になるとようやく自藩が版図とみなす領域について地図作製の努力に着手したようである。その最初は寛永一二年(一六三五)に村上掃部左衛門が島めぐり、すなわち北海道沿岸を周回して地図を作り、また佐藤加茂左衛門と蠣崎蔵人らはカラフト南端のウッシャムに渡ってその地の見分をしたという。翌年にはさらに甲道庄左衛門がカラフトに赴いてウッシャムで越年し、翌春には水行二〇日でタライカに至ったといわれている。それらの記録や地図はその後松前の火災や戦火のために全て失われ、いまではその詳細を知るよすがもないが、それらがやがて幕府に提出された松前藩の国絵図の元になったのであろう。松前広長の『松前誌』に拠れば、松前藩の書庫であった福山文庫には正保（一六四四～四七）の頃の作と思われるタライカを極北としたカラフトの古図があり、そこには一村ごとに「酋長」の名が記されていたという。

正保元年（一六四四）に幕府は再び諸藩に領国を測量して、国絵図とともに郷村の石高帳を提出することを命じた。国絵図は一定の基準、すなわち一里を六寸の割合（二万一六〇〇分の一）に縮尺して描くことが定められており、このときは松前藩も国絵図を提出したというが、その原図も写しも残っていない。しかしそれがどのような形のものであったかは、各藩の国絵図を総合して北条氏長が作製した縮尺四三万二〇〇〇分の一の全国地図「正保日本総図」（図４）から推定することができる。この地図における北海道、カラフト、千島諸島の輪郭や記載は、後年の「元禄国絵図」（元禄一五年（一七〇二））に酷似しているので、これがそのとき松前藩から提出された「正保国絵図」に基づいていることは疑いないからである。

この正保図にはカラフトおよび千島諸島も現れているが、それはこれらの島々が日本の地図に現れた最初であった。カラフトは北海道と比べて著しく小さい島ながら、南端のアニワ湾の輪郭にはいくらか実際と似たところがある。千島の島々は「此間瀬戸沈ミ岩アリ大事ノ船道」と記された海峡の彼方に三六の小島が一塊りに描かれている。そこには「クナシリ」「エトロフ」「ラッコ」（ウルップ）のほか、今日でも同定できる島が多い。ただ島々の順序がかなり不正確なことから、それらの島名は「島めぐり」のときに松前藩士たちが北海道東部のアイヌたちから島々の名を聞いただ

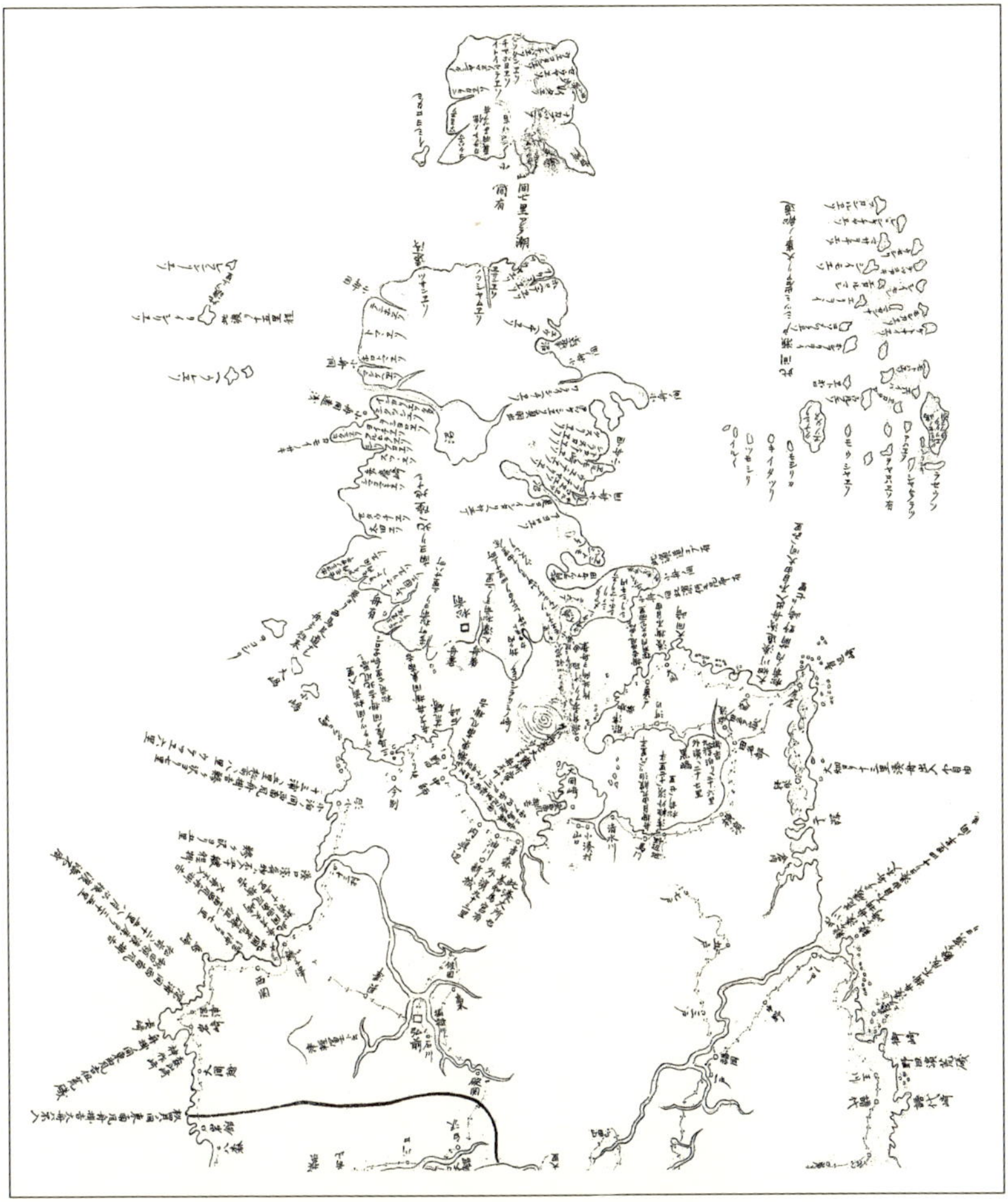

図 4　「正保日本総図」中の本州北部と蝦夷地(1644 年)

けのものであったことを示している。したがって松前藩は当時は千島諸島とは何の関係もなく、ただ東部のアイヌたちの情報でそこからラッコ皮や鷲羽などがもたらされることを知っていただけだと思われる。

当時これらの島々は「クルミセ」（クル・モシリ／人間の島）と呼ばれていたが、正徳五年（一七一五）に松前藩主の松前矩広は幕府に提出した文書のなかで、「カラフトやクルミセの蝦夷人たちは場所場所に有力者をもっているけれども、その上に立つ惣頭はいないので、自分が支配している」と述べていた。しかし同じ文書のなかに「カラト嶋、クルミセ嶋等へ此方の船数十年遣し不申候」（『正徳五年松前志摩守差出候書付』）と記されているように、実際にはこれらの島々は南千島でさえ松前藩と直接の関係はなかったようである。そのことは数十年後の寛政元年（一七八九）になってもエトロフ島については同様だったようで、クナシリ・メナシ事件の直後に幕府の勘定奉行が松前藩の藩域について照会した際に、藩の江戸詰め家老は「クナシリ島は宝暦年間（一七五一～六三年）までに追々開かれた」と述べながら、「それより先の島々のアイヌたちは交易にはやってくるけれども、その土地は支配していない」と答えている（『蝦夷地一件』五）。すなわちその頃までは松前藩士はまだエトロフ島にさえ渡ったことがなかったのである。それにもかかわらず松前藩の家老は、「交易を望む、望まないにかかわらず、松前藩では蝦夷人たちの住んでいる土地はすべて藩主の領分と考えている」と述べ、松前藩の特異な藩領意識を主張していた。このような領土意識はやがて日本人には普通のこととなり、幕府から明治政府に受け継がれるのである。

第二章　ロシア人の千島進出

一　アトラーソフのカムチャツカ征服

一六世紀末に黒貂や黒狐などの高価な毛皮獣とそれらを貢納として納める先住民たちを求めて始まったロシア人のシベリア東進は、一六八九年アムール河流域において初めて清国によって阻止された(ネルチンスク条約)。しかしロシア人の進出は、別の方向ではシベリア北東部からカムチャツカ方面へと向かいつつあり、すでに彼らはヤクーツクからレナ河、コルイマ河を経由して北氷洋沿いにチュコト半島に進出し、一六四八年にはアナドイルを拠点としていた。この地に最初に到達したのはヤクーツクのコサック、セミョン・デジニョフで、彼はコルイマ河口から北氷洋を航海し、「ベーリング海峡を通って」その地に達したといわれている(これにはゴルダーによる異論もある(F. Golder, Russian Expansion on the Pacific, 1641-1850))。また一六五〇年には同じくヤクーツクからコサックのミハイル・スタドゥーヒンが陸路をたどってアナドイルに到達したが、彼はデジニョフと不仲になったので同年冬にはペンジナ河の発見に向かい、ペンジナ湾からオホーツク海に出て海路オホーツクに達したといわれている。このようにして一七世紀中葉にはシベリアはその北東端まで踏破されたのである。

しかしチュコト半島の南方に延びる、毛皮獣のもっとも豊富なカムチャツカ半島がロシア人に発見されたのは、それから半世紀近くも後の一六九六年であった。そのことはロシア人のシベリア東進のスピードを考えると不思議であるが、この地方でロシア人は、初めてアメリカにおけるインディアンの抵抗を思わせる先住民(チュクチ、カムチャダール、コリャーク)の激しい抵抗に出会ったのである(オークニ『カムチャツカの歴史』参照)。それゆえロシア人たちはアナドイル周辺の維持に手一杯であったほかに、彼らはカムチャツカについての地理的知識も不十分であったように思われる。当時のロシア人の地図から推定されるように、「カムチャツカ」という名称は河の名として知られていたのみであった(ズナメンスキー『ロシア人の日本発見』)。

「カムチャツカの征服者」として知られることになるアナドイルスクのコサック五十人長ウラジーミル・アトラーソフが、カムチャツカ地方の毛皮獣についての噂を聞いて、部下のモロスコをその地へ初めて派遣したのは一六九六年のことであった。翌年にはアトラーソフ自身がモロスコと東西両岸に分かれてカムチャツカを南下しつつ先住民の征服に乗り出したので、この地の半島であることが推定されたが、彼は「クリールの最初の河」と呼んだゴルイギナ河までしか到達しなかったので、カムチャツカの南方がどこまで延びているかはなお不明であった。

アトラーソフはカムチャツカ南西部のゴルイギナ河に到達したとき、クリール人と呼ばれる住民たち(千島アイヌ)に出会ったが、彼らのもとに陶磁器・漆器・木綿服その他の高度な技術で作られた外国製品を見出した。クリール人たちはこれらの品物について、海の彼方の島々から異国船が運んでくると述べたが、それはおそらくは当時この地方にしばしば漂着した日本の漂流船から得られたものであったと思われる。アトラーソフ自身も海の彼方に島らしいもの(アライド島のオヤコバ山?)を認めただけでなく、間もなくクリール人の証言を裏付けるかのようにカムチャダール人の間に住んでいた「デンベイ」という名の異国人の捕虜に出会ったのである。彼はこの異国人を引き取って二年間も生活を共にしながらその国籍については見当が付かず、帰国後モスクワのシベリア庁で行なった陳述のなかでは「インド帝国の支配下にあるウザカ国人」と報告していた(インドは江戸、ウザカは大坂の聞き違いであろう)。この異国人はアトラーソフによってモスクワに送られ、そこでの尋問の結果、日本国大坂の商人の手代であったことが明らかとなった。彼は穀物・酒・陶器などを積んだ船で大坂から江戸へ向かう途中、嵐に遭って六カ月間も漂流ののちカムチャツカ南部に漂着したが、一二人の仲間のうち三人がクリール人に捕らえられ、その後彼のみがカムチャダール人に引き渡されたという。

「シベリア庁」における尋問ののち一七〇二年一月八日にデンベイを直接謁見し、彼の話から日本における発展した商業に関心をもったピョートル一世(大帝)は、直ちに「デンベイにロシア語を教授し、その後三、四人のロシア人子弟に日本語の読み書きを教えさせるよう」命じている。ピョートルは一六九七〜九八年に自ら使節団を率いてオランダを訪問した折に、有名な地理学者のアムステルダム市長ニコラース・ウィツェンから日蘭貿易の有望さについて聞かされていたので、キャフタを経由する露清交易と同様な交易が日本との間に開かれた場合の通訳の養成を考えたのであろう。それゆえシベリア当局に対する訓令のなかでも、日本との交易のための努力を求めて次のように指示している。「中国との交易と同様な利益を国庫にもたらすべく、日本との交易樹立に努力すべし。また日本商品の種類、日本人の希望するロシア商品について調査し……、そのために日本に至る道を探索すべし」(ズナメンスキー『ロシア人の日本発見』)。しかし当時はまだカムチャツカの南端がどこまで広がっているかさえ不明で、世界の地理学においても北太平洋海域はまったく未知の地方であったから、ピョートルの勅命を実行するためには、ロシア人はまず日本への航路の発見に努めねばならなかったのである。

ピョートル大帝の勅命の実施を最初に命じられたのは、カムチャツカ発見の功により首都においてヤクーツクのコサック隊長に任命されたばかりのウラジーミル・アトラーソフであった。しかし彼は任地に赴任の途中、シベリアのトゥングーシ河で中国商品を積んだ商船を略奪したためにヤクーツクで投獄された。一七〇四年にはワシリー・コレソフがカムチャツカの隊長となったが、彼はヤクーツク出発にあたり、「カムチャツカの広がり、その周辺の島々」の調査を命じられた。一七〇六年彼は部下のナセトキンを五〇人の分遣隊とともにカムチャツカ南部のクリール人の地方に派遣したが、そのときナセトキンはついにカムチャツカ南端のロパトカ岬へ到着するとともに、岬の彼方に島々を望見したのである。それがロシア人が千島の島々をはっきりと認識した最初であった。しかしナセトキンはロパトカ岬から島々を見たものの、船の資材がなくそこへ渡らなかったので、一七一二年ヤクーツク知事トラウルニフトは新隊長サヴェリエフがカムチャツカへ赴任するに際し、海を渡って前述のピョートル一世の勅命を実行するよう指示した。しかしサヴェリエフがカムチャツカに着任したときには、この命令の一部は現地で反乱を起こしたコサックたちによってすでに実行されていたのである。

二　コズィレフスキーの千島遠征

これより先、一七〇六年にコレソフが帰還したのちカムチャツカで発生した先住民の大反乱のため、ヤクーツク政庁は入獄中のアトラーソフを隊長として再びカムチャツカに派遣した。ところがアトラーソフの貪欲さと部下に対する苛酷さのため、一七〇六年コサックたちは彼を捕らえて罪状をヤクーツクに報告した。その後カムチャツカには隊長としてチリコフ、次いでミローノフが送られたが、一七一一年一一月ダニール・アンツィフォーロフとイワン・コズィレフスキーを首謀者とする七五人のコサックたちはカムチャツカで反乱を起こし、三人の隊長たち（アトラーソフ、チリコフ、ミローノフ）を次々に殺害し、財産を奪った。彼らはヤクーツクに嘆願書を送り、隊長たちを殺害した理由として、彼らの専制と不正な行為、官有品の着服、部下や先住民に対する苛酷さを挙げている(クラシェニンニコフ『カムチャツカ誌』)。そのなかで隊長ミローノフの罪状の一つとして「日本の探索」を命じた皇帝の命令の実行を怠ったことが述べられているのは、興味深いことである。さらに彼らは一七一〇年四月にカムチャツカに漂着し、カムチャダール人の捕虜となっていたサニマら四人の日本人の救出について報告し、彼らの国は七つの都市(南部《ナンブ》・津軽《ツィナル》・仙台《センダ》・江戸《イェド》・伊勢《イシ》・熊野《クマン》・紀伊国《キノキ》)からできており、カムチャツカに向かい合う島であると述べている。彼らがこれらの漂流民を直ちに日本人であると認めたことは、デンベイの場合と比べると大きな進歩であった。次いで彼らは反乱という大罪を償うために、ボリシャヤ河の不穏な先住民を鎮圧し、さらに日本を訪れることを約束した。かくて彼らは一七一一年ロパトカ岬から海峡を渡り、千島第一島のシュムシュ島に上陸したのである。しかし彼らの予想に反してこの島は日本ではなく、住民もカムチャツカ南部と同様のクリール人たちであった。とはいえ、それはロシア人が千島に渡った最初であった。

一七一二年にはコレソフが再び隊長としてカムチャツカに着任したが、彼は反乱コサックたちの処分について、「先住民の鎮圧」と「新領土の発見」を条件に予定された処罰(アンツィフョーロフら六人の死刑)を軽減するというシベリア総督ガガーリン公爵の指令を携えていた。このためアンツィフョーロフが先住民との戦いで戦死したのち反乱コサックたちの首領となったコズイレフスキーは、「カムチャツカ岬と彼方の島々」についての地図と報告の作成を命じられたので、彼は前年の遠征と日本人サニマの情報に基づいた地図を提出した。のちにトボリスクの有名な地図作製者レーメゾフの「カムチャダール地方陸海新地図」(図5)の元になったのがこの地図である。その地図ではカムチャツカと日本の間に、千島の第一島と第二島(「日本人この島より土を採取す」と記す)およびマツマイ島(北海道)が描かれている。この地図こそ千島の島々や北海道がロシアの地図に現れた最初であった。レーメゾフが追加した日本地図の上には東西の順を逆にしてサニマが与えた七都市を含む諸都市が記されている。多くのロシア文献はコズイレフスキーの報告に基づいて、彼らが一七一一年の遠征のときに第二島(パラムシル)まで到達したと述べているが、それは第二島の記載から見てこの島は望見しただけであったように思われる。

翌一七一三年コレソフは再びコズイレフスキーに、五五人のコサックと一一人のカムチャダールを率いて海峡の彼方の島々および日本の探検を命じた。このときコズイレフスキーは四人の漂流日本人たちのうちサニマ(サナともいわれる。村山七郎教授は三右衛門という字を当てている)を伴った。この第二回の千島遠征でコズイレフスキー一行は第二島パラムシルに上陸したが、ヤサーク(貢納)の支払いに応じないクリール人すなわち千島アイヌたちから、戦いによって「いらくさ織、綿織物、絹織物の衣服や刀、鍋、陶器」などを捕獲したと述べている。それらの品物の多くはもちろん日本の製品であったが、そのときこの島でエトロフ島アイヌのシャタノイが捕虜になっていることは、当時千島列島の南北の島々の間に頻繁な交易関係があったことを推定させるものである。シャタノイは、エトロフの隣島クナシリにはマツマイ島(北海道)から絹・木綿類の織物や刀剣・鉄

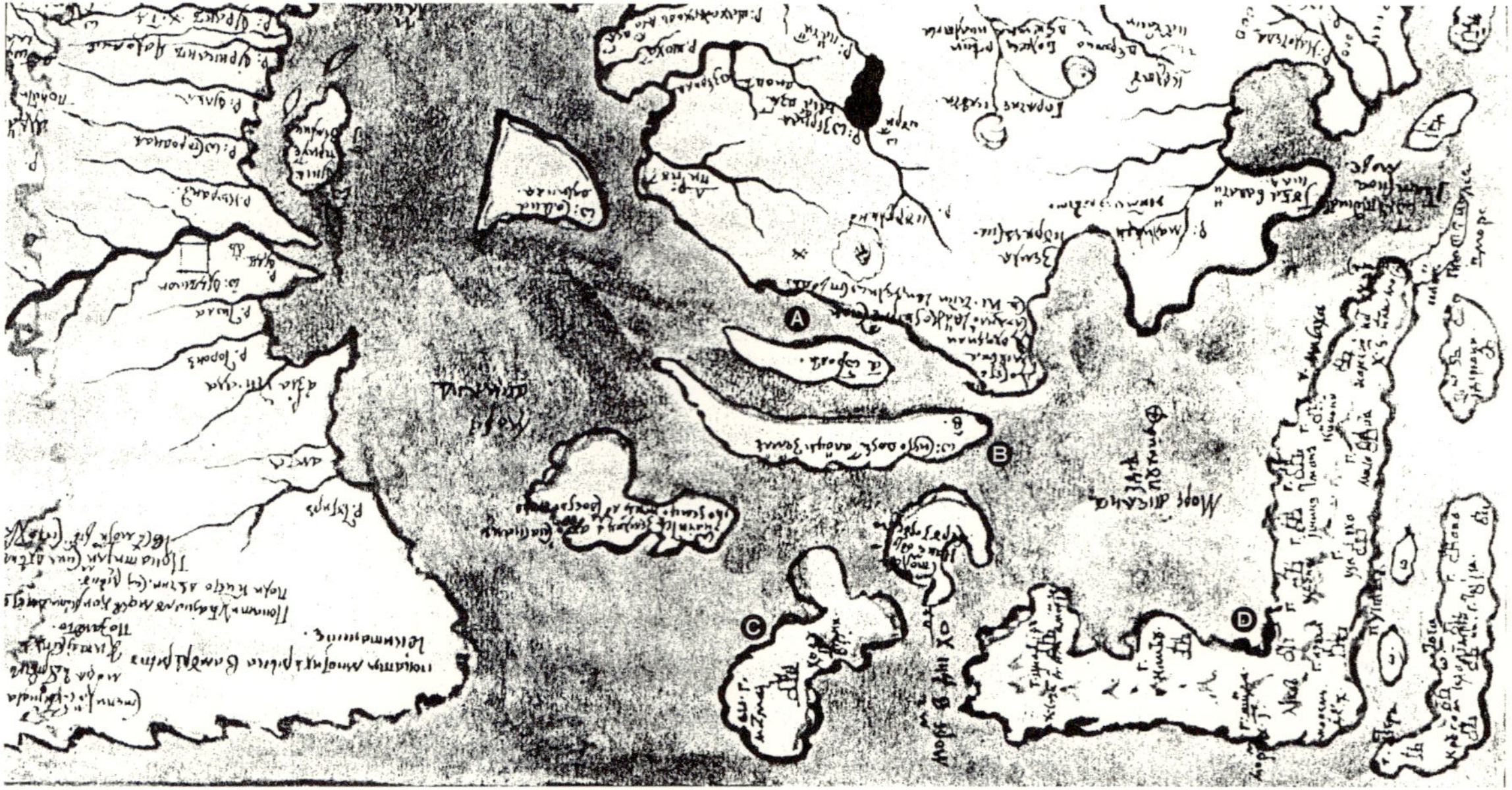

図5　レーメゾフ「カムチャダール地方陸海新地図」[部分]（1712年）
Ⓐ千島第1島（シュムシュ），Ⓑ千島第2島（パラムシル），Ⓒマツマイ島（北海道），Ⓓ日本

鍋・漆器などが運ばれて、それらはラッコ皮・狐皮・鷲羽などと交易されており、エトロフ島民はそれらの日本商品をもって北方の島々、あるいはカムチャツカまでも往来してラッコ皮や鷲羽などと交易していると述べたという（ポロンスキー『千島誌』）。そのことはコズイレフスキーがシャタノイに千島列島各島の事情を尋ねて、詳細な情報を得ることができたことによっても裏付けられる。コズイレフスキーは、シャタノイから第一五島マツマイ島（すなわち北海道）までの千島列島の主要な一五の島名とそれらの特徴を知ることができたが、そのうちいくつかを紹介すれば、

第六島ショコキ（ライコケ、ラッコアキ島）　日本人がこの島に来て、ある種の鉱物を大船で運んでいるという（これはサニマの情報だと思われる）

第一二島イトゥルプ（エトロフ島）　大島で人口が多い。この島の住民は北部諸島のクリール人たちから「キフ・クリル」（遠島クリル人）と呼ばれている。彼らは日本人のいうエゾと同じである。彼らの言語や習俗は北方クリール人と異なり、頭を剃り座って挨拶する。

第一三島ウルプ（ウルップ島）　この島の住民たちは木綿や絹布をクナシルで購入し、それらを第二島（パラムシル）に持参してラッコ皮・狐皮・鷲羽と交換する。彼らはいかなる主権にも属していない（エトロフとウルップの順序が逆転しているばかりでなく、当時ウルップは無人島だったのでこの記述もエトロフ島のものであろう。なお、ラッコの生息の多かったウルップについてそのことが触れられていないのは、シャタノイが意図的にそのことをロシア人に隠し、ウルップとエトロフの順を逆転させたと考えることもできる）。

第一四島クナシル(クナシリ島)　住民は非常に多い。彼らが自由の民であるか、マツマイ島に属しているかは不明である。彼らはマツマイ島に交易に赴き、マツマイ島からも彼らのもとに人々がやってくる。

第一五島マツマイ(松前島・北海道)　これは列島中最大の島である。最南端の同名の都市(松前)には日本から追放者が送られている。同地には守備隊が置かれ、大小の火砲その他の武器を十分に保有している(これは漂流日本人たちからの情報であろう。以上のほか日本本土に関する記述も見られる)。

コズイレフフキーが一七一三年の千島遠征の結果作製し、ヤクーツク政庁に提出したという「マツマイ(松前)までの諸島の全図」という地図は今日伝わっていない。しかし彼が一七二六年に、アメリカとアジアが接するかどうかを調査するために太平洋に赴く途中のベーリングに会って渡したという「カムチャダール岬および海島地図」という地図が、第二次大戦後に発見された。一九五三年にオグルイスコが「レニングラード大学紀要」一五七号にそれを発表し、ついでV・I・グレーコフが『ロシア地理学研究史概説』中に写真を載せているが、それは地図というよりは島々についての記述が地図の位置に記されているばかりである(コズイレフスキーの千島地図というのは、もともとそのようなものであったのかもしれない)。しかしわれわれは一七二五年頃(?)の作製と推定されるいわゆる「シェスタコーフの地図」(図6)によって、コズイレフスキーの千島地図を想像することができる。

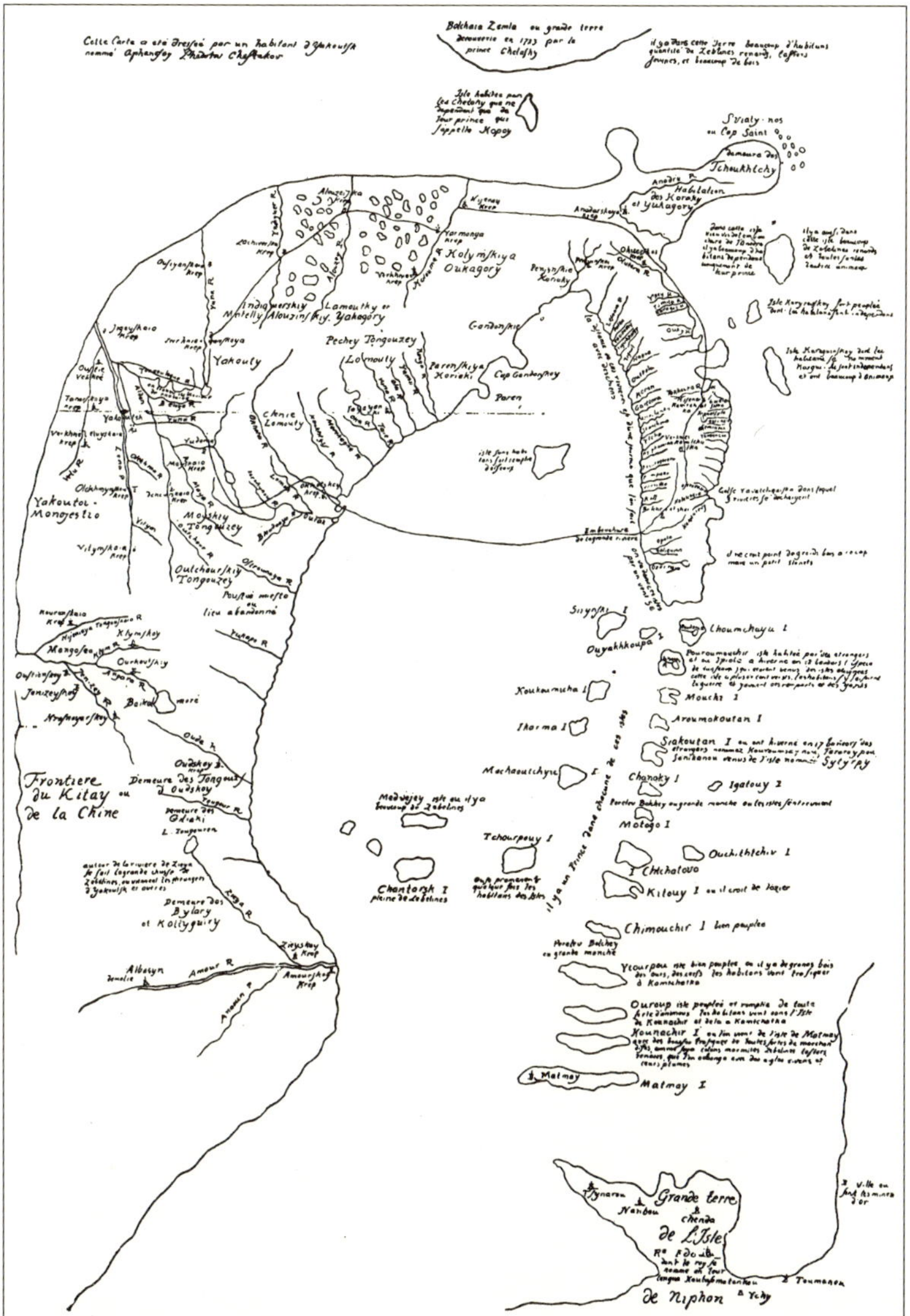

図6　シェスタコーフの地図(1725年頃?)

アファナシー・シェスタコーフはヤクーツクのコサック頭領であったが、一七二五年にオホーツク海域からボリシャヤ・ゼムリャ(アメリカ大陸)までも探検し、チュコト半島の不服従の先住民を征服するという遠大な計画を立て、その許可を請願するために、当時ヤクーツクで知られていたこの領域の諸地図を総合してこの地図を作ったのであった。そのなかで千島列島や日本については、コズイレフスキーの資料がそのまま利用されている。この地図はロシア科学アカデミーの会員であったフランス人ジョゼフ・ドリール(一七二五～四七年、ペテルブルグ滞在)が写したフランス語訳の地図がもっともよく知られており、一九三九年には国際的な地図学雑誌『イマーゴ・ムンディ』誌にこの地図の原図と思われるロシア語の地図がブライト・フスによって発表された。この地図のなかで千島列島に付せられた各島の説明はまさしくコズイレフスキーのものであり、それは彼がエトロフ島アイヌのシャタノイの話から描いた絵図にすぎなかったとはいえ、カムチャツカと日本の間に千島列島の主要な島々をほぼ正しい順序で描き出した最初の地図として意義あるものである。それを同時代の日本における松前藩の「元禄国絵図」や新井白石『蝦夷誌』の千島情報や地図と比べるとそのことがよく理解されるであろう。

コズイレフスキーに基づくシェスタコーフの千島列島に関する情報と地図は、その後長い間唯一のものであったから、それらの情報はカムチャツカに関する古典的な著作であるクラシェニンニコフの『カムチャツカ誌』(一七五五年刊行)やミュラーの『ロシア史集成』第三巻(一七五八年刊行)、シュテラーの『カムチャツカ地誌』(一七七四年刊行)のなかで利用され、ヨーロッパの学界にも広く知られることになった。ただ「シェスタコーフの地図」ではマツマイ島（北海道）を千島の他の島々と同様扁平で小さな島として描いていたので、一六四三年にこの海域を探検し、北海道とサハリン島をひとつながりの大きな島と考えたオランダの航海者フリースの巨大な「エゾ地」をカムチャツカと同一視する地理学者たちも現れた。例えばホーマンの「カムチャツカすなわちエゾ地図」（一七二五年）やシュトラーレンベルグの「大タターリア新地図」（一七三〇年）などがそのよい例である。

三　エヴレイノフとルージンの千島航海

以上のように、コズイレフスキーの一七一三年の遠征によってカムチャツカと日本の位置関係が明らかになったとはいえ、そのことはまだ直ちにロシア人の日本訪問にはつながらなかった。千島列島の島伝いの道が発見されたとはいえ、それは一二〇〇キロメートル余の長い道程であり、しかも夏は濃霧が発生し、秋から春にかけては季節風が吹き荒れ、冬は流氷に閉ざされた困難な海路であり、島々の間の海峡には著しい潮流があったからである。したがってロシア人の千島南下は一八世紀中葉までは北千島の数島に限られていた。

とはいえ、一七一六年にオホーツク港においてカムチャツカからの貢納毛皮の輸送のために始められた海洋船の建造によって、間もなくカムチャツカ航路の開発とともに海洋船による千島列島の探検も計画された。その最初のものは、ヤクーツク知事ヤーコフ・エルツィンが計画したシベリア北東部の制圧と東方海上における新領土の発見・占領のための探検隊であった。その目的のなかにはクリール諸島を調査し、異国人がある島から「船によって少なからず搬出している」という鉱物のことが含まれていた。それはコズイレフスキーが伝えた第六島ショコキ(現在のライコケ島)の状況を確認することであった。この目的のため一七一八年と二〇年に二隻の船が起工されたが、それは間もなく起こったシベリア行政機関の汚職(国庫金の横領、中国交易をめぐる収賄)の審問のため中断され、エルツィンも連座し、シベリア総督ガガーリンは一七二一年に絞首刑となった。

海洋船による千島列島の最初の探検は、ピョートル一世がエヴレイノフとルージンという二人の若い測地技師に秘密命令を授けて、一七二一年に太平洋に派遣したときに行なわれた。この探検の表向きの目的は、後年のベーリング探検隊のそれと同様、アジアとアメリカの地理的関係の確認であったが、結果から見てそれがコズイレフスキーの報告のなかで「異国人たちがある種の鉱物を搬出している」とされた千島第六島ショコキの探索であったことは定説になっている(Znamenskii; Müller; Sgibnev; Efimov)。おそらくピョートルはコズイレフスキーが伝えた鉱物を金銀と考えて、それを秘密裡に調査することを命じたのであろう。この海域はすでに一六世紀末頃から西欧では金銀島のあることが噂され、一六一一年にはスペイン人のヴィスカイノが、また一七世紀中葉にはオランダ東インド会社のクワスト、タスマン、フリースらがその探索に向かっていたからである。

彼らは一七一六年にソコローフが初めてオホーツク海を航行した海洋船で、一七二〇年オホーツク港を出帆し、翌年カムチャツカから千島に向かった。彼らは千島列島を第六島まで南下したが、暴風によって錨索を切断されたためここから引き返したという。このときの測量によって彼らは最初の千島列島の実測図を作製しているが、それは北緯四九度以北の中部千島までの地図で、それより南方には到達しなかったようである。彼らの到着した第六島がコズイレフスキーのいうショコキであったかどうかは、島の番号付けに相違があることも考えられるので確定することは不可能である。ただ彼らが作製した地図(図7)からいえることは、彼らが北緯四九度までの千島列島を測量したことである。しかしこの地図ではロパトカ岬が北緯五二度に描かれているので(実際は五一度一〇分)、千島の到達位置もさらに南下するかもしれない。だとすればショコキまでは十分に達したことになる。興味あることにこの地図には北千島諸島に「日本諸島(ostrov Aponiia)」と記されているが、それは日本がカムチャツカに近いと考えられていた、かつての誤解の名残りであったろう。彼らは帰国ののち、一七二二年五月カザンにおいてカフカス地方への遠征の途上にあったピョートル一世に出会い、探検の報告と地図を上呈したという。いずれにしても彼らが金銀島を発見できなかったことはいうまでもないが、ピョートル一世は任務の正確な遂行のゆえをもって彼らに賞与を与えたという。

次に千島列島の探検と征服を企てたのは、コズイレフスキーの報告を入手していわゆる「シェスタコーフの地図」を作製したアファナーシー・シェスタコーフというヤクーツクのコサック頭領であった。彼もエルツィン同様に北太平洋全域の探検と征服を計画し、政府の承認を得て一七二八～二九年にその実行に着手したが、千島列島の調査には息子のワシーリーを向かわせた。ワシーリー

図 7　エヴレイノフとルージンの千島航海図(1722 年)

はそのとき千島第五島まで到達したと主張していたが、実際にはそれは第二島までにすぎなかったようである。「シェスタコーフの地図」では第六島ショコキには「鉱物」のことは記されておらず、日本本土の北端に「金鉱のある都市」が記されていたが、それはおそらくシェスタコーフ自身が他人の目をそらすために千島の鉱物をここに移したものであろう。いずれにせよ初期のロシア人の千島への関心には、エトロフ島アイヌのシャタノイあるいは日本漂流民サニマがコズイレフスキーに与えた「鉱物」の噂が大きな影響をもっていたように思われる。

第三章　ロシア人の千島列島南下

一　シュパンベルグ探検隊の日本および南千島への航海

その後千島列島に立ち寄ったロシア人は、第二次ベーリング探検隊の別働隊として日本への航路探索を命じられたシュパンベルグの探検隊であった。前述のようにピョートル大帝が一七二一年にエヴレイノフとルージンを太平洋に派遣したときの表向きの目的は、当時のヨーロッパの地図において アメリカ大陸とアジア大陸の間に示されていた仮想的な「アニアン海峡」の存在を確認することであった。しかし実際にそのことに着手したのは、ピョートルの死の直前の勅命によって一七二八年に行なわれたヴィトゥス・ベーリングの第一次ベーリング探検隊であった。そのときベーリングはカムチャツカ東岸のカムチャツカ河口からアジア北東端の沿岸を北緯六七度一八分まで北上して、チュコト半島北端の沖合には陸影が見られないことから、アジアはアメリカと分離していると判断してニジネ・カムチャツクに帰着した。しかし政府部内では彼がアメリカ大陸を実際に発見しなかったことから、両大陸間の海峡問題は解決されていないという意見が多数を占めた。これらの両大陸がベーリングの到達した地点よりはるか北方でつながっていることも考えられたからである(この意味で副隊長のチリコフが、チュコト半島を回ってコルイマ河口までのシベリア北岸の航行を主張していたのは正解であった)。ベーリング自身も自分の探検の欠陥を自覚していたので、名誉挽回のために新たな探検隊の計画を上申したが、それはアメリカ大陸の発見のほか、隣国日本への航路の探索およびシベリアの北極海沿岸の測量調査も含んでいた。

この提案を慎重に討議した元老院、海軍省、科学アカデミーは、一七三二年四月それらの探検航海の計画を全面的に承認したばかりでなく、さらにそれまで学問的にほとんど調査されていなかったシベリアとカムチャツカ、および新たな海洋探検によって発見されるであろう陸地についても学術調査を行なうという大規模な「北方大探検隊」の編成を決定した。それはカムチャツカおよびその周辺海域の調査に重点が置かれたために、「第二次カムチャツカ探検隊」とも呼ばれることになった。新たな探検隊は、北太平洋と北極海における海洋探検隊と博物学・天文学・地理学・民族学・歴史学などの調査を担当する学術探検隊を含むもので、参加者総数は五七〇人に及ぶ史上空前の大探検隊であった。

科学アカデミーは学術探検のためにロシア人のほか、当時科学アカデミーの会員であったドイツ人・フランス人よりなる外国人学者たちをシベリアやカムチャツカに派遣し、あるいは海洋探検に参加させた。そのなかにはＩ・Ｇ・グメリン（博物学）、Ｇ・Ｆ・ミュラー（歴史学）、Ｇ・Ｗ・シュテラー（博物学）、Ｉ・Ｆ・フィッシャー（歴史学）、Ｌ・ドリール・ド・ラ・クロワエール（天文学）などがおり、彼らの多くはシベリアやカムチャツカ、あるいはアメリカ北西岸に関する著名な著書を残している。ロシア人としては科学アカデミーの学生として参加したＳ・Ｐ・クラシェニンニコフがもっとも有名で、彼は一七三七〜四一年にカムチャツカに派遣されて同地の地理・歴史・自然、諸民族の言語・習俗その他を研究し、彼の『カムチャツカ誌』はカムチャツカに関する古典的な名著といわれている。

海洋探検隊の総隊長にはベーリングが指名され、チリコフとシュパンベルグが補佐役になったが、ベーリングとチリコフは北太平洋の探検とアメリカの発見を担当し、シュパンベルグはクリール列島の調査と日本への航路の探索に向かうことになった。この探検隊はあまりにも大規模な企てだったので、その準備には歳月を要し、膨大な物資のシベリア経由による太平洋岸への輸送には非常な困難があった。そのためこれらの探検が実際に着手されるまでには五、六年を要し、このようにしてシュパンベルグ探検隊が日本へ向けて最初の航海に出帆したのは一七三八年六月、またベーリングがアメリカ航海への準備を完了したのは一七四〇年九月のことであった。

第二次ベーリング探検隊の別働隊として日本への航路探索の責任者となったシュパンベルグはベーリングと同じくデンマーク人で、一七三八年三隻の船を率いてオホーツク港を出帆した。このたびの日本航海はベーリングの提案によったものであったが、それは単なる未知の海洋の探検であったばかりでなく、日本との通商関係の可能性を探ることも任務の一つとされていた。元老院の指令のなかで、「もしカムチャツカに漂着の日本人があれば、友好の証しとして本国へ送還する」ことが述べられていたのもそのためであった。

探検隊は千島列島を調査しつつ日本へ向かうことになっていたので、船隊はまずカムチャツカ西岸のボリシェレツクに寄航ののち、千島列島沿いに南下したが、間もなく濃霧のため各船は互いを見失った。シュパンベルグ少佐の指揮するアルハンゲル・ミハイル号は三一の島々を地図に記入しながらナデジダ島(ウルップ島といわれている)まで到達したが、単独の航海を断念してボリシェレツクに帰港した。ナデジダ号のウォールトン大尉(イギリス人)はそれより遠く北緯四三度のエゾ島の緯度まで南下したが、その海岸には出会わなかった。シェルチング少尉(ロシア人)の指揮するガヴリール号は僚船からはぐれた翌日には引き返した。

翌一七三九年五月には、シュパンベルグはボリシェレツクで越年中に建造したボリシェレツク号を加えて四隻の船で、今度はカムチャツカから南東に向かって航行した。それは科学アカデミーのフランス人地理学者ジョゼフ・ドリールの勧告に従って、ガマランド(アメリカ大陸から西方に延びているという噂の陸地)を探索するためであった。しかしその存在を確認できなかったので、北緯四二度から南西に針路を変えて北緯三九度まで進み、そこから日本沿岸に到達することを期待して真西に向かった。その途中暴風のなかで再びウォールトンが船隊を離れたが(独自の航海を望んだものと考えられている)、残りの三隻は六月一六日ついに日本の沿岸に接近し、海岸沿いに南下した。

六月二二日北緯三八度一五分の海岸近くに投錨したとき、二艘の漁船で日本人たちがやってきてロシア船に乗り込み、魚や米、葉タバコなどをロシア人のラシャ布、ラシャ服、青い南京玉などと交換した。間もなく四人の役人たちが到来してシュパンベルグに歓待されたが、彼らはシュパンベルグが見せた海図や地球儀のなかに自国を見つけて「ニフォン」と叫び、マツマイ島(北海道)や佐渡島、サンガール岬(竜飛崎)、能登岬を見分けて指で示したという。シュパンベルグが見せた海図というのは、一七三三年製のドリールの地図もしくは一七三四年刊行のキリーロフの地図だったのであろうか。これらの役人たちは日本側の史料によれば仙台藩士千葉勘七郎の一行で、会見が行なわれたのは男鹿半島の南方にあたる田代島の沖合であった。そのうちロシア船の周辺には八〇艘ほどの小舟が集まってきたので、用心深いシュパンベルグは抜錨して沖合に離れ、数日後には帰途についた。

シュパンベルグは帰路は北東に針路をとり、七月三日から六日にかけて北緯四二～四三度においていくつかの島々を発見し、それらを「フィグールノイ」(変わった形をした島)、「トゥリー・セストルイ」(三人姉妹)、「ツィトロンノイ」(レモン島)と名付け、フィグールノイには水汲みのために乗組員たちを派遣した。七月七日には南方(南西?)に「ゼリョンノイ」(緑の島)が望まれ、翌日そこに上陸したナデジダ号の船長シェルチング少尉一行は八人の住民をシュパンベルグのもとに連れてきた。彼らは顔付きがクリール人(カムチャツカ南端や北千島のアイヌ)に似ており、同じような言葉をしゃべり、毛深い体質であったという。シュパンベルグの地図(図8)によれば、彼らの航跡は最初に到達したフィグールノイ島を周回しており、この島には「港が測量された」と記されているので、それはシコタン島であった可能性が高い。七月九日にはゼリョンノイ島の西方に「ムクシル」(クナシリ島と思われる)が望まれたが、この島には接近することなく反転したようである。

前記の島々はカムチャツカからの方位と緯度を基準にすれば、南千島諸島から北海道東端部を描いたものとみることができるが、それらが日本本州の真北に描かれているのは、シュパンベルグが日本の経度を三度以上も東に誤っていたからであろう。それゆえ「フィグールノイ」がシコタン島だとすれば、「トゥリー・セストルイ」はエトロフ島の西端、「ツィトロンノイ」はクナシリ島の東端ということになる。その西側の最大の島「ゼリョンノイ」はハボマイ群島をひとつながりの島と見誤ったのであろうか。「コノシルと名付く」と記された島はハボマイ群島から望見しただけであったようで、それはクナシリ島か北海道の東端であったのかもしれない。いずれにせよ、この海域の航海中は四六時中濃霧が立ち込め、各船は互いに大砲で合図をしながらもボリシェレツク号は行方不明になったほどであった。このようにして作製された島々の地図が地形の特徴さえ捉えていなかったのは当然で、現在の島々との正確な同定は不可能である。その後シュパンベルグは南方へ航行して北緯四一度でマツマイ島(下北半島と思われる)に接近したが、近くに三隻の日本の大船が望見されたので、そこから引き返し八月二九日オホーツクに帰着したという。

一方、六月一四日に僚船から離れたウォールトンのガヴリール号(ナデジダ号の指揮は今回は

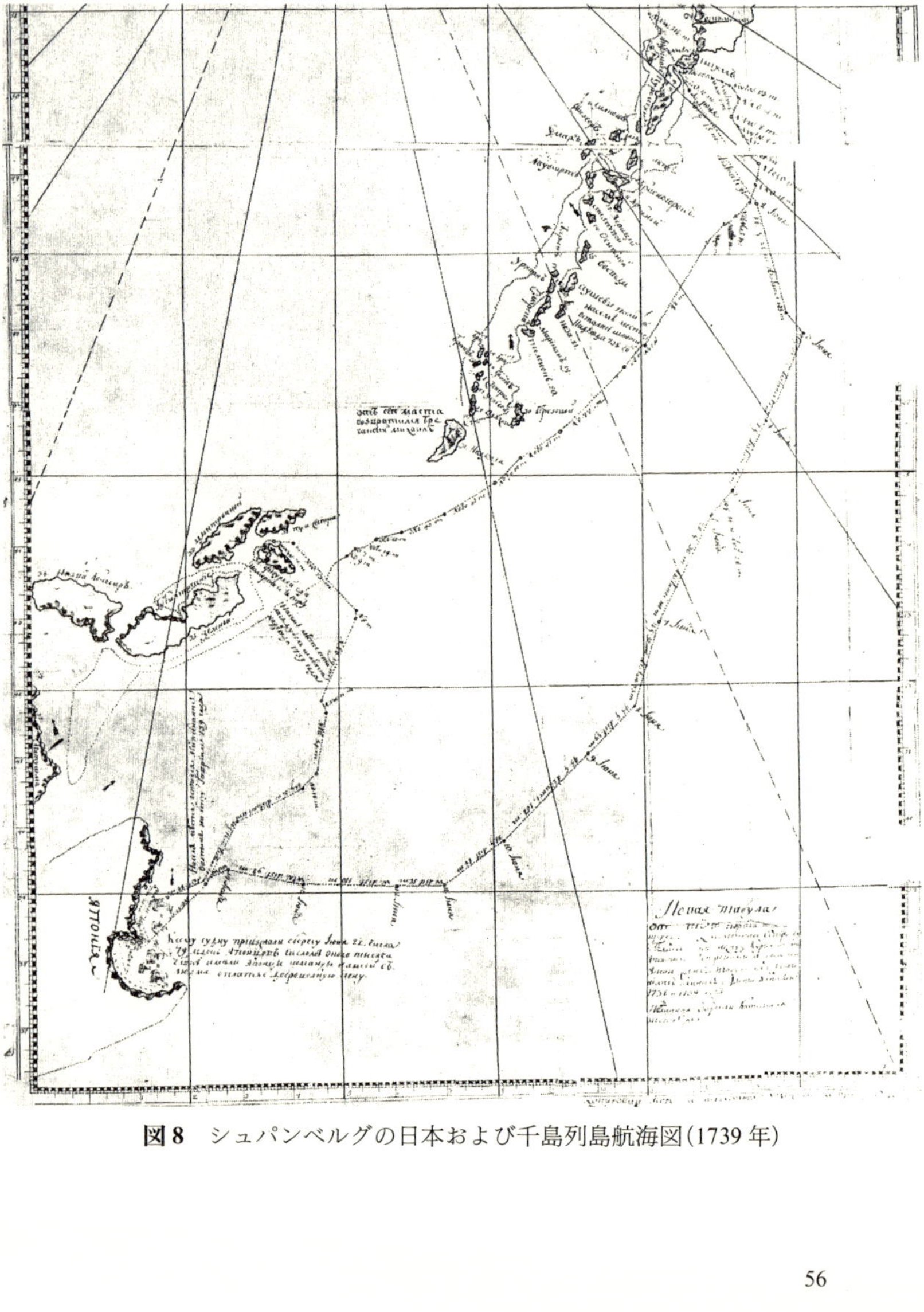

図8　シュパンベルグの日本および千島列島航海図(1739年)

シェルチングに交代させられていた)は、日本の東岸沿いに北緯三五度一〇分まで南下したとき大きな村の沖合に停泊し、六人の乗組員が淡水を汲むために上陸した。彼らは村に入って日本人に歓待されたが、それは日本側の史料によれば安房国東岸の天津村であった(『通航一覧』巻二三七)。ウォールトンはさらに北緯三三度二八分まで南下して岸近くに投錨し、乗組員たちはそこで薬草などを採集したというが、そこがどこであったかは不明である。六月二四日に日本の沿岸を離れたウォールトンは外洋を航行して七月二五日ボリシェレツクに帰航し、八月二一日オホーツクに戻った。

シュパンベルグ探検隊の日本北辺航海は、地理学に対する貢献からみて意義深いものであった。一六四三年にオランダの東インド会社が派遣したフリースの航海以来この海域を調査したヨーロッパの船は全くなかったが、シュパンベルグはカムチャツカから日本に至る航路を初めて明らかにし、巨大なコンパニースランドの存在を否定してフリースにおける欠陥を部分的に修正したのであった。しかし南千島諸島についてみれば、彼らはこの海域特有の濃霧に妨げられて暗中模索の航海しかできなかったために、日本の北東にいくつもの奇妙な形の島々を描いただけで、フリースが巨大な島として描いた「エゾ」については調査することはなかった。その結果ロシアの学者たちは、日本人が「エゾ」と呼ぶ陸地は一つの大島ではなく、いくつかの小さな島々の集まりにすぎないと誤解するようになったのである。それはシュパンベルグ探検隊が北海道に接近しながらその沿岸を測量せず、この島が大島であることを知らなかったことに起因するもので、この探検隊の最大の欠陥であった。そのことはベーリング第二次探検隊の成果を総合したロシア科学アカデミー刊行の「ロシ

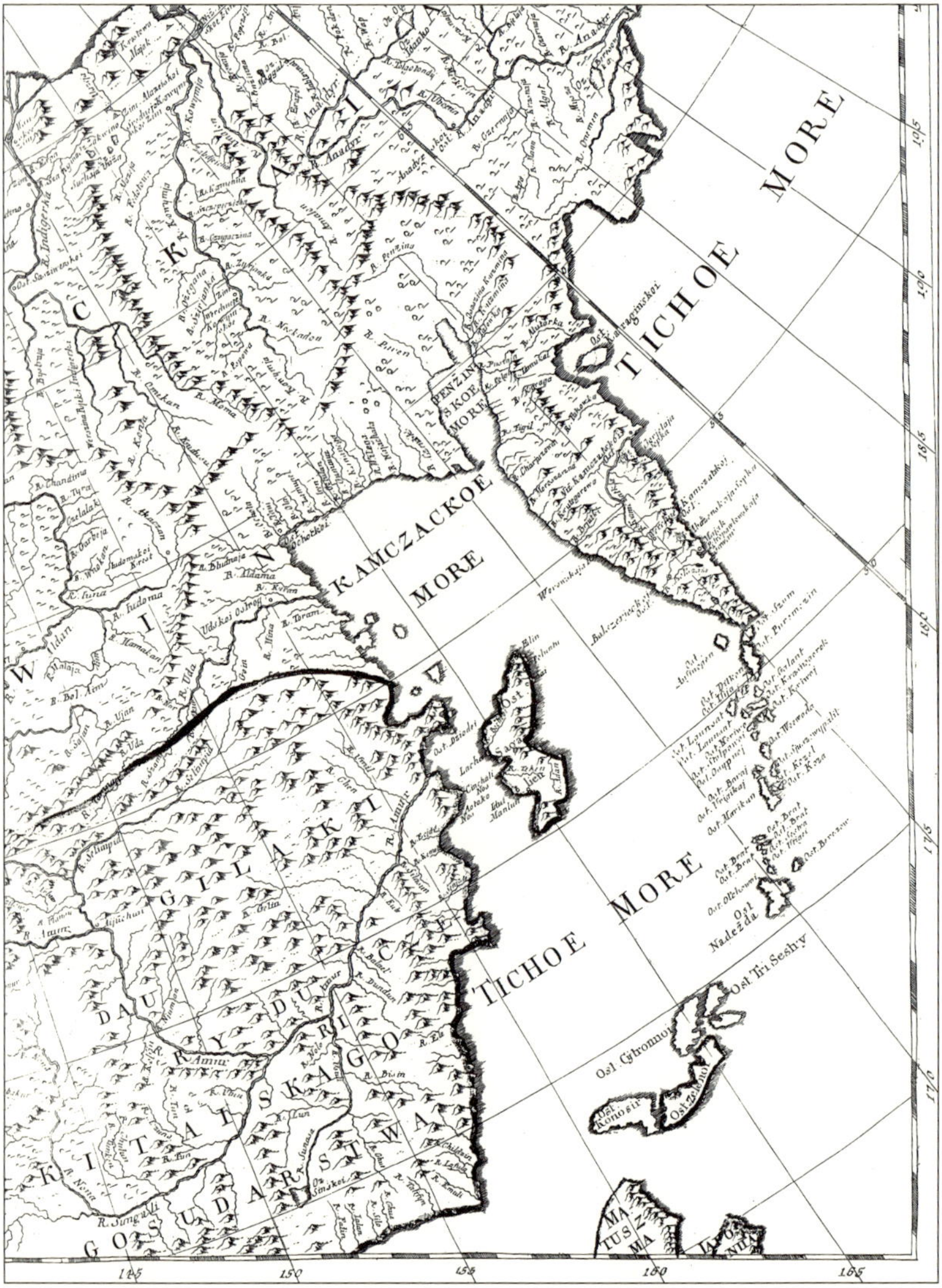

図 9　ロシア科学アカデミー「ロシア帝国全図」[部分] (1745 年)

ア帝国全図」（一七四五年刊）（図9）に見ることができる。

千島列島を航行したシュパンベルグ探検隊は、北部諸島の位置についてはかなり正確な地図を作製したが、自然や住民についてはそれほどの成果をもたらさなかった。その欠点をいくらかでも埋めたのは第二次カムチャツカ探検隊に参加した科学アカデミーの学者たちで、G・F・ミュラーはヤクーツク滞在中にコズイレフスキーの報告や漂流日本人、遠島アイヌ、その他のロシア人たちの千島に関する情報を収集し、またS・P・クラシェニンニコフはカムチャツカでシュパンベルグ探検隊の参加者たちから話を聞き、G・W・シュテラーは自ら北部の数島を訪れて千島諸島の情報を集めたという。それらの情報は一七五五年刊行のクラシェニンニコフの古典的な名著『カムチャツカ誌』のなかに集約されている。

クラシェニンニコフは千島各島について記述し、住民についても述べているが、彼はクリール人を三種に分け、第一島シュムシュの住民は純粋のクリール人ではなく、カムチャツカ種族との混血だと述べている。真正なクリール人はパラムシル島からシムシル島までの住民で、エトロフ島とウルップ島の住民は自らを「クイフ・クリール」（遠島クリール人?）と称し、日本人は彼らをマツマイ島（北海道）やクナシリ島の住民と同じく「エゾ」と呼んでいるという。言語や容貌については、クナシル島もパラムシル島の住民もほとんど異ならないと書いている。

そのほかクラシェニンニコフは、クナシリ島の住民はマツマイ島（北海道）に赴いて日本人と交易し、ウルップ島とエトロフ島の住民はクナシリ島の住民と交易し、日本の商品を携えて北方の島々からさらにはカムチャツカにまで赴くと述べて、北海道からカムチャツカに至る交易の道が存在することを明らかにしている。北方の島々から北海道へ運ばれる商品はラッコ皮・狐皮・鯨油・干魚・鷲羽、その他である。

クリール人のうち日本人に服属しているのはマツマイ島(北海道)のクリール人(アイヌ)だけで、ウルップ島以北のクリール人たちはロシア人の支配下にあり、ウルップ、エトロフ、クナシリの島々の住民たちはいかなる支配にも属していないが、ロシア人の北千島進出によって千島列島の南北の交易が中断されたとも述べている。クリール人の性質は、「礼儀正しく、誠実で、名誉を重んじ、柔和であり、同族は深い愛情を示し合い、老人は大きな尊敬を受けている」として高く評価されている(クラシェニンニコフ『カムチャツカ誌』)。

シュパンベルグ探検隊の千島列島航海の成果は非常に曖昧なものであったから、ロシア人のその後の千島進出を誘引するには至らなかった。一方、一七四一年にベーリング探検隊によって発見されたアリューシャン列島では、ラッコ・オットセイなどの貴重な毛皮獣の豊富な生息が確認され、探検隊によって多数の毛皮がもち帰られたので、それ以後ロシア人たちはこの列島に向かって殺到することになった。とくにそのラッコ皮は中国交易における主たる交易品となったのである。ベーリング一行は一七四一年の航海においてラッコ七〇〇頭を、またチリコフ一行も九〇〇頭のラッコをもち帰ったといわれ、そのことはその後アリューシャン列島へのロシア人狩猟者たちの奔流を巻き起こした。すなわち小資本の企業家たちもオホーツクやカムチャツカで小船を急造し、彼らに雇われた狩猟者たちはそれらの船で大胆にも北太平洋の荒海に乗り出したのである。

しかし一方、シュパンベルグ探検隊はベーリング探検隊と違って、日本や千島列島からは何の毛皮ももち帰らなかったので、アリューシャン列島のような事態はしばらくは起こらなかった。その点で、一七一三年にパラムシル島でコズイレフスキーに捕らえられたエトロフ島アイヌのシャタノイが、ウルップ島やシムシル島などの豊富なラッコの生息を語らずに秘していたことは、ロシア人の千島南下を著しく遅らせたということができる。

二　チョールヌイの千島アイヌ追跡行

とはいえ北部千島においても、一七四〇年代にはシベリア庁の訓令によって収税人たちのヤサーク(貢納)徴収の強化が始まっていた。従来この地方のヤサークは一年間に成人男子一人からラッコ皮一枚を徴収するやや軽いものであり、さらに一時的にせよロシア人狩猟者たちの毛皮獣の捕獲は禁止されていた。しかしやがてシベリア当局はヤサーク支払者を増加するために収税人たちに千島列島の南下を命じたので、一七四五年に収税人スロボーチコフは第五島オンネコタンに進んだが、彼はこの島で図らずも日本人漂流者一〇人を発見した。彼らは南部佐井村(青森県下北半島北西岸)の竹内徳兵衛一行一八人の多賀丸の乗組員たちで、一七四四年(延享元)一一月に大豆・昆布・〆粕などを積んで北海道の松前から江戸へ向かう途中、暴風によって翌春オンネコタン島に漂着したのであった。生き残っていた一〇人の漂流者たちはスロボーチコフによってカムチャツカに移され、のちにはイルクーツクの日本語学校の教師にされている。

島々を南下した収税人たちはそこで出会った千島アイヌたちからヤサークを徴収したが、それ以前にヤサークを嫌って移島していた者のなかには二重の課税をされる者もあり、彼らはさらに南方の島々へ逃れた。収税人たちはなおも彼らを追いかけ、このようにしてロシア人の千島南下はヤサーク負担者の追跡によって始められたのであった。後に残された千島アイヌたちのなかには逃亡者の分までヤサークを支払わされることがあったので、逃亡アイヌたちの追跡に協力する者さえあったようである。この頃になるとロシア人はすでにシュムシュ、パラムシルのアイヌたちのロシア化に着手しており、ロシア服の着用、キリスト教の布教、ロシア語の使用やロシア風の改名などを進めていたが、一七六一年シベリア総督ソイモノフはカムチャツカ長官に対し、クリール諸島のヤサーク徴収の遅れを指摘するとともに、積極的に千島列島の領有化を命じた。

一七六六年カムチャツカのボリシェレツク政庁は、パラムシル島のアイヌ長老たちが移島者（ソーシュルイ）たちを追いかけるとともに、遠島クリール人（南千島のアイヌ）の帰属化への協力を申し出たので、コサック百人長のチョールヌイに二人の部下を付けて同行させた。このようにして一七六六〜六九年に皮舟四艘に二〇人のクリール人漕ぎ手を率いて、チョールヌイによる中部以南の千島の島々のアイヌの帰属化が始まったのである。チョールヌイは一七六八年にはウルップ島に到達し、エトロフ島アイヌのシャタノイがコズイレフスキーに秘していたこの島のラッコの豊富さを知ることができた。チョールヌイは同年中にエトロフ島にも進出したが、同地のクリール人たちも彼にヤサークを支払い、長老の息子は銀の飾りのついた刀を進呈したという。さらにエトロフ島の長老はチョールヌイとの別離に際し、彼の再来までにはクナシリ、シコタン、アッケシのアイヌたちもことごとくロシアに帰属させることを約束したという。しかしこれらの話は、チョールヌイが皮舟の漕ぎ手たちや発見した移島者たちに鞭打ちを加えて離反を招いていたことや、エトロフ住民が非常に多数であったことを考えると信じ難いことである。おそらくそれはチョールヌイが自分の功績を誇張するために、このように報告したのであろう。のちに明らかになったことであるが、彼はどこの島でもアイヌに対する厚遇と友好を命じた政府の指示に違反して専制的に振る舞い、アイヌたちから毛皮を強奪し、彼らを狩猟場から追い払うなどしてロシア人に対するアイヌたちの感情を著しく傷つけたのであった。

とはいえ、一七六九年にチョールヌイが帰国したのちにシベリアの政庁に提出した千島列島に関する報告書は、各島の地理・動植物・住民などについて詳細に記したもので、それはシャタノイからの伝聞を記したコズイレフスキーの報告とは違って、自らの実見による詳細で正確なものであった。彼はまたアイヌたちから得た情報として、日本人とアイヌとの交易について次のように記していた。「毎年二隻の日本商船がマツマイ島(北海道)のアトキス(厚岸)へ、さらにもう一隻がクナシリ島にやってくる。クリール人のいうところによれば、これらの船はロシア人のそれと比べてそれほど大きくはない。乗組員は二〇人くらいで、日本人は二カ月間滞在し、酒・葉タバコ・穀物・衣類・銀貨と銅貨・脚付きの鉄釜・刀剣・包丁・斧などを持参し、油脂・乾鱈・ラッコ皮・鷲羽・黒アザラシの子などと交易する」（ズナメンスキー『ロシア人の日本発見』）。チョールヌイは千島列島に関するこのように貴重な報告書を提出したにもかかわらず、アイヌ住民に対する不法行為のゆえにヤクーツクに召喚され、その取調べ中に天然痘で死亡したといわれている。

三　ロシア人狩猟者と南千島アイヌの衝突

以上のように一七六六〜六九年の遠征の際に、チョールヌイによって初めてクナシリ島、シコタン島やハボマイ群島を除く全千島列島が縦断され、島々の状況とくにウルップ島におけるラッコの生息が知られたことは、直ちにロシア人のウルップ島への到来を招いた。すなわちチョールヌイがヤクーツクに帰った翌年の一七七〇年には、同地のプロトジャーコノフ商会の一行がウルップ島に向かい、この島でラッコ猟をしていたエトロフ島のアイヌたちにヤサークを要求したほか、彼らから食料や日用品を奪い、さらには好適な狩猟場を独占した。ロシア人たちはこの島に越冬して狩猟を続けたが、翌春再び来島したエトロフの住民たちはまたも狩猟場を追われ、さらに略奪を受けた争いのなかで、エトロフ島の乙名ニセオコテほか一人が射殺された。エトロフ島のアイヌたちは、日本商品を入手するための交易品であるラッコの捕獲ができなくなることによる生活の脅威を感じたようである。そのため彼らは北部諸島からの移島者たちと協力して、ウルップ島およびマカンルル島（ブロートン島）で狩猟をしていたロシア人たちの不意を襲い、五九人のうち二一人を殺害した。同じく一七七一年にはチュメニの商人ニーコノフ一行も、イルクーツク政庁の許可を得て移島者たちの連れ戻しとヤサークの徴収を兼ねてラッコ狩猟のために皮舟で千島に到来した。中部千島のアイヌたちはこれを見て、チョールヌイが戻ってきたものと思い、山中に逃亡したという。しかしニーコノフ一行はマカンルル島でプロトジャーコノフ商会一行のロシア人たちの死体を発見し、ウルップ島でも彼らが残した警告板を見たのでその後の行動は慎重になり、間もなく引き返した（ズナメンスキー『ロシア人の日本発見』）。

このようにロシア人たちの千島列島南下はヤサーク徴収の強化のために始められ、その結果南方に逃れるアイヌたちが続出したので、ロシア人たちは彼らを追いかけてさらに南下し、ついにラッコの豊富なウルップ島を知り、やがてこの島におけるラッコ猟が定着したのである。その過程でロシア人とアイヌの衝突が起こったことは、後述する日本人の場合の寛政元年（一七八九）のクナシリ・メナシ事件との対比で記憶されるべきであろう。

それでは、商場や請負場所が北海道東部からクナシリ島にまで拡大しつつあった当時の松前藩では、このようなロシア人の南下についてどのような情報を入手していたのであろうか。松前藩ではすでに宝暦九年（一七五九）頃から、アイヌではない異国人が千島の北方の島々で活動していることを知っていた。すなわちこの年にアッケシの勤番として赴いた湊覚之進は、その地を訪れたエトロフ島乙名のカッコロとクナシリ島乙名のヌナシテカから北方の島々には「赤い衣類を着た唐人が大勢居る」ことを聞き、そのことを藩に報告したのである。湊覚之進によれば、そのときはカッコロ自身も異国人から入手した猩々緋《しょうじょうひ》の衣類（鮮やかな深紅色の毛織物）を着し、槍や斧をもっていたという（河野常吉「安永以前松前藩と露人の関係」）。おそらくカッコロは交易のために北千島に赴いて、これらの衣類その他の品々をロシア人と直接に交易したのであろう。

松前藩ではその後もこれらの異国人の動向に注目していたらしく、松前広長の『松前年暦捷径』（年表—原文は漢文）には、明和八年（一七七一）七月に「屈諾矢里《クナシリ》帰藩の士訴えて曰く、〇〇《（蛮人か）》蝋殻《ラッコ》島に来たりて火銃を放ち、能く蝋殻を獲る」（プロトジャーコノフ商会一行のこと）とあり、また翌年の安永元年（一七七二）六月の記事には、「東部吉達膚《キイタップ》（霧多布）帰藩之卒訴えていわく、客歳蠟殻島に来る所の蛮人、我地方之夷人を害するによって、其地の夷人その不意を討ち蛮人都《すべ》て二十人を殺す、因って残党七十余人海を超えて退散す」と伝えている。すなわち松前藩は、ウルップ島におけるロシア人のラッコ狩猟およびそのことをめぐる彼らとアイヌとの衝突事件について、かなり正確な情報を直ちに得ていたのであるが、実際には「蛮人」がいかなる国の者たちか確かめることもなく放置していたのである。藩がそのことを幕府に報告しなかったのは、幕府の介入を懸念したからであろう。「赤い服を着た異国人」のことは松前ではやがて「赤人」あるいは「赤蝦夷」と呼ばれるようになったが、それは猩々緋の衣服を着たロシア人のことをアイヌたちが「フーレ・シサム」（赤い隣人）と呼んでいたことによるものであった。

第四章　ロシア人の蝦夷地到来と『赤蝦夷風説考』

一　「秘密の航海」

一七七〇年におけるロシア人狩猟者たちのウルップ島への初めての出現は、この島でラッコ狩猟をしていたエトロフ島アイヌに対する彼らの横暴と貪欲さのために流血の衝突を招いたが、それに続いてこの島に到来したロシア人は東シベリアの地方当局が組織した半官半民の探検隊であった。それは千島列島の併合とともに、マツマイ島(北海道)の日本人との食料や日用品の交易協定を望んだイルクーツク政庁が、商人たちの協力を得て中央政府には断りなくマツマイ島へ派遣した「秘密の航海」と称された企てであった。

一七七二年イルクーツク総督ブリーリは、カムチャツカに赴任した新任長官ベームに対する訓令のなかで「遠島クリール人」(南千島のアイヌ)と友好を回復して服属させるとともに、マツマイ島の日本人との交易のために商船の派遣を命じたのである。それを受けたベームはクリール列島の占領に大きな関心を示し、これらの島々にはラッコが生息し、また農業移民の可能性もあることを述べて、外国人(日本人)が占領する前にウルップ島に要塞を構築し、島の領有を確定する必要を述べた。またそのことを聞きつけたオホーツク港長官のズーボフも、自分をクリール列島の占領と日本との交易樹立のために派遣するよう求めた。

ブリーリ総督は、しばらくは中央政府の許可なく要塞構築など過度の軍事行動に着手することを控えて、日本との交易調査の探検隊の編成にとどめることにした。しかしそのような企てのためには商人たちの参加が必要だったので、熱心な勧誘の結果ようやくヤクーツクの大商人レーベジェフ＝ラストチキンとグレゴリー・シェリホフの同意を得た。そのために当局は彼らの航海中は他の狩猟者たちのクリール諸島への渡航を許可しないことを保証したが、それは一七六二年に発布されたエカテリーナ二世の独占禁止の法令に違反するものであった。当時この航海が「秘密の航海」と呼ばれていたのは、以上のように探検が中央政府には隠密裡に行なわれたほかに、日本人に対しても半官半民の性格を隠して商人を装った性格のゆえであったと思われる。

しかしこのようにして始められたこの探検隊は最初から不運続きで、一七七四年に日本向けの一万ルーブリの商品を積んでオホーツク港を出帆した官船「エカテリーナ号」は、カムチャツカへの航海の途中で沈没した。また翌年にも「聖ニコライ号」がようやくウルップ島西岸のアタットイにまで到着しながら嵐のために座礁し、乗組員たちは荷物を陸揚げして同島で越年せざるをなかった。

その通報を受けた共同の商人シェリホフはこの事業から手を引き、その後アメリカ方面の事業に専念してやがて露米会社の基礎を築くことになった。一方、レーベジェフは当局から新たに官船「ナターリア号」の貸下げを受けて事業を継続することにし、一七七七年には探検隊の責任者をこれまでのイワン・アンチーピン(シベリア貴族でイルクーツクの日本語学校出身といわれる)からイルクーツクの商人ドミトリー・シャバーリンに代えるために後者をウルップ島に派遣した。その間にこの島で越年していたロシア人たちはラッコ猟に到来したエトロフ島など近隣のアイヌたちとの友好に努めた結果、一七七〇年の衝突以来途絶えていた交際の回復に成功していた。このようにして翌一七七八年春シャバーリンは「ナターリア号」をウルップ島東岸のワニナウに残したまま、三隻の大きな皮船に三二人のロシア人、および通訳として二人のシムシル島アイヌのケレコレ(グレゴリー)とオロキセ(アレクセイ)を率いて北海道へ向かうためにエトロフ島、次いでクナシリ島に渡ったのである。ロシア人がクナシリ島に上陸したのはこれが最初であった。翌年レーベジェフがシベリア総督に報じたところによると、シャバーリンはそのときクナシリ島のアイヌたち「一五〇〇人」を帰属させてヤサークを徴収したということであるが、そのようなことはチョールヌイのエトロフ島の場合と同様ありえないことで、おそらくは成果を誇大に述べて政府の承認を期待したのであろう。とはいえクナシリ島の有力者ツキノエがロシア人たちを歓迎したことは事実のようで、彼はロシア人一行を案内して根室場所のノツカマップ(根室半島の北岸)に到来したのであった。

当時ノツカマップには日本船が停泊し、松前藩の上乗り役(船の監督)新井田大八、船中目付工藤八百右衛門、蝦夷語通詞(飯田)林右衛門らが滞在していたが、ロシア人から交易の申し出を受けた新井田は、「そのようなことは松前に帰って藩主に報告し、藩主もまたそれを江戸の幕府に届け出て許可を受けなければできないことである。いずれにせよ明年にならないと答えることができないので、明年夏にエトロフ島でその可否を回答したい」と述べたという(『北海島舶記』『通航一覧』『辺要分界図考』『蝦夷地一件』)。一方、ロシア人たちはそれを次のように理解したようである。すなわち日本人たちは政府の許可を受けないで交易をすることに不安を示し、結局双方は日本政府の許可が出るまではマツマイ島(北海道)ではなく、日本人が以前から訪れているクナシリ島での交易を約束した。日本人たちはシャバーリンが来年その島に来ることを要請し、「五通の書簡」(?)を渡したという(ポロンスキー『千島誌』)。シャバーリンは日本人から交易の約束を得たとしてオホーツクに帰港してレーベジェフにそのことを報告し、後者は早速「ナターリア号」に交易品として一万八〇〇〇ルーブリの商品(羅紗・ビロード・繻子・琥珀、その他)を積み込んで再びウルップ島に向かわせた。

「ナターリア号」は一七七八年一〇月ウルップ島に到着し、ロシア人たちは翌夏三隻の大型の皮船で四五人がクナシリ島に向かった。しかし同地には松前藩の使節が未着のため、前年と同様有力者ツキノエの先導を得て根室半島のノツカマップに赴き、ここでも一カ月ほど待ったのちさらに進んで東蝦夷地の松前藩の拠点アッケシ(厚岸)に到着した。安永八年(一七七九)八月七日(露暦九月九日)、風待ちのため南部の佐井湊に留まって遅延していた松前藩の使者たちがようやくアッケシに到着し、翌日アッケシの浜で荘重な対面の儀式が行なわれた(シャバーリンが描いた図10を参照)。

図10 シャバーリン一行と松前藩使節との会見図（1779年）

松前藩の使者は浅利幸兵衛、松井茂兵衛、工藤清右衛門の三人、目付は柴田勘兵衛と古屋文六、蝦夷語通詞は林右衛門（飛騨屋武川家）と三右衛門（阿部屋村山家）の二人であった。会談は八月一一～一三日に行なわれたが、ロシア側の資料に拠れば松前藩の回答は次のようなものであった。「ロシア人はクナシリ島やエトロフ島に渡来してはならず、もし米や酒が必要ならウルップ島から蝦夷人たちをこれらの島に派遣されたい。日本人は彼らを通じてこれらの品々をロシア人に届けることを約束する。それでもなお日本人と直接の交易を望むのであれば、長崎へ行くべきである」（ポロンスキー『千島誌』）。これに対し日本側の資料では、「外国交易ノ事ハ、長崎ニ限リ其他ハ国禁ナレバ、何等ノ願アリトモ叶ヒ難シ、以来ハ渡海スルモ無用ナリ」（岡本柳之助編『日魯交渉北海道史稿』）としてロシア側の書簡・贈物とも包みのまま返したという。そこでは交易の拒絶の面のみが強調されているが、実際にはロシア側の内容の方が近かったのではないかと思われる。そのときの対話記録である松前藩の史料「安永八年魯西亜人応接書」は、松前藩の使節が次のように述べたことが記されている。「ロシア人たちが日本の品を望むときは、千島の島人たちに頼んでエトロフ島のアイヌたちと交易させたらよい。……それでもなお日本人と直接の交易をしたいというのなら、長崎へ赴いてその地に願いを差し出すべきである」。すなわち松前藩はエトロフ島のアイヌたちを通じての交易を勧めたように思われる。

このようにシャバーリンと松前藩との交渉は不調に終わったので、ロシア人たちはウルップ島に帰って越年した。そしてオホーツクへ向けて帰港の準備が整った翌一七八〇年六月千島列島に大地震が起こり、ウルップ島にも大津波が押し寄せて「ナターリア号」は陸上はるかに打ち上げられたので、アンチーピンについでシャバーリンも救援を求めるため皮船でカムチャツカのボリシェレツクに赴いた。「ナターリア号」遭難の知らせを受けたレーベジェフは、同船の引き下ろしのために翌一七八一年以後数度にわたり救援船をウルップ島に派遣したが成功せず、シャバーリンも一七八五年には最終的に同島を引き揚げた。かくて日本との交易に期待をかけたシベリア当局と商人たちの努力は水泡に帰し、それまでに三隻の船と莫大な商品を失ったが、それはその後も熱心に続けられるロシア人の日本との交易のための最初の試みであった。そしてその頃には、ロシア人たちがこれまでの調査によってすでに千島列島についてかなり詳細な情報を入手していたことは、一七八五年にペテルブルグの科学アカデミー発行の『歴史・地理カレンダー』に収録された「クリル列島誌」によって知ることができる。それは千島列島の各島についての位置・地勢・住民たち・動植物・鉱物などについて詳しく記したもので、一七七九年(安永八)のシャバーリンやアンチーピンらのマツマイ島(北海道)のアッケシにおける松前藩使節との会見の状況についても記していたが、アイヌたちの風俗・習慣にも重きが置かれていた(村山七郎『クリル諸島の文献学的研究』に収録)。

一方、松前藩は二度にわたるロシア人たちの蝦夷地到来のことを幕府には報告しなかった。蝦夷地については万事秘密にしていた松前藩としては、異国人接近のことを幕府に知られて介入を招きたくなかったのであろう。のちに天明年間に蝦夷地を調査した幕吏の佐藤玄六郎がシャバーリン応接の際の使者浅利幸兵衛にそのことを詰問したところ、浅利は次のように答えたという。「その節には幕府に届け出ようという意見もあったが、交易を許さなかったのであるから届け出るまでもあるまいという意見もあり、評議が一決しなかったので、酒井伊左衛門という者を江戸屋敷に派遣して藩主の一族と相談させたところ、このように事後になって届けたのでは却って事が難しくなるとして届け出なかった」とのことである(『蝦夷地一件』二)。松前藩の懸念がよく示されている史料である。

二　ベニョフスキー(はんべんごろう)の「警告」

前述のように、松前藩はシャバーリン一行のロシア人たちの蝦夷地到来の事実を幕府にも秘していたが、ロシア人の千島南下の事実はそれより早くから一部の日本人には知られていた。その情報の窓口は松前とは日本の両極にあった九州の長崎であった。一七七一年、すなわちプロトジャーコノフ商会の一行がウルップ島やマカンルル島(ブロートン島)でアイヌたちに殺害される事件が起こった年に、カムチャツカの本拠地ボリシェレツクでは、その地に流刑されていた政治犯たちが反乱を起こしてカムチャツカの長官ニーロフ(ベームの前任者)を殺害した。この反乱の首謀者となったのは、ハンガリア生まれの風雲児モーリツ・アラダール・ベニョフスキーで、彼はロシアに対するポーランドの独立運動に加わって二度もロシア軍の捕虜となり、ボリシェレツクに流刑されていたのである(彼は当時ニーロフの娘たちの家庭教師をしていてニーロフにも信頼されていたという)。

彼は同地の政治流刑者たち（彼らは流刑地では拘禁されることなく自由に生活していた）を陰謀に誘っただけでなく、官船「聖ピョートル号」の航海士や水夫たちのほか同地の労務者たちをも巻き込んで暴動を起こし、「聖ピョートル号」を乗っ取ってボリシェレツク港から中国のマカオを目指して出帆したのである。そのような航海はこれまで未知のものであったが、一七三九年のシュパンベルグ探検隊によってすでに日本までの航路が知られていたからであろう。彼らは四国の土佐と阿波や南西諸島の奄美大島に立ち寄ったが、そこで受けた薪水の供給へのお礼を口実として、ベニョフスキーはそれらの土地に長崎のオランダ商館長宛の七通（四種類）のドイツ語およびラテン語の書簡を残した。彼はそれらの書簡の一通のなかでロシアが「松前の地その他近所の島々」を手に入れようとしていると警告したのである（『ベニョフスキー航海記』の「史料編」参照）。

すなわち、長崎オランダ商館の新旧商館長ダニエル・アルメナウトとアーレント・フェイトが蘭通詞のためにオランダ語に翻訳したベニョフスキーのドイツ語書簡の一通の内容は、蘭通詞たちの訳によれば次のようなものであった。「自分はロシアの命を受け、三隻の船をもって日本周辺を探索した。ロシアは来年には松前その他の近隣の島々へ手をつけるとのことである。クリールの島々にはすでに砦を築き武具を備えている。……この害を防ぐために貴国からも船を出して備えられんことを」。ここには誤訳もあるが、ロシアの日本に対する侵略意図を述べていることはまぎれもない事実である。ただ原文で「三隻の船」というのは、一七三九年のシュパンベルグ探検隊の日本探索航海のことを述べているのであろう。この警告は、一七九〇年に有名な『航海記』を出版して

「ホラ吹き男爵」の名を高めたベニョフスキーの「大ぼら」の一種と考えられているが、翌一七七二年にはカムチャツカ長官のベーム(ニーロフの後任)が南クリール諸島の武力征服と要塞構築を上申していることを考えると、それを予見したものということもできる(『航海記』のなかでは肝心の警告のことには触れられていない)。ベニョフスキーはその後日本では「はんべんごろう」の名で知られることになったが、それはベニョフスキーのドイツ語書簡の署名「Von Benyow」をオランダ商館長のフェイトがオランダ風に記そうとして、貴族的称号「Von」を「Van《ふあん》」に改めただけでなく、日本の通詞たちが「Benyow」の署名を「Bengoro《べんごろ》」と読み誤ったせいだと思われる。また、ロシアのことはわが国ではそれまで巾着革の名から「むすこうびあ(モスクワ国)」として知られていたが、ベニョフスキーの書簡を翻訳したオランダ商館長はそれが「リュス国」であることを説明したので、その後ロシアは「リュス国」あるいは「るうしや」として知られるようになった。

幕府は「はんべんごろうの警告」を無視して何の手段も講じなかったが、一方長崎ではそれはオランダ人や蘭通詞たちによって同地を訪れた知識人たちに熱心に伝えられたようである。安永三〜四年(一七七四〜七五)に長崎に遊んだ宇治の儒者平沢元愷《げんがい》(旭山)は蘭通詞松村君紀から「はんべんごろうの警告」とロシアの恐るべきことを聞いて、それを『瓊浦《けいほ》偶筆』や『漫游文草』に書き留め、豊後の特異な思想家として知られる三浦梅園は、蘭学者としても著名な蘭通詞の吉雄幸作(耕牛)から、ロシアが蝦夷地を蚕食する危険があるのでこれに先んじてその地を開く急務を聞いたと『帰山録』に記している(平岡雅英『日露交渉史話』)。その後、彼らを通じて蝦夷地対策の論議が広まったのである。なかでも仙台藩士の林子平は長崎に遊んだ折に親しくなった(馬術を教わったともいう)オランダ商館長のフェイトから直接「はんべんごろうの警告」を聞いて、無防備な日本の海防の必要を認識し、やがて『三国通覧図説』や『海国兵談』を著してわが国における北方問題の先覚者となった。

ところで林子平の『三国通覧図説』のなかには次のような意味の記述がある。「近頃はラッコ島(ウルップ島のこと)に莫斯哥未亜《モスコビア》(ロシア)人がたくさん居住しており、この島を根拠地にして蝦夷地に近いエトロフ島に来て交易をしているという。おそらくはエトロフ島を併合しようという意図があるのではないだろうか」。しかしこのような千島の情報は長崎では得られないものであった。それを林子平に教えたのは、彼が日頃から兄事していた江戸在住の仙台藩の医師工藤平助であった。藩外にも広い交際をもっていた工藤は、すでに松前藩の知人たちから密かにロシア人の千島南下と蝦夷地到来についての情報を入手しており、それを林子平に伝えていたのである。

三　『赤蝦夷風説考』の成立

この工藤平助という人は仙台藩の江戸在住の藩医であったが、すこぶる視野が広く経世についてもすぐれた意見を有していたので、藩主の伊達重村からも重用されていたという。彼は漢方医であったが、青木昆陽に蘭学を学んだこともあって蘭学者たちにも知己が多く、前野良沢や吉雄幸作とも親交があり、同藩の蘭学者大槻玄沢や林子平は彼に兄事していたという。彼がロシアの千島南下に関心をもつようになったのは、林子平や吉雄幸作らからベニョフスキーの警告やオランダ人の対露警戒論を聞いたことによるが、また以前から松前藩の関係者たちから密かにロシア人の蝦夷地到来や蝦夷地の奥地における密貿易の噂を聞いていて、長崎と松前からのロシア情報を結び付けることができたからであった。

彼のもとには松前から来た米田玄丹という門人がいたし、蝦夷地の場所請負人飛騨屋の松前藩に対する訴訟事件では藩の用人から代書人を頼まれたりして、松前藩の内情にも通じていたようである。この訴訟事件というのは、飛騨屋(武川)久兵衛の元支配人で店の金を横領して解雇された嘉右衛門という者が松前の役人に賄賂を贈って飛騨屋請負の檜山を取り上げ、宗谷場所を奪って藩の直営とし自らその経営に当たることを企てたことから、安永九年(一七八〇)に飛騨屋がそのことを幕府の評定所に訴えたものであった(飛騨屋の本拠地飛騨国の下呂は当時幕府の直領だったのでそのような訴訟ができたようである)。その結果嘉右衛門は死罪となり、松前藩の勘定奉行湊源左衛門は藩の責任を一身に負わされて重追放となった。藩から苦汁を飲まされた湊は、この訴訟のときに弟子の米田玄丹を通じて知己になっていた工藤平助に、藩の内情やロシア人との接触の秘密をあることないこと洗いざらいにぶちまけたようである。湊によれば近年は諸国の町人たちが松前藩への貸し金のかたに奥地の島々に入ってロシア人と交易をしており、それらの品々(ラシャの織物など)は上方方面に多数出回っているとのことであった。

工藤がこのように松前藩の筋からロシア人の蝦夷地接近と密貿易の噂を得て間もなく、天明元年(一七八一)三月には長崎からオランダ商館長アーレント・フェイト一行の参府に随行して蘭通詞吉雄幸作が江戸に到着した。工藤は早速吉雄のもとを訪れてロシア事情を尋ねたようである。そのとき工藤は、吉雄がすでに抄訳していた『ベシケレイヒング・ハン・リュスランド』(J・F・レイツ著『ロシア、別名モスコビア帝国の過去と現状』一七四四年)および『ゼオガラヒー』(J・ヒューブナー著『万国地誌』六巻、一七六九年)からのロシアの地理・歴史の部分訳の抜粋を入手したと思われる。工藤がそれらをもとに翌月の天明元年四月に書き上げたのが「カムサスカ・ヲロシヤ私考の事」という著作で、それはカムチャツカおよびロシアに関するわが国最初のまとまった地誌・歴史として記念すべきものであるが、その末尾には「松前より写来る赤狄人図説の事」と題する一節があり、そこには「松前の人ひそかに見せたる赤狄の絵図といふ物を見たり」として松前からの情報が付加されている。ここには絵図は省かれているが、日本通詞エバンテ、赤人の頭シンサバリン、蝦夷人の通詞シリイタリなど五人の人物の人相・服装などが詳しく記されている。エバンテはイワン・アンチーピン、シンサバリンはシャバーリン、シリイタリはロシア名でマキセン(マクシム)とも呼ばれたラショワ島のアイヌであったことは明らかである。ここには「ヲロシヤ文字」も示され、「右の条々、松前の人の僕に示すところなり。右の説紅毛の書に引合するに大抵相当す」と述べている。以上のように天明元年には工藤によって初めてロシアに関する長崎と松前の知識が合体されていたのである。

さらに工藤は、天明三年(一七八三)一月には「長崎人と松前人の物語をつき合て、おらんだ書物に引あて見るに、明白なる事どもあり」として、新たに「赤狄風説之事」という一巻を加え、これを上巻とし、先に書いた「カムサスカ・ヲロシヤ私考の事」を下巻として『赤蝦夷風説考』という書名の上下二巻よりなる書物をまとめたのであった(「赤蝦夷」というのは、ロシア人と接触したアイヌたちが赤い猩々緋《しょうじょうひ》の衣服を着たロシア人たちのことを「フーレ・シサム」(赤い隣人)と呼んだことから、日本人も彼らのことを「赤蝦夷」と呼んだのである)。

新たに追加された「赤蝦夷風説の事」は、単なるロシア知識ではなく、ロシアの南下に対する日本の対策を述べた経世(政治経済論)の書であった。そのなかで彼は、オランダ人がロシアの日本に対する陰謀を吹聴しているのは対日交易を独占したいための虚言で、ロシアに侵略意図があるとは思われないと冷静に述べている。ロシアは北方航路や河川航路で自国内の商品輸送が可能なので、ロシア商品は紅毛品より安く日本で販売することができ、オランダにとって手強い競争相手になるというのである。さらに蝦夷地ではすでにロシアとの間で密貿易が行なわれていると述べ、これを防ぐには幕府による公然たる交易を実施するほかはないといい、その利点を交易の利益による蝦夷地金山の開発と紅毛交易品の値下がりにおいていた。またロシアと交易を開くことにより相手の内情もわかり日本を富ませることになるが、それを放置しておけばアイヌはロシアになびき、やがて蝦夷地はロシアのものになろうとも警告している。

それは公然たる開国論であり、鎖国意識の緩んだ田沼時代にして初めて可能な意見であった。この時代(安永・天明年間(一七七二〜八九))は賄賂が横行し、政治の腐敗と武士の気風が低下した時代といわれているが、一面から見れば日本国内の生産力の増大によって商品の流通が拡大し、営利追及の機運に満ちていたように思われる。米を基礎とする日本型封建制の基盤はそのため揺らぎ始め、幕府や諸藩の財政は火の車となり武士階級の窮乏を招いていたが、田沼は従来のように倹約や統制に重点を置く代わりに、商人的感覚をもって開発の利を追求しようとしていた。さらにこの時期は冷害・大飢饉・浅間山噴火・水害・地震の絶え間ない時代であったが、田沼は財政の立て直しのために貨幣の改鋳、銅山の開発のほか、諸品を専売にして商人株仲間から運上金を出させるなどして財源を求めたが、一方では印旛沼の干拓に着手するなど国土開発による長期の展望も求めていた。蝦夷地の金山開発やロシア交易の利を説く工藤の論は、まさにこのような時流に合致するものであったろう。それゆえこのような意見書(『赤蝦夷風説考』)が天明四年(一七八四)春(?)に然るべき手づるを経て、老中田沼意次の配下の勘定奉行松本伊豆守(秀持)や組頭土山宗次郎に提出されたとき、彼らの関心を引いたのは当然であった。彼らもおそらくは新たな財源のために、以前から砂金産出の噂があって調査が進められていた蝦夷地に関心を寄せていたと思われる。そして土山はまた松前藩の元勘定奉行湊源左衛門とも親しかったといわれるので、蝦夷地の抜け荷やロシア交易の利を説いた工藤の意見書が幕閣に取り上げられたのは、工藤・土山・湊の協力によるものであったのかもしれない。

その結果天明四年五月、勘定奉行松本伊豆守は「赤蝦夷之儀に付申上候書付」という文書を田沼に提出し、そのなかで工藤の『赤蝦夷風説考』を紹介しつつ次のように述べている(『蝦夷地一件』

一）。

一、蝦夷の奥に赤蝦夷国（ヲロシア）があり、最近では千島の島々から赤蝦夷の産物が日本に入っている。近年漂流と称して蝦夷地にやって来た赤蝦夷たちは衣服など紅毛に等しく、日本通詞、蝦夷通詞があり、漂流日本人を撫育して通詞を養成しているとのことである。

一、彼らの荷物には薬種、砂糖、羅紗、猩々緋、ビロード、更紗その他の品々があり、日本との交易を望んでいる。蝦夷地には金銀銅山があり、もしその開発が引き合えばこれらをもってヲロシアと交易すれば御国の潤いとなり、長崎の唐、オランダ交易も有利になるであろう。ヲロシアは北国であるから俵物、酒、塩の類を欲しがるので、これらによっても交易ができる。

一、蝦夷地ではすでに飛騨屋がヲロシアと抜け荷をしており、松前の不取締りのことは世上に広まっているので、公儀が糺すときは家名が立たないので、松前の家来から事情を聞いたうえで見分の者たちを出すことにしたい。

そのうえで松本伊豆守は、天明四年六月松前藩の江戸詰め重役下国舎人と横井関左衛門を招いて書面を渡した。それによれば、最近赤蝦夷の方へ諸国の商人たちが入り込んで抜け荷をしていることが明らかだ。それは松前藩の手落ちであるが、事情を内々で腹蔵なく申し出れば、公儀でも御家安泰は約束する、というものであった。これに対し松前藩では、下国舎人が国許に帰って協議の結果、ようやく一〇月になって回答をしたが、それは蝦夷地辺境における抜け荷の可能性を否定し、ラッコ島の異国人には再来を禁じたのでそれ以後は到来していないというものであった。

松本は松前藩の回答が『風説考』と一致しないとしてこれを疑ったが、再回答を促しても手間取るだけとして、このうえは幕吏たちを派遣して直接蝦夷地の実情や金銀山のことを調査させたいと上申して、田沼の許可を得た。このようにして天明五、六年(一七八五、八六)における幕府最初の蝦夷地調査が始まったのである。

第五章　天明年間幕府の蝦夷地調査

一　天明五年の探検

前述のように勘定奉行松本伊豆守は蝦夷地辺境における抜け荷（密貿易）についての松前藩の回答を信用せず、実地調査のために五人の普請役（勘定奉行配下の土木普請掛）を責任者とする探検隊を蝦夷地の奥地に派遣することにした。その際には、これまで蝦夷地の地理は松前藩の情報でも東はキイタッフ（霧多布）以遠、北はソーヤ（宗谷）より以遠は全く知られていなかったので、幕府の当局者たちは辺境における異国の状況を確認するために、とくに千島およびカラフト奥地の調査に重点を置くことにしたのであった。

探検隊の一行は天明五年（一七八五）二月中に江戸を出立し、折から天明の大飢饉に苦しんでいた南部・津軽の領内を通って三月半ばに松前に到着し、同地で探検の準備に取りかかった。西蝦夷地・カラフト方面の担当は、普請役の庵原弥六と下役の引佐新兵衛のほか竿取・小者などを含めて一〇人ほどで、これに案内として松前藩から柴田文蔵と工藤忠左衛門それに鉄砲足軽一人、通詞二人、医師一人が付き添うことになった。東蝦夷地・千島方面の担当は、普請役二人(山口鉄五郎・青嶋俊蔵)と下役二人(大石逸平・大塚小一郎)のほか竿取・小者などを含めて二〇人ほどで、これに松前藩から浅利幸兵衛と近藤忠左衛門のほか通詞三人、医師一人が付き添った。そのほか総括・予備班として松前には普請役二人(佐藤玄六郎・皆川沖右衛門)と下役二人(里見平蔵・鈴木清七)および数人の竿取・小者が留まることになったが、このうち普請役の佐藤玄六郎は御用船でソーヤに交易荷物を届けたのち、東蝦夷地を回って北海道の周回調査を計画した。

一行がそれぞれの担当方面に向かって松前を出立したのは四月二九日で、西蝦夷地班の庵原弥六らは北海道西岸を測量しつつ小船で北上してソーヤに到着し、七月半ばに二艘の蝦夷舟でカラフトに渡った。当時のカラフトはその地のアイヌたちが交易のためにソーヤを訪れるほかは松前藩とはほとんど関係がなかったので、カラフトの状況は全く未知であった。彼らは南端のシラヌシから西岸を約三〇里北方のタラントマリまで見分したが食料不足のためソーヤに引き返し、次いでアニワ湾沿岸沿いにシレトコ(中知床岬の北方)まで所々上陸しながら調査したが、食料不足と季節の遅れを痛感して北海道のソーヤに帰着した。彼らがその地で越冬することにしたのは、翌年早々のカラフト奥地の再調査の準備と「寒気試み」のためであった。しかしこれまで松前藩士でも経験しなかった寒地での越冬は、翌春になって生鮮食料の摂取不足による壊血病(浮腫病)のため庵原と松前藩士ら五人が死亡する悲劇的な結果となった。

山口鉄五郎・青嶋俊蔵のほか大石逸平・最上徳内らよりなる東蝦夷地班は、船によってアッケシ（厚岸）からさらにノサップ（納沙布）岬を回って根室海峡沿岸のシベツに達し、八月中にクナシリ島に渡った。この島では同行のノツカマップの乙名ションコやクナシリ島乙名のサンキチ、脇乙名ツキノエらに日本の土産を与えて酒を振る舞ったとき、彼らは松前藩主から与えられていた赤地の蝦夷錦を着して荘重なオムシャ（挨拶）の儀式を行なったという。しかし山口・青嶋らは同島東北端のアトイヤ岬にまで達したものの、風波のためそれ以上は進むことができずアッケシに戻り、大石を同地に留めて松前に帰った。

一方、総括班の佐藤玄六郎は御用船五社丸で交易荷物をソーヤに届け、庵原らのカラフトからの帰還とこの地での越冬準備を確認したのち、自らはソーヤ奥地のオホーツク海沿岸を調査するために東蝦夷地を周回することを決定した。それは寛永一二年（一六三五）に島めぐりをしたといわれる村上掃部左衛門一行を除けば松前藩士でさえ通ったことのなかった未知の地方の探検であったが、八月末に蝦夷舟でソーヤを出立した佐藤はアイヌの案内に頼り折々に上陸して測量を試みながら、サルフツ（猿払）、モンベツ（紋別）、アバシリ（網走）、シャリ（斜里）、シベツ（標津）を経由してアッケシに到着し、そこに残留していた大石とともに一一月半ばに松前に帰着したという。このようにして北海道周回を実現した佐藤は、「北海道の周囲は凡そ七百里程（約二七五〇キロメートル）もあるように思われる」と記している（実際は約三〇六〇キロメートル）。

天明六年（一七八六）二月、調査隊の前年の巡見結果を報告するために出府した佐藤玄六郎は、「蝦夷地之儀是迄見分仕候趣申上候書付」（『蝦夷地一件』二）という報告書を直接老中の田沼意次に提出した。そこには幕吏たちが初めて知ることのできた蝦夷地の興味深い実情が記されているが、それらを要約すれば、

一、ソーヤには飛騨屋の運上家があり、松前藩士も到来しているが、和人はカラフトには渡らない。以前は松前の家来がカラフトを回島したことがあるというが、旧記もなく伝聞だけである。カラフトの夷人たちは七月中にソーヤにやってくる。

一、蝦夷本島でさえ、ソーヤより奥（東方）は地理不明で、松前役人は奥地アイヌの凶暴さを述べて巡見の困難を説いた。彼らは幕吏たちがアイヌたちに近づくことを嫌がって妨害をしたが、佐藤は蝦夷通詞から聞いたアイヌ語彙を控えておき、自分でアイヌたちからその地の状況を聴取することに努めた。

一、アイヌはいたって正直で、自ずから礼儀をわきまえ信仰が厚い。これまでアイヌが日本風俗に移らなかったのは商人たちがこれを禁じ、彼らをだまして搾取を容易にするために日本語を学ぶことを禁じているからである。蝦夷地では穀物を作ることも禁じている。遠くの山中では粟・稗を作る者があるが、農具もないのに良くできる。先年イシカリのカミカワ（上川）でアイヌが米を作ったところ、和人は籾・種子を取り上げ、ツクナイ（償い）をとったとのこと。アイヌたちは幕吏に米やタバコの種子をくれるように頼み、その作り方を教えてくれるよう望んだ。

一、蝦夷地では商人たちが場所場所を請け負っているが、運上金は松前家への貸し金から差し引くので請負地は質入地同然になっている。東蝦夷地、ソーヤともにそれぞれ異国の産物が入っているが、それより奥地には松前藩士は行かず、請負人に任せて不取締りになっている。請負人たちが直接赤人〔ロシア人〕と交易をしているようには見えないが、少なくとも彼らはアイヌたちに取り次がせて赤人の品物を内々で入手しているに違いない。松前藩の上乗り役〔監督〕は夏船に乗るだけである。

一、松前藩は請負人たちに命じてアイヌが幕吏に赤人の話を聞かせることを禁じ、赤人の産物を見せたら死刑にし、今後は交易船を派遣しないと脅したことをアイヌたちが語った。アッケシの乙名イコトイが夜分密かに玄六郎の小屋に来ていうには、「松前藩士たちは、もし江戸の役人に赤人のことをしゃべれば首を伐って殺し、今後は船も派遣しないと述べた」とのこと。イコトイは今夏もウルップ島へ行って赤人に会い、米を錦類と取り換えたが、和人たちは「今夏は江戸の役人が来るので商売無用」といった。ノツカマップの乙名ションコも次のように述べた。「我々は常々赤人の品物をノツカマップの運上屋で商っているが、今年は江戸の役人が来るというので、通詞三右衛門、支配人小次郎が赤人の小袖を焼き捨て、靴には石を入れて海に捨て、また何かを山に隠した」。

一、安永七、八年〔一七七八、七九〕のロシア人〔シャバーリン一行〕の蝦夷地到来については、見分先で佐藤玄六郎が当時の松前藩の使者浅利幸兵衛から直接に事情を聴取し、またそのときの状況についてクナシリ島通詞の林右衛門からも詳細な証言を得ることができた(『通航一覧』巻七)。以上のような蝦夷地見分の報告を受けた勘定奉行松本伊豆守は、老中田沼意次に次のように上申している。

蝦夷地には赤人との密貿易の噂はあっても、それは交易というほどのものではなく、アイヌによる仲介交易にすぎない。赤人はかねて交易を望んでいるから相当な交易は期待できるけれども、異国の産物は長崎交易だけで十分である。蝦夷地は大島であるが、食料が乏しく移住が困難では異国の取り締まりもできないので、ここに新田畑を開いて人口を増やしたい。地味は良く水利もあるので、全面積の一〇分の一を可耕地とすれば一一六万町歩で五八三万石の収穫が期待できる。アイヌだけでは労働力不足なので、全国から七万人の非人(江戸時代に最下層民として差別されていた人々)を移すことにしたい。そのことについては身分の改善を条件にすでに穢多弾左衛門(非人の総元締)が協力を約束している。このようにして蝦夷地を開き人口を増殖すれば、異国の渡り口を取り締まり、その威光をもって満州や赤人の本国までもわが国に屈服させることになろう(『蝦夷地一件』二)。

このように第一回の蝦夷地調査の結果を検討した勘定奉行松本伊豆守の蝦夷地開発についての意見は、当初の見込みであった赤人との交易や金銀山の開発から、蝦夷地の開墾と人口移植に変わっている。さらに彼はアッケシ、キイタップ、クナシリ場所の一カ年直営(回船問屋苫屋久兵衛による御試交易)の承認を得て、蝦夷地における漁業と交易の利益にも目を向けたのであった。

二　天明六年の探検

翌天明六年(一七八六)の探検の主眼は、前年に季節遅れのため実行できなかった千島およびカラフトの奥地に赴き、異国境の調査をすることであった。このときの成果でとくに意義があったのは、①山口鉄五郎と最上徳内によるエトロフ島とウルップ島の周回、②最上徳内によるロシア人イジュヨ(イジューロフ?)からのロシア情報の聴取、③カラフトに渡った大石逸平のカラフト奥地と山丹情報の収集、④幕吏たちによる日本北辺地図の作製などであった。そのなかでとくに大きな成果を挙げたのは、普請役青嶋俊蔵の竿取(測量補助)としてこの調査隊に加わっていた最上徳内であった。

最上徳内は出羽国楯岡(山形県村山市)の貧農の出身で、天明元年(一七八一)二七歳のとき江戸に出て、経世家としても有名な本多利明の門に入り、算学・天文・測地の術を学んだ。天明の蝦夷地調査に際しこの探検に自ら参加を望んでいた本多は、自分の代わりに門人の徳内を検地竿取として同行することを青嶋俊蔵に頼んだのである。天明五年(一七八五)の調査のとき徳内は山口鉄五郎と青嶋俊蔵に従ってクナシリ島まで赴いたが、翌六年の調査に際しては一行より先に正月中に松前を出発し、アッケシからはアイヌ乙名イコトイの手舟でクナシリ島に先行し、北端のアトイヤで山口鉄五郎一行の到着を待ったのち、四月一八日ひとまず先にアイヌの従者のフウリエンとともにエトロフ島に渡った。この島には漂流民を除けば松前藩士でさえまだ渡ったことがなかったので、おそらくそれは日本人がこの島に目的をもって上陸した最初であったろう。ところが徳内らは同島西岸のシャルシャムに来たときアイヌたちに混じって三人のロシア人たちに出迎えられた。それは前年にウルップ島から移ってきたというイジュヨ一行のロシア人たちであった。

後続の山口鉄五郎らは深い霧や波浪に妨げられてようやく五月一日にエトロフ島に渡ったが、同一三日ベットブに到着したとき、最上徳内が上記の三人のロシア人たちを連れてやってきた。しかし山口はウルップ島への渡航を急いでいたので、彼らをコエトイの乙名マウタカアイノに預け、ツキノエらのアイヌ長老たちをようやく説得して、徳内や蝦夷語通詞林右衛門らを伴って六月一日四艘の舟でエトロフ北端のアトイヤを出船し、ウルップ島のモシリヤに上陸した。そこから西岸沿いに到達したウルップ島北端のタンネモイからは北西にマカンルル島(ブロートン島)が望まれたので、山口はその島への渡島を望んだが、アイヌ乙名らの強い反対で断念し、東回りでウルップ島の所々に立ち寄りつつ周回して、六月一六日にエトロフ島のアトイヤに帰着した(『蝦夷廻見日記』)。このようにして日本人は初めてウルップ島の大きさ・地理・状況などを知ることができたのである。それによればこの島の周囲は一〇〇里に足らず、アイヌの住居もなく、エトロフ、クナシリ、アッケシ辺のアイヌたちがラッコ猟のために渡って仮に居住するのみで、近年は赤人(ロシア人)もラッコ猟のために到来していると記されている(『蝦夷拾遺』『蝦夷草紙』)。最上徳内はエトロフ島に帰着すると今度はアッケシ乙名イコトイの舟でエトロフ東岸の周回調査に向かったが、この島の周囲がおよそ一六〇里、アイヌコタンが一九箇所、人口がおよそ七〇〇人ばかりと報告されたのはその結果であったろう。クナシリ島については周囲一一〇里ほど、アイヌコタン一〇カ所と記されている。このようにして天明六年(一七八六)にはエトロフ島、ウルップ島が日本人によって初めて周回されたのであった。

一方、天明六年におけるカラフト方面の調査について見れば、前年の探検のとき東蝦夷地班に参加した普請役下役の大石逸平は、この年はソーヤで越冬を試みながら音信が途絶えていた庵原弥六らのカラフト調査班に合流するため、三月一二日に松前を発し、四月一八日に同地に到着した。しかしそこでは三月中に壊血病が発生し、責任者の庵原のほか付き添いの松前藩関係者四人が落命し、その他の者も病人の介抱に追われている状況であった。そのため大石は単独でカラフト調査に着手することにし、アイヌたちの協力を得てソーヤを出船したが、逆風に妨げられてようやく五月一〇日にカラフト南端のシラヌシに上陸した。同地ではカラフト・アイヌの乙名たちに協力を求めて、ようやく蝦夷舟五艘と漕ぎ手を揃えることができ、五月二〇日シラヌシを発して西岸を北上した。それはカラフトの北方から中国製の製品を携えて交易にやってくるという、山丹人たちの居住地を確かめるためであった。

シラヌシから海上二〇里ほどのナヤシの西方にはトド島(海馬島)が望まれ、さらに前年に庵原らが到達したタラントマリを過ぎて大船も停泊が可能というオホトマリ(真岡?)に到達したとき、その地に山丹人二一人が着岸していることをアイヌたちが知らせてくれた。間もなく首長のビヤンコら四人の山丹人がやってきたが、彼らはキンチバクから来た者たちで、その地はカラフト島のナツコから海を渡った大陸の湖水（キジ湖）地方にあり、マンコー河（アムール河）に近いという。ビヤンコらは満州境のヤウキ関に赴いて満州人と交易をしており、ビヤンコは満州の役所からハライダ（氏族長）に、またコバクはガシャンイダ（郷長）に任じられていたという。大石は彼らのうち二人の人物と弓・矢・槍の絵を描いている。彼はさらに北上してナヨロ、次いでカラフト地峡西側のクシュンナイ（北緯約四八度）に到達したが、そこは「山を越え、行程およそ三〇日にして東北の海浜タライカに通ずる所」と記されている。大石がカラフト西岸の奥地を探ることをアイヌたちに相談したところ、そこは戸口も少なく、山丹人の渡ってくるナツコはカラフトの北端に近く海流も速いとのことで、食料も尽きてきたので、周辺の乙名たちからナツコまでの主要な地名と各地の特徴を聞いただけで満足せざるをなかった。このようにして大石は、カラフト西岸の奥地の地理の大要を知り、大陸から交易にやってきた山丹人たちから彼らの満州との関係を聞き知ったのち、七月七日北海道のソーヤへ帰着した（『蝦夷拾遺』）。そこから彼は同月一九日には前年の佐藤玄六郎と同様に東蝦夷地を回るため、蝦夷舟でソーヤを出発してオホーツク海沿岸経由で八月一一日にはアッケシに到達し、千島探検から帰っていた山口鉄五郎らを驚かせたという。その結果、山口らは初めてソーヤにおける庵原弥六らの死を知ったのであった。

三　最上徳内とロシア人イジュヨ

ウルップ島を周回してエトロフ島に帰着した普請役の山口鉄五郎は、その間に同島に来島していた青嶋俊蔵とともに、先に最上徳内が連れてきた三人のロシア人のうち二人を同行してクナシリ島の運上屋に到着し、彼らの立ち会いのもとに尋問が行なわれた。ロシア人たちの名前は、イルクーツク出身のシメン・トロヘイジュ・イジュヨ（Simeon Dorofeevich Iziurov？・三三歳）およびオホーツク港出身のイワン・エレカウイシュ・サスノスコイ（Ivan Eliseevich Sosnovskii？、二九歳）で、イジュヨの僕であったネルチンスク出身のニケタ（Nikita・二八歳）は幕吏に命じられてエトロフ島から帰国したという。これらのロシア人のうち、イジュヨは重役の者、サスノスコイは次役の者に見えたという（『蝦夷草紙』）。彼ら自身のいうところによれば、昨夏狩猟のためにウルップ島に渡ってきたが、仲間の者たちと争いが起こり身命に関わりそうだったので深山に逃げ込み潜んでいたところ、船が本国へ引き揚げたので、アイヌの助けでエトロフ島に移ったものという。しかしポロンスキーの『千島誌』から判断すれば、彼らはヤクーツクの大商人レーベジェフ＝ラストチキンが一七八〇年六月地震の大津波でウルップ島の陸上に打ち上げられていた「ナターリア号」の引き下ろしのために、一七八四年に派遣した「パーヴェル号」の乗組員たちであったように思われる。この船には一七七八、七九年（安永七、八）に厚岸を訪れたシャバーリンも労務者たちを率いて乗船していた。しかし「ナターリア号」の引き下ろしをめぐって争いがあったといわれ、コローミンの指揮する「パーヴェル号」はシャバーリンら一二人を残してアリューシャン列島の狩猟場に向け立ち去ったのであった。イジュヨらはそのとき「ナターリア号」の引き下ろしをめぐる争いが原因でエトロフ島に逃げたもののようである。イジュヨはかなりの知識人だったと思われるので、あるいはレーヴェジェフ商会の手代か何かではなかったろうか。

最上徳内はウルップ島とエトロフ島を周回してクナシリ島に帰着したときイジュヨらの取り調べを命じられて、トマリの運上屋で二週間以上にわたり(徳内は三カ月と述べているが、それは最初のエトロフ島における出会いからのことであろう)、起居を共にしながら彼らからアイヌ語で詳しくロシア事情を聴取した(彼らは共にすでにアイヌ語にかなり熟達していたようである)。徳内がイジュヨから得たロシア知識は地理・歴史・政治・産物・交易・宗教・言語・暦法その他にわたっており、彼らとくにイジュヨの該博な知識には驚かされる。それは吉雄耕作から得たオランダ語の本に基づいた工藤平助の『赤蝦夷風説考』より詳細なもので、おそらくイジュヨは幾冊かの書物をもっていたに違いない。徳内はイジュヨが『マチマチェスカヤ・ヒヨウコラヒヤ』(天文地理?)というロシア語の書物を読んで天文学の初歩を教えてくれたと書いているが、イジュヨの知識の正確さはそのようなことによるものであろう。最上徳内がイジュヨから聞いたロシア事情の内容を記した写本には、『蝦夷拾遺』『蝦夷草紙』『蝦夷草紙後編』『魯西亜国紀聞』『赤人問答書』『徳内私記』『別本赤蝦夷風説考』『千島秘説』『赤夷聞書』『魯西亜聞略』『赤人イジュヨ聞書』『蝦夷地一件』

『辺要分界図考』『北辺探事補遺』『蝦夷廻見日記』などがあり、当時の日本人がいかにイジュヨのロシア情報に関心をもっていたかを示している。

当時の日本人がもっとも知りたがっていたのは千島列島におけるロシア人の活動状況で、そのことについてはこれまでにもクナシリ島やエトロフ島のアイヌたちからいくらかの情報が得られていた。しかし南部佐井村の漂流民のこと、ベニョフスキーの逃亡航海のこと、プロトジャーコノフ商会の狩猟者たちのアイヌたちとの衝突のこと、シャバーリン一行の厚岸到来の事情などが初めて詳細に明らかになったのはイジュヨからの聞き書きによるものであった。それらの情報がアイヌ語を共通語として伝えられたことも意義深いことであった（幕末期のカラフトにおいても日本側とロシア側の交渉は一時期アイヌ語で行なわれた）。

また千島列島の島々が地図上に順序正しく表されるようになったのもイジュヨの情報によるものであった。その結果描かれた「蝦夷輿地全図」や「蝦夷風俗人情之沙汰付図」あるいは長久保赤水「蝦夷松前図」の千島列島を、林子平の「蝦夷国全図」のそれと比べれば一目瞭然である。それらの地図では唐太島は松前藩の国絵図と比べてそれほどの改善は見られないが、それは天明六年（一七八六）に庵原弥六の後を受けてこの島を調査した大石逸平が西岸のクシュンナイまでしか到達できず、その奥地は山丹人たちに砂上の地図を描かせたにすぎなかったからである。

最上徳内のイジュヨからの聴取が一応終わったとき、普請役の山口鉄五郎は松前藩士を通じてロシア人たちに本国への帰国を命じた。初めはカムチャツカに帰れば死刑になる恐れがあるとして長崎経由の帰国を望んでいたイジュヨも、ようやく千島経由の帰国に同意したので、七月二八日アイヌの舟でエトロフ島に送られた。彼らは徳内との別れを惜しみ彼を抱擁して号泣したという。イジュヨとサスノスコイはエトロフ島に戻り、松前藩を通じての再度の帰国勧告の際にサスノスコイはこれに従ったが、イジュヨはその後も寛政三年（一七九一）本国から命令が届くまで七年間も同地に留まっていたという。徳内はイジュヨが「際立った個性の持ち主」であることから「北方の風俗人気を探るため」政府から派遣された隠密役かもしれないと疑っていたが、あるいは日本との交易に熱心なレーベジェフ＝ラストチキンが日本情報の収集のために派遣したのかもしれない。彼がエトロフ島を離れたのは寛政三年再度の蝦夷地出張に赴いた最上徳内が再会を期待して四月三日にシャルシャムに到着する二日前のことであった（『蝦夷草紙後編』）。そのとき徳内は、翌年ロシア使節が日本の漂流民たち（大黒屋光太夫一行）を伴って到来するという噂をアイヌたちから聞いている。その後のアイヌの風聞では、イジュヨはエトロフ島に数年間滞在して有益な情報を入手した功により国王から賞与を受けたとのことである。

このように工藤平助の『赤蝦夷風説考』に啓発されて二年間にわたった幕吏たちによる日本北辺の探検も、天明六年（一七八六）八月の将軍家治の死去後に起こった政変により老中田沼意次が罷免されたために、一〇月には突然に中止となった。この探検の推進者だった勘定奉行の松本伊豆守が官職をはがれて謹慎となっただけでなく、その実施者であった佐藤玄六郎と山口鉄五郎も普請役を免じられ「勝手帰村」を言い渡された。探検報告書の提出さえ却下された佐藤玄六郎は、その記録を残すために『蝦夷拾遺』を編集し、死亡した庵原弥六の名も加えて五人の普請役の共著として四通を複写し、序文の署名を各人に委ねたという。

第六章　幕府の蝦夷地直轄への道

一　クナシリ・メナシ事件（寛政蝦夷の乱）

天明年間の蝦夷地調査の中止によって幕府が蝦夷地に対する関心を失いかけたとき、再びその目を蝦夷地に向かわせる事件が発生した。三年後の寛政元年（一七八九）五月に北海道東端のメナシ地方（根室海峡沿岸）およびクナシリ島でアイヌたちが蜂起して、和人七一人を殺害した事件である。この事件には当初から背後にロシア人がアイヌたちを教唆したという風聞があったので幕府の注目を引いたのであった。

この事件の第一報を幕府に報じたのは、天明の調査ののち松前藩の規制を盗んで再び蝦夷地に入ることを目論んで青森の野辺地に定住し、算術指南や売薬をしながら機会を窺っていた蝦夷地探検家の最上徳内であった（彼はロシア人イジュヨから旅券をもらっており、ロシア入国を意図していたともいわれる）。彼は蝦夷地辺境から下北半島にいち早く伝えられた事件の報を入手すると、それを直ちに以前の上役であった江戸の普請役見習（格下げされていた？）青嶋俊蔵に知らせたのである。幕府は隠密として、青嶋を長崎俵物（煎海鼠《いりこ》・干鮑《ほしあわび》・昆布）御用の名目で御小人目付笠原五太夫とともに事件の情報入手のため松前に派遣した（笠原は常磐屋五右衛門と称し、商人を装った）。徳内も案内としてともに七月には松前に渡り、そこから青嶋は東蝦夷地、笠原と徳内は宗谷へ向かい、各地の情報を集めたのち九月初旬に松前に帰着した。

九月中旬には、事件の鎮圧に向かった松前藩の軍勢（番頭新井田孫三郎、物頭松井茂兵衛、目付松前平角の指揮する総勢二六〇人余、鉄砲八五挺、大筒三挺）が首謀者八人の打ち首をもち、藩主にお目見え（ウイマム）のメナシ・アイヌたち四三人を伴って松前に帰着した。青嶋俊蔵は幕府の威光を利用してアイヌたちを旅宿に招き、酒を飲ませ土産を与えて終日物語をさせ、徳内は俊蔵とともにアイヌ語で事件の内情を聴取したようである。一一月に江戸に帰着した笠原が老中松平定信に提出した彼らの報告書には、事件のいきさつを語ったアイヌたちの物語が含まれているが、そこには場所請負人たちの活動が始まって間もない頃の蝦夷地東辺地方の状況が詳しく語られているので簡単に紹介しておきたい。

この地方に請負場所が開かれる以前には、メナシ方面には松前から藩の介抱船（交易船）が米・酒・タバコその他の商品を持参し、アイヌたちが用意した魚類・魚油などと交易していた。近年になって請負商人飛騨屋がクスリ（釧路）、アッケシ（厚岸）、キイタップ（霧多布）、クナシリの四場所を請け負うようになると、到来する船数も増え、和人たちも越年するようになった。それとともにアイヌたちに渡される商品は次第に質量ともに下がり、一方アイヌたちからは多くの交易品を取り立て始めた。最近ではアイヌたちは商人の手先たちに年中使役され、自分たちの冬中の食料を貯えることも困難になっている。それでも手当てさえ十分であればまだしも、和人たちはアイヌたちをだまして搾取し、アイヌたちも交易を停止されるのを恐れて耐えてきた(ここではメナシ地方の商場が商人の請負場所になったことによって起こった和人とアイヌの関係の変化が語られている)。

クナシリ島ではとくに不法が多く、和人たちはメノコ(女子)を奪い、不義の証拠を突き付けられてもあれこれいい負かして逆にツクナイ(償い)をとる有様である。当春の番人たちのなかにはアイヌたちの働きが悪いと毒殺するなどといって脅す者がおり不愉快に思っていたが、クナシリ惣乙名のサンキチが病気になって酒を望んだところ運上屋からもらった酒を飲んで間もなく死亡した。またサンキチの弟マメキリの妻も番人からもらった飯を食べたのち死亡した。そのためクナシリ乙名マメキリやサンキチの息子たちが徒党を企て、同島のアイヌたち、本島メナシグル(北海道東部の人々)の仲間たちを誘って、密かに番人たちの刃物をもち去ったのち和人たちを襲撃し、クナシリおよびキイタッフ辺の番人六〇人、その他大通丸の船頭・水主《かこ》ら一一人、計七一人を殺害し(四人は助命)、運上屋や船は焼き払い、交易品は分捕った。このような行為に対してアイヌたちはそれほど不埒なことをしたとは思わず、商人どもの不法がつのったのでやむなく殺害したまでで、松前に対してはツクナイ(償い)を出そうと思っていたとのことである。

クナシリ島の有力な乙名ツキノエの息子イコリカヤニがいうには、彼は父親のツキノエとともにウルップ島へ狩猟に行っていたが、ツキノエは長男も徒党に加わったことを聞いて驚いて帰ってきた。彼は以前から飛騨屋の船を追い返したりして松前藩ににらまれていたので、今度も首謀者とみなされることを懸念して徒党をとり鎮めたのであった。蝦夷地の風聞によれば、松前の軍勢は騒動の場所のはるか手前に留まってツキノエを呼び出し、騒動に加わったアイヌたちを助命するから連れてくるように命じ、三七人を連れていったところ、牢屋に入れて一、二人ずつ呼び出して首を刎ねたとのこと。これを知ってアイヌたちは騒いだが、結局は全員が殺害された。そのうち首謀者八人の首は塩漬けにして松前にもち帰り、獄門にさらされたのである(その結果、ツキノエはアイヌ仲間から恨まれて難儀している)(『蝦夷地一件』五)。

一方、松前藩は今後は介抱船をメナシ地方やクナシリ島に派遣しないと脅したので、アイヌたちはそれでは飢餓の恐れがあるとして藩主に嘆願のため代表を松前に派遣することにした。松前藩主へのウイマム(お目見え)に参加したのは、クナシリ惣乙名ツキノエの息子イコリカヤニ、アッケシ惣乙名イコトイの母(ツキノエの妻)、イコトイの弟二人、キイタップ惣乙名ションコの息子などの男女四三人で、青嶋俊蔵や最上徳内が松前の旅宿において直接話を聞いたのは彼らからであった。

ところで、既述のようにこのたびの事件には赤人(ロシア人)が加担しているという噂が最初からもっぱらであった。以前にはウルップ島に赤人が大勢滞在していたことが知られており、エトロフ島にはいまもって二人の赤人（イジュヨとサスノスコイ）が留まっているので、彼らが本国と連絡して日本の武備を試すためにまずアイヌだけで騒動を起こさせたのではないかと疑われたのである。そこで青嶋と最上がそのことをアイヌたちに尋ねたところ、「赤人たちは天明五年（一七八五）までは毎年ウルップ島に来ていたが、その翌年からは渡来していない。エトロフ島には松前役人の指示にも従わずいまはただ一人イジュヨが残っているばかりで、彼は本国との連絡もとれないので騒動とは関係がない」という答えであった。

以上青嶋と最上がアイヌたちから聞き出した話は、クナシリ・メナシ事件についてのかなり正確な情報であったと思われる。一方、この事件の他方の当事者として事件後に責任を問われて東蝦夷地の請負場所を没収された、請負人飛驒屋久兵衛の後見人武川所左衛門と下代義兵衛は、この事件およびその背景について寛政元年（一七八九）一一月連名で次のように幕府に公訴した（久兵衛の在所飛驒国湯之島村は幕府の直轄地だったので、直接幕府の評定所に訴えたのである）。それはこの事件の別の側面を詳細に物語っている。

飛驒屋は安永三年（一七七四）に松前藩に対する貸付金八一八三両のうち二七八三両を放棄し、残り五四〇〇両に対する担保として、キイタッフ、アッケシ、クナシリ、エトモ（室蘭）の四場所を運上金年二七〇両で二〇カ年請け負った。同年クナシリ島へ松前藩の目付・上乗りも乗船して交易品を荷揚げしたところ、脇乙名ツキノエが乱暴して船中の荷物まで奪ったので空船（交易品なし）で帰らざるをえなかった。翌年もとり鎮めのため役人が同行したが、ツキノエは槍などで船頭を脅したので、またまた空船で帰ってきた。そのため水主たちはクナシリ島へ行くことをいやがり、暇をくれるよう申し出たので、やむなくクナシリ場所は安永五〜天明元年(一七七六〜八一)まで六年間休業した。その場所が再開されたのはツキノエが詫びを入れてきた天明二年(一七八二)以後のことである。その間の安永七年(一七七八)には、ツキノエが赤蝦夷(シャバーリン一行のロシア人のこと)たちを案内してノツカマップ(根室半島北岸)に渡来し、赤蝦夷たちは翌年も同様にアッケシのチクシコイに到来して松前藩の使節と面会したので、アッケシやキイタップではその応対のために交易を中止せざるをえなかった。その後飛騨屋ではようやく大網を使用する漁業を始め、アイヌたちにもニシン漁を教えたので次第に産額が増してきたところ、松前藩は再三の運上金の増額を要求してきた。

今年(寛政元)五月、松前藩士竹田勘平がクナシリ惣乙名サンキチに薬を与えたところ病死したが、アイヌたちはそれを毒殺と疑い事件が起こった。それより以前の四月中旬からシラヌカの請負人村山家の蝦夷語通詞三右衛門がチュウルイに来てアイヌ小屋に滞在していたが、騒動の夜アイヌたちの手引きで土産までもらって脱出したのは不審である。事件後アッケシ以東の場所を村山伝兵衛が直支配の名目で請け負うことになったのは、松前藩役人と村山家の陰謀ではないだろうか。アイヌ交易は松前藩の役人が上乗りして指図するので、配下の者の勝手に任せているわけではない。それでも不正があったとすれば、いずこも同様であろう。しかしクナシリ島にだけ騒動が起こったのは、その地のアイヌたちが船の商品の多いことに目がくらんで欲心を起こし、後難も恐れず飛騨屋配下の者を襲ったのであろう。それなのに松前藩がクナシリ島アイヌの言い分のみを聞いて飛騨屋から請負場所を全て没収したのは納得できない(『飛騨屋武川家文書』『蝦夷地一件』五)。

クナシリ・メナシ事件の原因についての飛騨屋の言い分は要約すれば以上のようなものであったが、そのことは場所請負制度の成立が他場所よりは遅かった辺境の東蝦夷地では商場から請負場所への移行が急速に進んだことを物語っている。すなわちこれまでアイヌ交易が行なわれるだけの商場の段階に留まっていたキイタップ、クナシリ両場所では、飛騨屋が松前藩への貸金の担保としてこれらの場所を請け負ったことにより、商品生産のための場所経営と大網使用の大規模漁業経営への転換が短期間に行なわれたのである。それとともに自給自足の生活をしていたアイヌたちは、いまでは米・酒・タバコ・古着その他の日本商品を入手するためには、場所で雇用されて働く単純労働者に転化せざるをえず、彼らの窮乏化と和人への従属は他場所と異なり一挙に進んだのであった。

さらに飛騨屋は、松前藩への貸付金の早期回収や運上金の値上げを補うためにアイヌたちからの収奪を強化し、クナシリ島では〆粕製造に一夏雇われながら、給与は男で米一、二俵(一俵は八升)、女にはタバコ一~三把と間切《マキリ》一挺、メナシでは乙名は米一俵とタバコ一把、平アイヌはタバコ半把とマキリ(アイヌの小刀)一挺という有様であった。それゆえアイヌたちは自らの冬季の食料(干魚)を準備する暇もなかったのである。このような惨めな生活状態と和人たちのアイヌに対する横暴な態度と非道さが、近年まで和人の支配下にはなく、まだ独立・自尊の気風が残っていたクナシリ・

メナシ場所のアイヌたちをして蜂起に駆り立てたのであろう。

松前藩では、だまし討ちともいえる蜂起の鎮圧ののち、この事件に加わらなかったツキノエ(クナシリ)、イコトイ(アッケシ)、ションコ(ノツカマップ)らの有力者たちを「お味方蝦夷」として賞し、場所請負人村山伝兵衛に命じて急遽彼らの地方に「介抱品」を送らせてアイヌの「撫育」に努めた。前述のように松前を訪れたアイヌたちには藩主が謁見して今後の忠誠を誓わせたが、一方この事件の鎮圧を記念するために松前藩随一の画家蠣崎波響(藩主資広の五男、幼時に蠣崎家の養子となって改姓し、のち家老となる)に命じて「夷酋列像」という「お味方蝦夷」一二人の肖像画を描かせた。そこではアイヌの長老たちが豪華な蝦夷錦やロシア製の赤い外套、靴、槍などを身に着け威厳をもって描かれているが、それらの多彩で細密な南蘋《なんぴん》画風の肖像画は写実的なものではなく(そこに描かれた長老たちのうち松前に来たのは五人のみ)、藩の威光を示すために想像で作り上げられた着せ替え人形風の作品であったと思われる。それゆえ蠣崎波響がこれらの絵を京都に持参して、光格天皇や宮家・公家らの閲覧に供したとき、それは大きな好評を得たのであった。

このようにしてクナシリ・メナシ地方はこの事件*によって完全に松前藩の支配下に入ったということができるが、他方北千島ではウルップ島までロシアの勢力の影が及んでいたので、この時点では千島列島のうち独立を保っていたのはエトロフ島のみであった。

＊この事件は一九八九年の「寛政アイヌの蜂起二百年根室シンポジウム」における田端宏氏の提唱以来、多くの北方史研究者たちによりアイヌの松前藩に対する民族戦争として「クナシリ・メナシの戦い」と呼ばれている。

二　寛政初年幕府の蝦夷地調査

当時老中首座の地位にあった松平定信は、田沼政治の全てを改める政策を推し進めつつあったので蝦夷地探検の成果を無視し、蝦夷地開拓にも反対であったが、その理由は蝦夷地を開くことがロシア人をその地に招き寄せることになるという儒者中井履軒の考え（「火除けの空き地論」）に基づいたものであった。彼自身も「天のその地（蝦夷地）を開き給はざるこそ難有けれ。いま蝦夷に米穀おしへ侍らば、極めて辺害をひらくべし（アイヌに農業などを教えると辺境にロシア人の進出を招く）」と考えていたのである（『宇下人言』）。しかしこのたびの「クナシリ・メナシ事件」は、アイヌ民族の向背を案じさせるものであった。松前藩や場所請負人によるアイヌの虐待によって彼らがロシア人に懐柔される恐れがあり、その場合には北方の辺境における国防の危険が意識されたからである。

青嶋俊蔵はアイヌたちの話から近年はロシア人たちもウルップ島には渡来していないことを報告していたが、松平定信は青嶋が隠密でありながら松前藩の幕府への届書の書き方を助言をしたという理由で彼を投獄しており、彼の報告を「必ず偽りと存じ候」と疑っていた（『蝦夷地一件』五）。かくて幕府は翌寛政二年（一七九〇）再び蝦夷地調査を決定し、青嶋とともに入獄していた最上徳内を無罪出獄させて幕府の普請役に取り立て、翌年一月田辺安蔵、大塚唯一郎らとともに蝦夷地に派遣した。徳内は小人目付和田兵太夫とともにアッケシからクナシリ島、さらにエトロフ島に渡ったが、それは彼がアイヌたちの話から天明六年(一七八六)に一緒に暮らしたロシア人のイジュヨがまだその島に残っていることを聞いていたからである。しかしイジュヨは、前年秋にロシアの役人がチリポイ島から帰国すべしとの便りをアイヌに伝えたとのことで、徳内たちのエトロフ到着の二日前にウルップ島の方へ去っていたので、翌月徳内もウルップ島に渡ったがついに再会はできなかった。しかし彼はそのときアイヌたちから、明年は赤人(ロシア人)たちが日本の漂流民を送って渡来する風聞を聞いたのである(『蝦夷草紙後編』)。それは翌年大黒屋光太夫らを伴ってネムロに到来したロシアの遣日使節ラクスマン一行の噂であった。

翌寛政四年(一七九二)にも蝦夷地調査は続行されたが、今回は最上・和田のほか西丸与力で絵をよくした小林源之助(『蝦夷草木図』などを著す)も加わって三人でカラフト島(西はクシュンナイ、東はトーフツまで)を調査した。このたびのカラフト調査は幕吏としては、天明年間の庵原弥六・大石逸平に次ぐ三度目のものであったが、このたびは事情がやや異なり、この地ではすでに二年前の寛政二年に松前藩が場所を開設し、独自の調査を進めていたのである。それゆえ最上らのカラフト調査を述べる前に、寛政二～三年における松前藩のカラフト島への着手について見ておきたい。

それ以前のカラフトと北海道の関係は、サハリン・アイヌが大陸から渡来した山丹人との交易で入手した蝦夷錦・虫巣玉・青玉・真羽などを宗谷にもたらしており、松前からも一八世紀後半から交易や漁業のために幾度かカラフトに船を出したといわれている(宝暦元年(一七五一)加藤嘉兵衛、安永二年（一七七三）村山伝兵衛、同六年（一七七七）新田隆助）。そして寛政二年（一七九〇）には松前藩が高橋壮四郎（清左衛門）を場所請負人村山伝兵衛の船でカラフトに派遣し、地理の調査とともに漁場の開設を命じたのである。高橋はこのとき西岸北緯四八度のクシュンナイまで調査し、また村山はシラヌシに交易所を、トンナイ、クシュンナイには番屋を設置した。これが日本の施設がカラフトにできた最初であった（『村山家文書』）。

翌三年には藩士松前平角、青山園右衛門、高橋壮四郎、鈴木熊蔵らが、西岸はコタントル（ライチシカ湖の北方）まで、東岸は中知床岬まで見分し、風土・人別・産物などについて詳細に調査した。コタントル以北については彼らはナヨロに滞在中の山丹人フヤンコに問いただして山丹地方のみならず、三姓（イチョホット）、寧古塔（ヌンクタ）、吉林（ホチョン）など満州地方の事情についても知ることができた。すでに天明六年（一七八六）にも幕吏の大石逸平が同じ山丹人たちから、満州と山丹人の関係、満州への通路などについて初めて情報を入手していたが（『蝦夷拾遺』）、このたびの松前藩士たちの情報は次に記すようにさらに詳細なものであった。①カラフトの西北端はナツコで、岬を回ればその先は東岸に至ること（カラフトが島であること）、②山丹への渡り口はノテトであること、③山丹は満州の属国で、その関係は蝦夷の松前藩に対するものと同様であること、④山丹交易というのは、山丹人が毛皮を好む満州人から真羽・虫巣玉・十徳・山丹布・キセル・耳輪などを借り受け、カラフトに来てアイヌたちの獣皮（黒狐・白狐・赤狐・ラッコ・犬・川獺など）と交換するものであること、⑤山丹人は冬にはロチャ（ロシア）の近くまで行き、彼らに打ち混じって狩猟をしていること（彼らは弓と輪縄を用い、ロシア人は鉄砲を使う）など。

松前平角らの松前藩士たちは、その折にトンナイにおいて山丹経由でやってきたという三人のロシア人（ホマクリオ、ニケタクンショ、イワンカレショ）に出会った。それはカラフト島で日本人がロシア人と出会った最初であった（『唐太嶋見聞書』『瓦刺弗吐島雑記』）。寛政四年（一七九二）の最上徳内一行の幕吏たちもまた西岸クシュンナイで、松前平角らが前年にトンナイで出会った三人のロシア人のうちイワンに会っている。彼の話によれば、彼らは寛政元年（一七八九）に五人がカラフト東岸のヌイフト（トゥイミ河口）近くに漂着したのであるが（松前平角らはロシア人たちが山丹経由で来たように述べているが、こちらが正しいと思われる）、四人が山丹人に殺されたので、その恨みを晴らすために当地に来たとのことであった。そのため山丹人たちは小屋をこわして舟で逃げ去った。イワンは徳内に帰国のためエトロフ島へ送って欲しいと頼んだので、現地の松前藩士辻宗右衛門にその旨を申し送ったが、あとで聞いたところ辻は彼を山丹人に引き渡したので殺されたという。

ところで、寛政三、四年の幕吏たちの蝦夷地調査の折には、彼らによって東西岸で「御救《おすくい》交易」が実施された。それは天明の調査のときに東蝦夷地やクナシリ島で行なわれた「御試《おためし》交易」に類似していたが、目的は異なるものであった。すなわち「御試交易」は、勘定奉行の松本伊豆守が蝦夷地における交易と漁業の利益を試験させたものであったのに対し、「御救交易」はクナシリ・メナシ事件がアイヌに対する非道な収奪によって起こったことを反省し、彼らをロシア側に追いやることなく日本側に引き止めておくために、公正な価格で交易を行ない、アイヌたちを懐柔する試みであった。「御救交易」は寛政三年(一七九一)には東蝦夷地(アッケシ、キイタップ、クナシリ)で、翌年には石狩や宗谷など西蝦夷地でも行なわれたが、その際には従来よりアイヌに有利な交易で、老人・子供にも食事を与え、貧しい者には手当てを与えたにもかかわらず、一〇〇〇両ほどの利益があったという(『蝦夷草紙後編』)。しかしこの交易は翌年は行なわれなかった。寛政四年秋根室にロシア使節アダム・ラクスマン一行が到来し、幕吏たちはその応接に追われることになったからである。

三 ラクスマン使節の蝦夷地来航

天明年間の幕府の蝦夷地調査と開拓計画および寛政年間の蝦夷地再調査と「御救交易」は、もともとロシアの千島南下を念頭に蝦夷地を確保するための準備として着手されたものであった。ところがそれから間もなくの寛政四年秋には、ロシア使節ラクスマンが日本との交易関係樹立を求めて蝦夷地の根室に到来したのである。彼は友好の証しとしてロシア領に漂着した三人の日本人、大黒屋光太夫・磯吉・小市を伴っていた。

ラクスマン使節派遣の直接のきっかけとなったのは、当時ロシアに滞在していた伊勢漂流民大黒屋光太夫のロシア女帝エカテリーナ二世に対する熱心な帰国の請願によるものであった。光太夫は一〇年前の天明二年(一七八二)末に、紀州藩の廻米五〇〇石や木綿・紙・膳碗・薬種その他の商品を積み込んだ一〇〇〇石積の「神昌丸」(一七人乗組)の船頭として伊勢の白子《しろこ》から江戸へ向かったが、その途中遠州灘で暴風に遭って約八カ月の苦難の太平洋漂流ののちアリューシャン列島のアムチトカ島(第二次大戦後は一時アメリカの原爆実験場となった)に漂着した。当時この島で海獣狩猟をしていたロシア人たちに救助された一行は出迎えの船が破船したためこの絶海の孤島で四年間を過ごしたのち、カムチャツカ、ヤクーツクを経てシベリアの行政中心地イルクーツクに滞在していたのである。光太夫一行の一〇年間にわたる数奇な体験は帰国後に彼の話から桂川甫周(将軍家斉の侍医で蘭学者)が編纂した有名な『北槎聞略』に記されているが、彼らの帰国は光太夫の切なる帰国の願いの実現のために努力してくれたキリル・ラクスマンという博物学者の尽力によるものであった。

キリル・ラクスマンはフィンランド生まれの博物学者でロシア科学アカデミーの会員であったが、当時はイルクーツクに住んでいた。彼はかつて長崎のオランダ商館医師として江戸にも参府したことのあるスウェーデンの有名な植物学者ツュンベリー(リンネの高弟)と文通し、また彼の『日本植物誌』を読んで早くから日本に関心をもっていたようである。それゆえ彼は光太夫の願いを聞くと彼のために帰国嘆願書を三度も代筆してイルクーツク総督に提出した。しかし首都からの回答は、帰国を断念してこの国で仕官すべしというものであった。そこでラクスマンは公務で上京するに際して光太夫を同伴し、首都で奔走の末エカテリーナ二世の側近ベズボロッコ伯爵を説得して、光太夫を女帝に謁見させることに成功した。女帝は光太夫の話を聞いて一行の運命に同情を示し、その後幾度か光太夫を宮中や離宮に招いたという。また皇族や高官たちの屋敷にもしばしば招かれたほか、サンクトペテルブルグ市内の方々の施設を案内されている。

一七九一年九月一三日、エカテリーナ二世はイルクーツク総督ピーリに日本との通商樹立に関する勅命を与えた。それはキリル・ラクスマン教授の子息のアダム・ラクスマンをピーリの名代の使節として日本へ派遣するというもので、その目的には日本の学術調査も含まれていた。その際には日本との交易の可能性を探るためにイルクーツクの商人たちを同行してロシアの商品を持参することになっていたが、光太夫一行三人(生存者のうちキリスト教に改宗していた新蔵と庄蔵を除く)の故国送還はそのためのロシアの友好の証しであった。

ロシアの日本に対する関心は、すでに述べたように一七〇二年のピョートル一世の勅命以来のものであった。本国から遠く離れた東シベリアや太平洋地域の発展のためには、隣国の日本との交易がとくに望まれたのである。ロシアの辺境地方では穀物の生産ができず、日用品の輸送も困難であったし、その解決はロシア人の北太平洋進出以来とくに切実なものとなりつつあった。すでにロシアではデンベイやサニマ以来ロシア領土に漂着した日本人たちを親切に扱い、日本語教師として日本との交易に際しての通訳を養成しつつあり、薩摩漂流民ソーザとゴンザ(一七二八年漂着)や南部佐井村の漂流民たち(一七四五年漂着)を教師としてすでに日本語学校さえ開かれていた。日本への航路も一七三九年のシュパンベルグ探検隊によってすでに調査済みであった。そして安永七、八年(一七七八、七九)にはシベリア当局が密かに派遣したものとはいえ、ロシア人たちはすでに蝦夷地に渡って交易関係の樹立に努めていたのである。

しかしとくに一八世紀末期になってロシアが国家的見地から日本への使節派遣を決定したことには、次のような諸条件が考えられる。①一八世紀末における英仏両国船の北太平洋における活動(一七七九年の第三次クック探検隊の二度にわたるカムチャツカのペトロパヴロフスク寄港、一七八七年のラペルーズ探検隊のカムチャツカ寄港)の活発化に対抗して、太平洋のロシア植民地の発展を図る必要、②以上のことに関連して、千島列島を正式にロシア領土化する必要、③北太平洋地域の生産物である海獣の毛皮やロシア本国のマニュファクチャー製品の販路を拡大すること。エカテリーナ二世は以上のような目的のため、一七八七年にも四隻よりなるムロフスキー大佐の探検隊を太平洋に派遣することを決定し、その課題のなかには日本との交易のために北部日本を訪れる計画もあったが、それはスウェーデンおよびトルコとの戦争勃発のため中止されていたのである。

日本への使節団派遣の報がイルクーツクに伝わると、同地の有力な商人シェリホフは直ちに商品見本とともに四人の社員の参加を申し出た。彼は一七七五年にレーベジェフ=ラストチキンと共同で、イルクーツク総督ブリーリが組織した例の「秘密の航海」に出資したが、ニコライ号がウルップ島のワニナウで座礁すると投資を中止してアリューシャン列島方面の経営に力を注いでいたのである。そして一七八三〜八六年には自らアラスカ南岸のカジャック島の占領に参加し、いまや「ロシアのコロンブス」という名声を得ていた。

このようにして結成された探検隊の主要なメンバーは次の通りであった。

隊　長　アダム・ラクスマン(キリル・ラクスマン教授の次男)

船　長　ワシリー・ロフツォーフ
測量士　イワン・トラペズニコフ（南部漂流民久助の息子、航海学校出身）
通　訳　エゴル・ツゴールコフ（日本語学校出身）
先導者　ディミトリー・シャバーリン（安永七、八年蝦夷地到来ロシア人の指揮者）
水夫長　チーホン・サポージュニコフ（もとプロトジャーコノフ商会）
日本人漂流民　大黒屋光太夫・磯吉・小市

一行（ロシア人三九人、漂流民三人）は露暦一七九二年九月一三日オホーツク港に到着し、二本マストのブリガンチン船エカテリーナ号（五〇〇石積位）に乗船して同港を出帆したのは九月二五日のことであった。そこからはほぼ真南の最短コースをとってクナシリ島に接近したが、順風がないためその北岸を迂回してクナシリ水道を通り、この島の南岸沿いに北海道のニシベツに到着したのであった。そこからは同地のアイヌや日本人の小舟に引かれて一〇月九日（寛政四年九月五日）根室湾に到着し、同地の松前藩士に藩主宛の書簡（来年三月までに返事がなければ直ちに江戸へ向かうことを通知）を托してこの地で越冬の準備に入った。

一二月一二日には松前藩士の鈴木熊蔵と医師加藤肩吾らが根室に到来し、ラクスマン書簡の江戸への送達を伝えた。彼らは親密に往来し、日本語とロシア語を相互に学習したり、地図を貸借して写し合った。ラクスマンの日記によれば「ツゴールコフはロシア地図の地名を日本人に教えるために毎日彼らのもとを訪れた」のである。加藤肩吾もまた『魯西亜実記』という手記のなかで、ロシア側の日本語通訳ツゴールコフおよび商人のバービコフから聴取したロシア事情を記している。一二月二九日には幕府の役人(普請役田辺安蔵、小人目付田草川伝次郎、医師元安)が到着したが、両国人の交際はその後も続けられたらしく、その結果田辺安蔵は『魯西亜語類』という一一〇〇語を収録した和露語彙集を、また源有(元安?)は『魯西亜文字集』や『魯西亜弁語』(和露語彙集)を現地で編集している。ラクスマンの日記を裏付ける地図も数種残っている。例えば松平定信旧蔵の「亜米利加欧羅巴州図」(渋沢栄一『楽翁公伝』第一二図)や松前広長『松前志』所収の「加藤氏考之」という地図である。それらはいずれも光太夫将来の「亜細亜亜米利加対峙図」と同種のもので、原図は一七七三年ロシア・アカデミー刊行の「アメリカ北部およびその周辺地域におけるロシア航海者たちの発見図」である。北大附属図書館の『村山家文書』中には、そのとき現地で接待にあたった場所請負人村山家の配下によって写されたと思われる実用的な「ロシア全図」を見ることができる。一方ラクスマンも松前藩士鈴木がもっていた松前藩の「松前絵図」を借写し、加藤に頼んでその地図に地名を記入してもらい、航海用の最良の地図としてロフツォーフ船長に与えたのであった。その地図は一八〇二年にロシア帝国地図部が刊行した「北太平洋地図」のなかに輪郭も地名もそのままに利用されている。

ロシア使節の根室到来と江戸への来航予定について報知を受けた幕府では、松前藩に対しロシア船を根室に留めるよう命じたうえで、その対策について老中と三奉行(勘定・江戸町・寺社)が以下の件につき協議した。漂流人は松前で受け取り、ロシア船の江戸来航は許さず、もし聞かずば厳しく対処する、外国往来は長崎に限るとして返すにしかず、やむをえなくば蝦夷地で交易を許す、等々。結局は松平定信の意向で、ロシア使節に対しては礼節をもって遇することにし、目付石川忠房と村上義礼を宣諭使として松前に派遣して使節と応接するが、①国書や献上物は受け取らず、②江戸への来航は認めず、③交易の希望があれば、長崎へ一隻の船の入港のための「信牌」を渡すことに決定した。長崎への入港許可証を渡すことにしたのは、江戸来航を拒む以上(防備がないため)その代わりを与えるのが礼儀であり、それなら拒んだことにはならないというものであった。そしてもし彼らが長崎に来たならば、交易は好まないけれども長崎もしくは蝦夷地で交易することをよく考えてみる(時間稼ぎ)。日本の海防が整っていればどのような扱いもできるが、それまではゆるやかに対処するしかない。宣諭使に対しても、「長崎へ行けば敢えて交易は拒まないという語勢」をもって応接することが指令された。

このようにして翌寛政五年(一七九三)六月箱館に入港したラクスマン一行は陸路松前に向かい、その地で荘重な会見の儀式が行なわれた(ラクスマン『日本来航日誌』参照)。その際にはラクスマンは国書の受け取りは拒まれたものの、長崎への入港の「信牌」を与えられたが、彼はその「信牌」を長崎への年一回の入港許可証と受け取ったようである。それゆえラクスマン帰国後のロシアでは国交樹立の失敗に批判もあったが、年一隻とはいえ交易の許可は成功とみる傾向が一般的であった。イルクーツク総督ピーリもラクスマン探検隊の成果を積極的に評価し、日本との通商がやがて太平洋のロシア領土の強化とこの地域の住民への食料供給に役立つと述べ、一七九四年四月にはエカテリーナ二世に自分の名前で新たな使節を派遣する許可を求めた。しかしエカテリーナは日本への関心を失ったわけではないが、ピーリのようにこれに熱中することもなくしばらくは「信牌」を放置した。ヨーロッパにおけるフランス革命の波及阻止やポーランド分割など目前の重大事に気を奪われていたからであろう。それゆえラクスマンがもち帰った「信牌」はレザーノフ使節の派遣まで、それから一〇年間も利用されなかったのである。

一方松前で日本側に引き渡された光太夫と磯吉（小市は根室で越冬中に病死）は、江戸に送られて江戸町奉行所の目付による審問を受けたのち、寛政五年（一七九三）九月一八日には江戸城内の吹上物見において将軍家斉の面前で幕府の高官たちからロシア事情の質問を受けた。それは将軍吉宗時代の元文四年（一七三九）に鳥島への遠江漂流民の前例があったばかりの稀なケースであったが、そのときの一問一答の記録は家斉の侍医で蘭学者の桂川甫周が記録した『漂民御覧之記』によって広く世に知られている。桂川はその後幕府の命で光太夫から聴取した詳細な聞き書きを、東西の文献によって考証した名著『北槎聞略』（寛政六年（一七九四））を著わした。それは数ある江戸時代の漂流記のなかでもっとも学術的なものの一つである。

光太夫と磯吉は一度は生国（三重県鈴鹿市白子）に帰郷することを許されたものの、その生涯を江戸番町の幕府の薬草園内に住居させられ（家族を呼び寄せることは許された）、外国の事情をみだりに他人に語ることを禁じられた。しかし実際には彼らのもとを訪れる学者や大名の家臣、旗本らが絶えず、あるいはその屋敷に招かれて彼らの語るロシア事情やロシア語の知識が珍重されたようである。その一例が寛政六年一一月一一日（一七九四年一月一日）に蘭学者たちが開いた「オランダ正月」の祝宴に招かれた光太夫の図である。そして幕府もその後ロシアをめぐる問題が起こるたびに彼らの知識を利用したのであった。光太夫と磯吉が江戸に留められた理由の一つもそこにあったのかもしれない。

四　一八世紀末の海防論とロシア観

ラクスマンの蝦夷地来航は幕府に大きな衝撃を与えた。幕府は寛永一六年（一六三九）以来鎖国の体制を布いていたが、海に囲まれた日本の沿岸には長崎を除けば江戸湾でさえ何の備えもなく、異国船に対しては全くの無防備であったからである。松平定信がラクスマンの江戸来航を厳しく禁じたのもそのためであった。

すでに述べたように、林子平は『三国通覧図説』（天明六年（一七八六）、桂川甫周序）のなかで、ロシア人が千島のアイヌたちを手なずけつつすでにウルップ島まで進出し、さらに蝦夷地を窺っているので、これを放置すれば必ずロシア人がその地を自国のものにすることは必然であると述べていた（それは長崎のオランダ商館長フェイトの受け売りであった）。次いで彼は『海国兵談』という本を著し、これに工藤平助の序を付して天明七～寛政三年（一七八六～九一）に刊行した。そのなかで彼は「はんべんごろう」（ベニョフスキー）の日本探索について述べ、海国日本は世界のいずこからも外寇が起こりうることを指摘し、海防の必要を強調した。すなわち彼は「江戸の日本橋より唐、阿蘭陀迄境なしの水路也」といい、長崎に大砲を備えるだけで安房や相模には何の備えもないことを懸念したのである。彼は「日本の武備ハ外寇を防ク術を知ルこと、指当ての急務なるべし。さて外寇を防クの術ハ水戦にあり、水戦の要は大銃《オオツツ》にあり」といい、水戦と大砲に習熟する必要を力説している。

　このように林子平はロシアの南下に対する警戒を訴えたばかりでなく、その他の諸外国に対しても海国日本の沿岸防備の急務とその方策を論じたのであった。このような意見は鎖国の大平の夢にまどろんでいた日本人に対する最初の警鐘であり、この時期に外国船の海からの襲撃の可能性を指摘したのは六〇年後のペリーの来航を予測したものとして卓見であったといわねばならない。林子平はこのような意見を公表するに際し「尋常の世人は口外すべからす」といい、「小子ハ直情径行の独夫なるゆへ、敢て忌諱《ハヽカリ》を不レ顧」と何らかの処罰を受けることを覚悟していた。そして実際に彼は老中松平定信の指示で寛政四年(一七九二)五月この本の版木を没収され、その身は仙台の兄のもとで蟄居を命じられたのである。その理由は「取留もなき風聞又は推察を以て、異国より日本を襲ふ事可有之趣、可怪異説等取交ぜ著述致し…不憚公儀仕方、不届の至りに就き」というものであった。子平は翌寛政五年死去したが、彼が病中にあって「親も無し、妻無し子無し板木無し、金も無けれど死にたくも無し」と詠んだ狂歌は有名である(六無斎と自称)(『新編林子平全集』)。

　ところで、当時日本の無防備をもっとも懸念し、海防の必要を誰よりも痛感していたのは、子平を処罰した松平定信自身であった。彼は寛政三年(一七九一)には海防令を出して、船方調練や大筒打ち方の訓練を諸大名に命じていたのである。しかし日本沿岸に出没する異国船に対してはこれを抑留するだけの穏便な処置に留めていたのは、未だ防備の準備ができていないことを自覚していたからである。彼がラクスマンの江戸来航を極力阻止しようとしたのもそのためであった。彼は寛政四年一一月ラクスマン渡来の報が江戸に届いた直後に「海辺御備愚意」という意見書を草して幕閣に提示したが、そのなかで江戸湾周辺には何の備えもなく、異国船がそこから浦賀や品川に入ってくるならば、たとえ大井川、箱根を固めても無駄であると述べている。さらに蝦夷地の取り締まりのためには津軽・南部辺の要地を上地して、幕府の遠国奉行を置く必要も述べていた。すなわち彼は、海防に関しては林子平と同じ見解をもち、蝦夷地の防備の必要さも感じていたが、ただ林子平の意見が余りに的を射ていたために彼を罰したのであろう。それゆえ定信は寛政五年(一七九三)には海辺の諸藩に警備の強化を指示するとともに、自ら伊豆・相模・安房・上総など江戸湾周辺の海岸を視察し、防衛の地点を選んだのであった。彼がロシア船とおぼしき黒船を描いた谷文晁の絵に「此船のよるてふことを夢のまもわすれぬは世の宝也けり」と賛を記したのも、定信がいかに黒船の到来を危惧していたかを示すものであろう。

ここで、林子平とともに熱心な北方問題の論者であった大原左金吾と本多利明の蝦夷地確保論について触れておきたい。彼らの意見はそれぞれ独特であって、ともに幕府に提出され、その後幕府が蝦夷地を松前藩から取り上げて直轄するのに影響があったとみられるからである。

大原左金吾は陸中(岩手県)の郷士出身の儒者で、京都に住んで詩画をよくし、兵学にも通じていたが、有名な松前藩の画家蠣崎波響の招きで寛政七年(一七九六)松前に来て、藩主章広や家臣たちに経書や兵学を講じていたという。彼は藩主父子や重臣たちに重んじられたが、彼の不満は藩がロシアへの対策を求めた彼の意見を取り上げず、それを全く放置していることであった。それゆえ彼は前藩主で隠居の道広がロシアに内通しており、ロシアが兵を出すときはこれに加担を考えていると奇想天外な疑いを抱いた。そのことを彼は「いかにしても赤夷の防ぎなりがたき小藩なれば、もし赤夷攻め来るとも敵することなく、これに降参して日本への導兵となり、功をもって我欲にしたがはんとの覚悟なるべし」と記している。

かくて寛政八年(一七九六)一〇月松前を後にした大原は『地北寓談』という書物を作り、松前藩の内情と隠居道広の不審な行為を暴露したのである(人名・地名などの固有名詞をパロディ化して、架空の物語の如く記す)。松前からの帰途に立ち寄った水戸の彰考館総裁立原翠軒(左金吾からの聞き書きを実名で記した『墨斎奇談』を残す)らの手づるで、大原は老中松平伊豆守や中山備前守らに会って松前の不取り締まりを述べ、さらに彼らの求めによって『北地危言』を著わして蝦夷地防備の方策を論じた。幕閣では大原の著作は必ずしもそのままには信じられなかったが、蝦夷地におけるロシア対策の必要を痛感させるうえでは大きな影響があり、前松前藩主で隠居の道広は寛政一〇年(一七九八)蝦夷地の不取り締まりと不謹慎な身持ちを理由に江戸に留められ、文化四年(一八〇七)には蟄居を命じられたのである。

大原の影響で松前藩がロシアとの関係を疑われた興味ある例としては、江差の姥神社の社殿に掲げられていた藩主章広の掲額事件がある。そこには「降福孔夷」（福を降すこと、はなはだ大いなり）という『詩経』からの句が行書体で書かれていたが、文化三年この神社を訪れた幕吏の遠山金四郎、村垣淡路守一行はこれを「降福紅夷」と読んで、それが赤蝦夷（ロシア）の繁栄を祈願するものと解釈して問題となったのである（それは同行した最上徳内の意見で、遠山は異論を述べたともいう）。それは慶長一四年（一六〇九）に起こった京都方広寺の鐘銘「国家安康、君臣豊楽」の事件を思わせる逸話であったが、幕府学問所の林大学頭（述斎）の鑑定で事なく収まった。

一方、本多利明は越後出身の浪人といわれ、江戸に出て算学・天文・測量を修め、蘭学にも通じていた。彼は小石川の音羽に塾を開き、「音羽先生」もしくは「北夷先生」とも呼ばれていたが、それは彼が北方の蝦夷地に関心をもち、その経営について数多くの著述をなし、経世家をもって任じていたからである。後年有名な蝦夷地探検家になる弟子の最上徳内を、初めて蝦夷地に送り込んだのもこの人であった。

本多もロシアの千島経略を危惧していたが、その際に興味あることは、彼がロシアは武力をもって他国を侵略する国ではなく、もっぱらいずこの国にも属さない未開地の住民の困苦を救助し、彼らを手なずけることによって領土を広めてきた王道の国であると理解していたことである。彼は『西域物語』という著作のなかでロシアについて次のように書いている。「本国より器物百物をもたらし来り、土人を撫育し、人の道を教示するに因て、土人悉く信服してモスコビヤ〔ロシア〕に信属する者カムサスカより南洋の東蝦夷凡そ二十余島に及べり」。また『経世秘策補遺』のなかでも「モスコビヤにては我骨身を削て土人に副んとする制度なれば、蝦夷諸島の土人等彼らを神仏の如く尊信恭敬するは至極其筈なり」とロシアのことを称賛している。

以上のような意見はロシアの恐るべきことを警告したオランダ人の説を逆に誤解したもので、すでに吉雄幸作の言説や工藤平助の『赤蝦夷風説考』にも見られるものである。ロシアの脅威を力説した林子平ですら『三国通覧図説』のなかで、「オロシヤ人の蝦夷に接するを聞に、曾て干戈を用ひず、暴虐を不為、蝦夷は寒地なる故、胡椒を食はせて氷寒を凌がせ、褞袍を与へて寒気を防がせ、又は砂糖の甘美を食はせ、或は淳酒のよき酒を飲せて夷人の口を悦ばせ……夷人をして己れに馴懐くへき術を施すと聞けり」と書いており、それはのちに箱館奉行羽太正養の『休明光記』や『辺策私弁』などにも影響を与えている。本多の意見では、かつてはカムチャツカの住民たちでさえ松前近在の諸島と交易して日本の産物を得ており、日本の属国であったのに、いまではモスコビヤの支配下に入ったのである。それゆえ松前近在の諸島だけでも確保するためにこれを打ち捨てておくことはできない。彼は『西域物語』のなかではさらに一歩を進めて、カムチャツカに日本の役所を立て、ロシア人にはお構いなくここに郡県制度を布くことを奨めている。そこは元来日本の属国であった蝦夷の土地であるから、ロシアもかれこれはいわないだろうというのである。カムチャツカに日本の大都会ができれば、その勢いで千島はもとよりアメリカ所属の島々までも日本に従うに至ると奇想天外なことを述べている。

それゆえ本多がロシアの進出を防ぐ方法として考えたのは、武力による海防ではなく、彼独特の経済理論、すなわち重商主義的な国富の増加による方法であった。彼は「自国を豊穣の富国となすには外国から金銀銅を取込む」ことを提唱し、進んでクナシリ、エトロフ島でのロシア交易を主張した（『経済放言』）。工藤とは違って、彼はロシアが本国からカムチャツカ・千島へ物資を輸送することは困難であるといい、今後は日本からそれらの地へ乗り出して先住民を撫育し、ことごとく日本の領土とすることを提唱したのである。

このように、本多の見解は蝦夷地を開き、ロシアとの貿易を積極的に行なうばかりでなく、そこで得られた富力によってカムチャツカまでの経略を行なうという破天荒なものであった。そこには工藤平助の見解と類似したところもあったが、本多のそれは彼の経済理論から出たもので、ロシアとの経済競争に打ち勝ってアイヌの土地を日本に取り戻すことを意図していたのである。

本多は林子平のように自分の著作を公刊することがなかったので、子平のような筆禍にかかることは免れた。しかし彼の書いた多数の積極的な開国論はそのまま受け入れられることはなかったとはいえ、彼の蝦夷地確保論も幕府の目を北方に向けるうえでは大きな影響があったと思われる。

五　幕府の東蝦夷地直轄とエトロフ島の開島

寛政四年（一七九二）のラクスマンの蝦夷地来航は老中首座の松平定信に海防の必要を痛感させた

が、その数年後にイギリスのブロートン探検隊が二度にわたり蝦夷地のエトモ(室蘭)とアブタ(虻田)に来航したことは、蝦夷地警備の急務を決定的にした。

寛政八年(一七九六)八月、異国船一隻が蝦夷地南岸の内浦湾(噴火湾)のアブタ(虻田)に碇泊したとの報を受けた松前藩は、藩士高橋壮四郎・工藤平右衛門、医師加藤肩吾らを派遣し、彼らはエトモ半島の岬において、プロヴィデンス号の艦長ブロートンと会見した。この船はイギリスのヴァンクーヴァー探検隊の一船で、北海道・南千島諸島周辺およびアジア大陸北東岸の地理調査を目的としてアメリカ西岸から到来したものであった。この船にはロシア人の水夫が乗船していたが、ブロートンはこのとき加藤肩吾(ラクスマン使節到来の折、根室でロシア人たちと交際してロシア語を習得した)とおぼしき人物がこの水夫とロシア語で会話をしたことを記している(Broughton, A Voyage of Discovery to the North Pacific Ocean)。そのとき加藤はブロートンにロシア製の日本北辺図を示し、ブロートンもキャプテン・クックの航跡を記した世界地図を贈ったという。前松前藩主で隠居中の松前道広は二八〇人の藩士を率いて出兵したが、すでに英船は退去後であった。

ブロートンは南千島諸島を測量ののち中国のアモイ(廈門)に航行して同地で越冬し、翌寛政九年再度蝦夷地へ向かったが琉球の宮古島付近で座礁、その後附属船でアモイから北上して無事エトモに入港した。そのときも松前藩は工藤や加藤を派遣したが、このたびは英船に厳しい態度をとってアイヌたちとの交流を阻止し、藩士三〇〇人を警備のために派遣した。そのためブロートンは同地を退去して津軽海峡を抜け、北海道、カラフト西岸を測量しつつ間宮海峡付近まで進んだものの海峡を発見することができず、カラフトが大陸と接続している「サハリン半島」と断定して、沿海州、朝鮮東岸を測量しつつ南下した。

このような異国船の二度にわたる蝦夷地到来、とくに日本の内海ともいえる津軽海峡通過の報を重視した幕府は、参勤交代で江戸へ向かいつつあった松前藩主章広に帰国を命じ、津軽藩にも箱館の守備を命じた。そしてさらに翌寛政一〇年(一七九八)には幕府は一八〇人余よりなる大調査隊を蝦夷地に送り、北辺の事情と蝦夷地経営の方策を調査させることになったのである。それは幕府の蝦夷地調査としては天明年間および寛政初年の辺境調査に次ぐものであったが、その規模においては空前のものであった。そしてこのたびは目付渡辺久蔵や勘定吟味役三橋成方のような幕府の高官を派遣して東西蝦夷地を巡見させ、蝦夷地の防備とともに経営の可能性を調査させたのである。その理由は、「ヲロシヤ国より蝦夷地蚕食の催し頻りなりといへども、素より松前家小家なれば施すべき術もなく」(『休明光記』巻一)というもので、ロシアの接近を警戒したものであった。学者としても知られた支配勘定の近藤重蔵が最上徳内や木村謙次(水戸の彰考館総裁立原翠軒の推薦で下野源助の仮名で参加)らを率いてクナシリ島からエトロフ島に渡り、北西岸のタンネモイに「大日本恵登呂府」の標柱を建てたのはそのときのことであった(『蝦夷日記』)。

この調査の結果、エトロフ島の隣島であるウルップ島に再びロシア人植民者たちの居住が知られたので、翌寛政一一年(一七九九)幕府は蝦夷地確保の強化のために東蝦夷地(知内以東知床岬まで)および南千島諸島を試みに七カ年上地することを決定し、松前藩にはその替え地として奥州梁川

(福島県北東部)に五〇〇〇石の領地と東蝦夷地収納金のうち若干が補償された。東蝦夷地の経営のためには江戸に「蝦夷地御用掛」が置かれ、松平忠明(御書院番頭)、石川忠房(勘定奉行)、羽太正養(目付)、大河内政寿(御使番)、三橋成方(勘定吟味役)が任命された。

その結果五人の蝦夷地御用掛たちは蝦夷地の経営と防備について協議し、次のように上申した。①蝦夷地は広大であり、四方は海であるから堅城・砦などを造って警備することは困難である。それゆえ蝦夷地の防衛のためには、先住民のアイヌたちを手厚く撫育し、善政を布くことにより、外国から誘いがあってもこれになびかないようにするほか方法がない(住民のアイヌを利用して蝦夷地を守る)。②幕府の直轄地におけるアイヌとの交易は町人に委任するが、場所ごとに役人を置いて品物の質や桝目に不正がないよう監督させる(アイヌ交易における不正の防止)。③アイヌの風俗を次第に日本風に導く(アイヌの同化政策)。④エトロフ島はロシア人の居住するウルップ島の隣島であるから、この島を警備の第一の眼目とする(防衛の最重要地)。

以上のように、幕府の東蝦夷地直轄は直接的にはブロートン探検隊の英国船の出現によって触発されながら、実際にはロシアに対する海防の目的で行なわれたのである。その方策は蝦夷地を武力によって守備するよりは、アイヌ民族を日本側につなぎ止めることが眼目であった。アイヌたちは以前は和人との交易にあてる干鮭・乾鮑・煎海鼠《いりこ》・昆布などの海産加工品を家内工業的にわずかばかり作って生活していた。しかしいまでは場所請負制度の進行とともに請負人の大規模な漁場で使役される労務者になっており、労働の過小評価のゆえに多くの債務を負わされて場所に緊縛され、請負人の収奪に任されていたからである。請負人たちは利益の追求のためアイヌを酷使して非道や不正も少なくなく、ついにはクナシリ・メナシ事件のような反乱さえ起こったのであるから、まず改めるべきは場所請負制度であった。それゆえ幕府は直轄地(東蝦夷地と南千島諸島)においてはこの制度を廃止して直捌《じきさば》き(直営)とし、幕吏たちの監督の下に場所の経営と交易を行なうこととした。直捌きになってもアイヌたちの労働の評価や交易の比率はこれまでと変わらなかったが、交易品の品質や量を吟味して不正を禁じたのである。またアイヌの老人・病人・子供らに対する手当も従来以上に手厚くした。

さらにアイヌたちが日本に属することをロシア人に示すために、風俗の改変や日本語の使用を奨めた(それらのことは松前藩時代には場所請負人たちによって禁じられていたのである)。しかしそのことを急ぎ過ぎて、熊祭り・入れ墨・耳輪・メッカ打ちなどのアイヌ風俗を禁じ、髪型も月代《さかやき》を押し付けることなどがあったので、アイヌにとって祖先伝来の風俗を変えることに大きな抵抗があり、それらは不成功に終わった。ただ、アイヌに対して「法三章」(漢の高祖劉邦による殺人・傷害・窃盗の禁止に倣う)の法令を布告したことは、アイヌへの法の適用を初めて定めたものとして注目すべきことであった。それは「一、邪宗門にしたがふもの、異国人にしたしむもの其罪おもかるべし。一、人をころしたるものは皆死罪たるべし。一、人を疵つけ、又盗するものは其ほどに応じ咎あるべし」というものであった。ただ実際には死罪はアイヌの習慣にはなかったので適用されることはなかった。

蝦夷地の警備については、津軽・南部の両藩に各々五〇〇人ずつの出兵を命じたが、その重点は箱館を除けばエトロフ島に置かれた。この島はいまやロシアに接する国境として幕府の蝦夷地経営における最重点の施策が行なわれることになったのである。エトロフ島は天明六年（一七八六）および寛政三年（一七九一）の幕吏たちの巡見の際に探検が行なわれたことがあっただけで、これまで日本の交易船が赴いたことはなく、ロシア人も寛政三年にイジュヨの退去後はこの島に現れることはなかったので、事実上日露間の間地となっていた。蝦夷地御用掛はこの島をロシアに対する最前線にすることを決定していたので、寛政一一年（一七九九）勘定役に昇進してエトロフ掛に任じられた近藤重蔵は、高田屋嘉兵衛（兵庫の船頭で松前と関西地方を結ぶ日本海海運で活躍し、当時箱館に出店をもつ御用商人になっていた）にエトロフ島への航路の開発を要請した。それまでクナシリ島からエトロフ島への渡航はアイヌの蝦夷舟で行なわれていたが、その間の海峡には三筋の早い潮流があって危険だったが、いまやこの島の開発のためには大量の物資や人員を輸送する大船の安全を図る必要が生じたためである。嘉兵衛はクナシリ島のアトイヤ岬の丘から潮流を観測してそれを迂回する航路を見定め、同年七月、七五石積の御用船宜温丸によってエトロフ島に渡り、シャナその他の停泊地や漁場を見分してクナシリ島に戻った。そして翌年嘉兵衛は弟の金兵衛とともに一五〇〇石積の辰悦丸に近藤重蔵を乗せてこの島に資材や商品を運ぶとともに、シャナに会所を建て全島に一七カ所の漁場を開設して積極的な経営にあたることになった。それとともに近藤重蔵は住民の支配にも着手し、全島を二四カ村に分けて世帯毎に名前・年齢、所帯主との続柄を記した「恵登呂府村々人別帳(寛政十二庚申年六月改)」を作成した。その際にアイヌの有力者を惣乙名、脇乙名などに任命し、アイヌたちに魚網・漁具を与えて漁業の仕方を教えた。このようにしてエトロフ島は寛政一二年(一八〇〇)に初めて、名実ともに日本の版図に入ったのである。当時のアイヌ人口は全島で一一一八人であった。その後蝦夷地の国境警備のために南部・津軽両藩の藩士たちがエトロフ・クナシリ両島に常駐することになり、エトロフ島には三〇〇人余の守備隊が大砲を備えて警備していた。

ところで、この時期の千島におけるロシア人の活動に目を向けると、日本側がエトロフ島の経営に着手する五年前から、隣島のウルップ島ではロシア人植民者たちの定住が始まっていた。彼らを派遣したのは、当時「北東アメリカ会社」の支配人として北アメリカ沿岸にも手を拡げていたシェリホフで、彼はラクスマン探検隊に多額の投資をし、日本との交易にも大きな関心をもっていたイルクーツクの大商人であった。彼は将来における日本との貿易の際に備えて、ウルップ島に農業植民地と交易所を造ることを政府に申し出て許可を受け、一七九五年(寛政七)夏この島にイルクーツクの小商人ワシリー・ズヴェズダチェトフを隊長とする四〇人の植民者たちを派遣していたのである。しかし、この島では彼らの期待していた作物は実らず、食料難は常のことで、狩猟のために同島を訪れた南千島のアイヌたちとの交易で辛うじて食料を入手していた。

日本側でも、彼らの滞在については寛政一二年(一八〇〇)にウルップ島への出稼ぎから帰ってきたアイヌたちから情報を得ていたが、蝦夷地御用掛たちは翌年にウルップ島見分のため役人たちを派遣することを決定し、その際のロシア人たちの取り扱いについて老中の命で各人の意見を提出した。そのときの彼らの回答が以下に示すように、以前とは違ってウルップ島のロシア領有を明確に否定していたことは注目に価することである。

〈松平忠明〉　帰国を承諾すれば蝦夷舟四、五艘を手当てして与える。もし帰らずといえば、捕えて箱館辺に禁獄して置く。

〈石川忠房〉　ラクスマンに与えた「信牌」により、彼らもすでに日本の国法は知っているはずである。然るに境を犯してウルップ島に居住するは、日本を侮った振る舞いであり、もし帰国を拒む色あるときは一人も残さず打ち殺して然るべし。

〈羽太正養・三橋成方〉　彼らは交易品を貯え、アイヌたちと交易をしているという。それゆえエトロフ詰めの幕吏たちがウルップ島へ渡るアイヌの舟を厳しく改めて、酒、タバコそのほか全て交易品となる品は自分の必要以外は持参させないようにする。そうすればロシア人も交易ができなくなって自然に退くであろう。たとえ退かなくてもわずか十数人のことであれば、国家の憂いとするにあたらない。

幕府はこれらの意見を検討した結果、ウルップ島へ役人を派遣してロシア人に滞在の理由を問い糺し、それが日本との交易を目的としたものならば国禁の由を申し諭し、そのうえで交易の道を断つ、それでも帰国の気配がないときは彼らを留置することを決定した。このようにして享和元年(一八〇一)に富山元十郎・深山宇平太の両人がウルップ島に派遣された。彼らは八王子千人同心二人を伴ってウルップ島のオカイワタラに着船し、その地の小高い岡の上にこの島へ渡った証しとして木に彫った「天長地久大日本属島」という碑を建てた(そのことからも、日本人はロシア人の居住にもかかわらず、千島列島の全島を日本の属島と意識し始めていたことがわかる)。アイヌの先触れで日本役人の到来を知ったズヴェズダチェトフらは、トウボという所で富山と深山を出迎えた。

そのときはロシア側のシムシル島アイヌと幕吏たちが連れていったエトロフ島アイヌの市助に通訳させたが、お互いに顔を見合わせるばかりだったので、富山は先年松前で書き留めておいたロシア語の覚え書も利用して問答をしたと書いている。富山がロシア人に何のためにこの島に来たかと問うと、ラッコ猟のために来たが交易も望んでいると答えたそうである。米・酒を欲しがったので米一俵と酒一樽(二斗入)を与えたのち、交易の禁制を伝えた。彼らはズヴェズダチェトフのほか従者一〇人、女三人、子供三人の計一七人であった(全員の名前と年齢も記録されている)。翌日の払暁四、五人のロシア人たちが密かに来てこちらのアイヌたちに話したところでは、ケレトフセ(指揮者、すなわちズヴェズダチェトフのこと)は乱暴者で従者らを殴るので、自分たちをエトロフ島に連れていってくれるよう日本の役人に頼みたいと語ったそうである(『休明光記附録』巻三)。

富山と深山はエトロフ島に帰島したのち、今後ウルップ島へ赴くアイヌの舟はことごとく点検して、酒・タバコは自分用以外は持参することを禁止した。その結果わかったところでは、エトロフ島アイヌがウルップ島でラッコ、アザラシの狩猟をすることをロシア人が妨害し、またシムシル島以北のアイヌたちがエトロフ島へ渡ることも妨げたという。享和二年(一八〇二)一二月、蝦夷地御用掛の戸川筑前守と羽太正養はウルップ島のロシア人への対策について幕閣に次のように伺った。すなわち、ウルップ島のロシア人たちは帰国の様子もないので、このうえは彼らを蝦夷地に生涯抑留することも考えられるが、ロシアとは絵図面を交わして国境を取り決めたわけでもないので、先方はそのことをどのように考えているかわからない。最近ではエトロフ島アイヌも日本の支配下に入ったためロシア人とは折り合いがよくないと聞くが、陰ではアイヌたちは自分用の酒・タバコをロシア人と交易しているかもしれない。それゆえ二、三年の間試みにアイヌたちのウルップ渡航を禁止したい（『休明光記附録』巻四）。この施策は翌年から実施され、それ以後エトロフ島アイヌたちからの食料や酒・タバコ、その他の物資の供給を断たれたロシア人たちは、文化二年（一八〇五）には一〇年間のウルップ島滞在ののちこの島を退去し、日本側の目的は達せられたのである。ロシア人がこの島で活動を再開するのは、それから二十数年後のことであった。

エトロフ島の幕吏たちがその後のウルップ島の状況視察を予定していた文化二年六月、同島のシベトロにロシア風の服装をしたラショワ島アイヌ男女十数人が到来し、同所詰めの調役菊池惣内の配下に即刻捕らえられた。彼らはマキセン・ケレコーレツ（マクシム・グリゴーリエヴィッチ、アイヌ名はシレイタ）など男七人（うち二人は子供）、女七人であった。このマキセンは安永七年（一七七八）にシャバーリン一行のロシア人たちを案内して根室のノツカマップに到来したラショワ島長夷ケレコレ（グリゴリー・チーキン、アイヌ名はチュコイチェイ）の息子で、おそらくはロシアの役人からエトロフ島の探索を頼まれたものと思われる。彼は幕吏たちの取り調べのときにロシア人のラショワ島渡来以来のことを詳細に物語ったが、そのことにより日本側はロシア人の千島南下の沿革をこれまで以上に詳しく知ることができたのであった（『休明光記』巻六、『休明光記遺稿』巻四）。

彼はまたウルップ島のロシア人たちについての情報も伝えたが、それによればレブンチリポイ島で本国へ引き揚げる途中の彼らに出会ったという。彼らは本国から連絡がなく、持参の衣類や道具も損じ、さらにエトロフ島アイヌとの交易も絶たれて止むなく昨秋この島まで来たが、季節が遅くなったのでウルップへ戻って越冬、この春にはケレトフセ（ズヴェズダチェトフ）も病死したので再び帰国の途中であったという。幕吏たちはラショワ島アイヌたちを留置して彼らの処置を江戸に伺ったが、翌年三月彼らは隙をついてエトロフ島から逃げ去った。関屋茂八郎は南部藩足軽たちを率いて舟で追いかけたが見失ったので、ウルップ島に上陸してみるとラショワ島アイヌたちが述べたようにロシア人植民者たちがこの島を去ったことは明らかであった。それゆえ翌年からはエトロフ島アイヌたちの渡島を許し、役人たちが南部・津軽両藩の足軽や通辞・番人、アイヌたちを率いて毎年ウルップ島を見回ることになったのである。

六　間宮林蔵の『東韃地方紀行』

次章で述べる「露米会社船の日本北辺襲撃」事件に関連することであるが、ここで文化五、六年（一八〇八〜〇九）に間宮林蔵によって行なわれたカラフト奥地およびアムール河下流地方の調査について触れておきたい。それは幕府の東蝦夷地およびカラフトの直轄と密接な関係があったばかりでなく、地理学史において世界的な意義をもっており、彼が残したカラフトおよびアムール下流域の住民たちについての資料も、民族学研究にとって当時の貴重な記録として今日でも価値を失っていないからである。

文化四年(一八〇七)五月フヴォストフが利尻島沖で日本人捕虜八人を釈放したときにもたせた和文書簡(カラフト番人源七に書かせたもの)の内容を検討した幕府は、ロシアに交易を許すことも止むなしとしてロシア側と交渉に入ることを決めていたが、その際には国境の取り決めも考慮されていたようである。文化五年二月に松前奉行河尻春之と荒尾成章が上申したように、千島の国境はエトロフ島をもって限るとしても、フヴォストフが自国の領土であるかのように主張していた(銅版・メダルなどによって)カラフトについては奥地の状況がわからず、満州との境界も不明なので、その方面の調査が必要であった。そのために文化五年春にカラフトに派遣されたのが、松前奉行支配の調役下役元締の松田伝十郎と同雇の間宮林蔵であった。

それまでのカラフトの地理的調査についてみれば、漠然とした記録しか残っていない一七世紀中の松前藩のそれは別としても、天明五、六年(一七八五、八六)以来幕府や松前藩によっていく度か調査が行なわれていた。寛政二年(一七九〇)に松前藩がその南端地方に漁場を開いた後は調査の足がかりができたので、同年には松前藩の高橋壮四郎(清左衛門)らの一行、翌年にも同藩の松前平角など四人、同四年には幕府が派遣した最上徳内一行、享和元年(一八〇一)には中村小一郎と高橋次太夫がカラフト島に渡り、それぞれ地形調査、地図の作製とともに貴重な報告を残していた。しかしそれらはすべてカラフト南部に限られ、奥地やアムール河下流地方および満州については、調査の途中で出会った山丹人からの聞き書きに限られ、カラフトの地形についてもそれが大陸と接続しているか、分離しているかについてさえ両論があったのである。

例えば、文化元年（一八〇四）の序を有する近藤重蔵の『辺要分界図考』は、享和元年の中村・高橋による最新の成果を利用しながら、「カラフトの極奥、満州山丹と界を接する所、或は陸続きと云い、或は海を隔つるとも云う。夷人山丹人の説区々なり。守重（近藤）これを考うるにカラフトの奥地は満州山丹と地続きなり」と述べていた。彼も林子平と同様に、中国の「皇輿全覧図」に基づくフランスのダンヴィル図の「サカリン島」をカラフトとは別に描いており、それに惑わされてカラフトを大陸と接続していたのである。興味あることには、ヨーロッパでは一八世紀末のラペルーズ探検隊によって「サハリン」と「カラフト」（もしくは「オクエゾ」）が同一の島であることが判明したが、一方では「サハリン」が大陸と砂州で接続しているとする見解が確立した。それはラペルーズ（一七八七年）、ブロートン（一七九七年）、クルーゼンシュテルン（一八〇五年）らがタタール海峡を調査しながら水路を発見できなかったことによるものであった。その後ヨーロッパの地図の多くではサハリンは大陸と接続しているかの如き表現がなされて、ブロートンに従って「サハリン半島」と呼ばれていた。

幕府のカラフトへの関心はもとより対露政策のためであり、ロシアがこの島とどのように関わりあっているか(すでに以前松前平角や最上徳内らがこの地で漂着ロシア人たちと出会っていた)にあったが、そのほかにも以上のようなカラフトと大陸の関係、さらには「サハリン」と「カラフト」が同一の島であるかどうかを確認する地理学的な関心もあったのである。松田伝十郎と間宮林蔵がカラフト奥地調査を命じられたのは、フヴォストフ事件の翌年のことであったが、間宮らの調査にもっとも関心をもっていたのは、丁度その頃「世界図」新訂に着手していた幕府の天文方高橋景保であった。

文化五年(一八〇八)五月、松田と間宮はカラフト南端のシラヌシから東西に分かれて、松田は西岸を北上しノテトを経てラッカ岬に到達し、アムール河口を望んで(間宮海峡の入口であったろう)カラフトが離島であると推定したが、それより北方は海岸が葦の密生する沼地となっていたので進むことができなかった。一方間宮は東岸をシンノシレトコ(チェルペニヤ岬)まで進んだがこの岬を回ることができず、マーヌイから西岸に出てラッカ岬に至り、途中で松田に出会ってともに閏六月二〇日宗谷に帰着した。カラフト北端を極めることのできなかったことを残念に思った間宮は、同地に来ていた松前奉行河尻春之から再度のカラフト探検の許可を得て、七月中にカラフトに渡ってカラフト・アイヌたちの船でトンナイに至り、その地で越年して翌文化六年一月末同地を出発してノテトまで北上したが、その北方は海上が凍結していて舟を出すことができず、ここに五月七日まで滞在した。この地で山丹舟を借り、三人のスメレンクル(ギリヤーク人)を案内としてアムール河口の北の出口に相対するナニオーに着いた。その北方には陸地は見えず、アムールの河流も北へ向かっていたので、カラフトが大陸から離れた島であることがほぼ確認されたが、間宮はそのことを確実にするためにカラフトの北端を回って東岸に出ることを望んだ。しかし同行のアイヌたちの同意が得られず引き返し、ノテトのスメレンクル酋長（カーシンタ）コーニの家に滞在することにした。

同年六月二六日、間宮は朝貢交易のため大陸に渡るというコーニ一行に同行させてもらって海峡を渡り、キジ湖を経てアムール河に入り、七月一一日満州仮府（満州役人の出張所）のある徳楞（デレン）に着いた。そこに七日間滞在して周辺の諸民族が集まるこの地の朝貢交易の状況を実見し、満州の役人たちにも面会したのち帰途についた。そのとき間宮はコーニに頼んで、アムール河の下流を測量するために河口まで航行してもらってカラフト島に戻った。この旅行により間宮はカラフトの離島であることはもちろんアムール・リマーン（河湾）の地形を確かめ、従来はアイヌや山丹人の話でしか知られていなかった奥地の地理や諸民族の風俗習慣、満州仮府における朝貢交易の実態を初めて知ることができたのである。その成果は、多数の巧みな写生画を含む『東韃地方紀行』（文化七年（一八一〇）七月村上貞助序）や『北夷分界余話』（文化八年三月序）となって現れた。

この調査の結果、カラフトにはロシア人の居住は見られず、むしろ清国の支配が宗主権の形で南方にまで及んでいることが明らかになった。それゆえ幕府は幕末になってもこの島をめぐってロシアとの係争が起こることは考えていなかったのである。間宮の探検の成果と地図は天文方の高橋景保からオランダ商館の有名なドイツ人日本学者シーボルトに伝えられ、後者は名著『Nippon（日本）』のなかで間宮の成果を紹介するとともに、カラフト島と大陸間の海峡を「マミヤノセト（間宮の瀬戸）」と命名した。一八三四年にペテルブルグを訪れたシーボルトから間宮の地図を見せられたロシアの航海者クルーゼンシュテルンは、「日本人は余に勝てり（Les japonais m'ont vaincu）」と叫んだという。しかしシーボルトは高橋景保との約束を守って、この地図を公刊したのは二五年後の一八五一年のことであった。その間にロシアでは一八四九年に海軍士官ネヴェリスコイがこの海峡を調査して、海洋船による通過可能な水路を発見した。しかしこの海峡の存在が世界に広く知られることになったのは、一八五四年クリミヤ戦争中に英仏艦隊によってデカストリ湾に封鎖されたロシア艦隊が、密かにこの海峡を通ってアムール・リマーン（河湾）に脱出したことが明らかになった後のことであった。

第七章　露米会社と千島列島

一　シェリホフのウルップ島植民

寛政一〇年（一七九八）蝦夷地に大調査隊を派遣した幕府は、すでに三年前からウルップ島に定着していたロシア人植民者たちに強い印象を受けていたが、そのことが幕府の東蝦夷地直轄を決定的にしたということができる。幕府の施策の重点がウルップ島に隣接するエトロフ島に置かれたのもそのためであった。

前述のようにこれらの植民者たちは、イルクーツクの大商人シェリホフが対日交易の足がかりを作るために派遣した者たちであった。シェリホフはアリューシャン列島やアメリカ北西岸で活躍していたシベリア第一の商人であり、彼の創った北東アメリカ会社が彼の死後の一七九九年には、北太平洋におけるロシアの特権的な国策会社「露米会社」に発展するのである。それゆえウルップ島の植民団がシェリホフの北太平洋における活動のなかでもっていた意味について考えてみたい。

ロシア人の北太平洋における活動が始まったのは、一七四一～四二年の第二次ベーリング探検隊によるアメリカ発見航海以後のことであった。そのときアジアとアメリカの間に毛皮獣の豊富なアリューシャン列島が発見されたために、その後この方面にはシベリアの毛皮獣狩猟者たちの群が押し寄せた。それは無統制な毛皮獣の乱獲時代であり、その結果現地のアレウート人たちはロシア人に隷属して使役され、毛皮獣も近くの島々から次第に獲り尽くされ始めた。ロシア人たちは新たな狩猟地を求めてさらに遠くの島々へ進出したが、その過程で資本の小さな企業は次第に淘汰され、一八世紀末にはシェリホフとレーベジェフ＝ラストチキンその他二、三の商社による激烈な競争が展開された。かつて安永年間(一七七二～八一)にイルクーツク総督ブリーリの意向によって日本との交易樹立のために協力したこともある両者は、いまや最大の競争相手となり、一七九〇年代にはアラスカやアメリカ北西岸において武力衝突さえ起こったのである。

グレゴリー・シェリホフは、もともと同郷のルイリスク出身のイルクーツク商人イワン・ゴリコフ商会の手代となり、やがて妻ナターリヤの持参金を資本にして独立し、アリューシャン列島の毛皮獣狩猟に投資してその方面の有力な資本家にのし上がったのであった(一七七六～九七年には狩猟船三一隻のうち一四隻に投資していたといわれる)。シェリホフの名をもっとも高め、彼のアラスカ方面における地位を不動のものにしたのは、ゴリコフと合同してシェリホフ＝ゴリコフ会社を創り、一七八三年には自ら妻を伴ってアリューシャン列島の毛皮獣狩猟の調査に赴き、翌年にはアメリカ沿岸のカジャック島を征服して初めてアメリカ沿岸におけるロシア領土を獲得するとともに、この地に植民地を造ったことである。彼はそのことによって「ロシアのコロンブス」の名声を勝ち得た。

シェリホフはカジャック島において先住民の激しい抵抗に出会ったが、その鎮圧ののちは先住民に対して公平な交易と教化政策をもって融和策をとり、ロシア人の地位の強化に努めた。一七八七年イルクーツクに帰ったシェリホフは、アリューシャン、アメリカ方面におけるロシア人商社の激烈な競争と毛皮獣の乱獲が資源の枯渇をもたらすとともに先住民に対する虐待を招いて、ロシアにとって不利になっていることを理由に、この地域のシェリホフ＝ゴリコフ会社による独占権をエカテリーナ二世に訴えた。しかし独占を嫌うエカテリーナ二世の意向によって、この会社の独占権は現在会社が占拠しているカジャック島周辺についてのみ認められただけであった。そのためシェリホフは名目的な別会社「北東アメリカ会社」を創って支配人バラノフのもとでアラスカ半島やケナイ地方の開発を進めたが、そこではレーベジェフ＝ラストチキンの会社との衝突も起こったのである。

シェリホフが恐れたのはロシア商社間の競争のみではなかった。すでに一七七八年には有名なジェイムズ・クックのイギリス探検隊がアメリカ北西岸を探索してこの地の豊富な毛皮獣の生息を知り、その後一七八五年からはイギリス船がこの地方に現れて先住民との交易を始め、一七八八年からはボストンやニューヨークのアメリカ船もこれに加わった。さらにはロシア船や英米船のアメリカ北西岸到来を警戒していたメキシコのスペイン人たちも、カリフォルニアにおける領土拡大(ロスアンジェルスからサンフランシスコまで)に努めるとともに、北方に探検隊を派遣してすでにヌートカ(ヴァンクーバー島西岸)ではイギリス人との間で武力衝突さえ起こっていたのである(スペイン人は、コロンブスのアメリカ大陸発見によってアメリカ北部に対する権利も意識していたようである)。このような状況はシェリホフをしてますます政府の強力な支援による独占会社の必要を痛感させたが、エカテリーナ二世の独占反対と敵対的な商社の反対運動のため、なおしばらくはその実現を阻まれていた。

ところでシェリホフの北アメリカ経営の構想は、この地にロシア植民の定住地を作ってそこをロシアの新領土とし、毛皮資源の確保を図ることであったが、その際に問題となったのは、毛皮の販路および食料・資材・日用品さらには先住民との交易品などの植民地への供給の問題であった。毛皮の販路についてみれば、北太平洋・北西アメリカ地域で獲得された毛皮はオホーツク、イルクーツクを経由して二年がかりでキャフタに運ばれ中国へ輸出されていたが、このキャフタ交易は中国側の一方的な意向で中断されることがしばしばであった(例えば一七七八〜八〇年、一七八五〜九四年?)。しかも英米船のアメリカ北西岸から広東への直接の毛皮輸送は、中国における毛皮の価格を著しく下げたのである。それゆえシェリホフは中国・日本・フィリッピン・バタヴィアとの海路による貿易を計画し、あるいはイルクーツクからアムール河経由による交通路の探検を請願したが、いずれも政府の認めるところとはならなかった。

さらにロシアのアメリカ植民地にとって食料・資材・日用品などの供給は、もっとも深刻な問題であった。それはシベリアの太平洋沿岸でさえ同様で、物品の価格はロシア本国に比べて著しく高騰していた。例えば欧露では一プード(約一六キログラム)の麦粉が半ルーブルのときに、オホーツクでは安いときでも八ルーブルもしたという。船舶の資材や鉄材などはとくに高価であった。シェリホフがラクスマン使節の派遣のときこれに積極的に参加して、商社員を同行させ商品見本を送ったのは、彼がアメリカ植民地の維持のために日本との交易に大きな期待をかけていたからであった。ラクスマンが幕府から得たロシア船の長崎入港許可の「信牌」は、ロシア人に日本との交易開始の期待を抱かせたので、シェリホフも長崎貿易への参加を申し出るとともに、自らはいち早く千島のウルップ島への植民を企てたのであった。このようにして彼はカジャック島のほかウルップ島へも流刑移民と農民十数家族を移すことについて政府の許可を求めていたが、イルクーツク総督ピーリの許可が下りたのは一七九四年五月のことであった。ウルップ植民の目的は、この島に農業を起こして定住の植民地とし、先住民のアイヌを介して日本人と友好を図り、対日貿易の足がかりとすることであった。

前述のように一七九五年にはイルクーツクの小商人ワシリー・ズヴェズダチェトフを指導者とする四〇人のロシア人が、官船「アレクセイ号」でウルップ島のワニナウに上陸して「アレクサンドラ移住地」を開設し、狩猟・漁猟のほか農耕に着手した。彼らはライ麦・小麦・裸麦・エンドウ・亜麻などの播種を試みたが、しかし穀物は穂を付けたものの実は結ばず、エンドウはさやが薄く実は付かなかったが、亜麻だけはかなり良いできであった。一七九七年には一四人の植民者がカムチャツカへ救援を求めるために赴いたものの、その後も救援は届かず(シェリホフはすでに死亡していた)、彼らは食料に窮してエトロフ・クナシリ・アッケシなどから狩猟に訪れるアイヌたちとの交易でようやく露命をつないでいたのである。しかしそのことも前述のように、享和三年(一八〇三)以降は幕府の命令でアイヌたちの渡航が禁止されたので食料や物資の供給を絶たれて、彼らの生活は窮乏を極め、文化二年(一八〇五)には全員が引き揚げたのであった(「マキセンケレコウリッ吟味書」『休明光記遺稿』巻四所収)。

ウルップ島には一七六八年のチョールヌイ以来多数のロシア人狩猟者たちがラッコ狩猟のために到来したが、その後も定住する者はなかったので、ズヴェズダチェトフ一行の移民がこの島における最初の定住者であり、それは一〇年間も続いたのである。しかし結果的にみればそのことが幕府の東蝦夷地直轄を決定的にし、日本人のエトロフ島への着手を招いたのであった。この事業を計画したシェリホフは、ウルップ島に移民たちを送って間もなくの一七九五年六月に四六歳をもってイルクーツクで急死したが、生前彼がアリューシャン列島やアラスカ方面の狩猟の独占権を政府から得ようと努力していたことに激しい敵意をもっていた彼の競争者たちは、いまや後継者となった未亡人をあらゆる方法で政府に告発した。新皇帝パーヴェル一世(一七九六～一八〇一年)も一時はシェリホフ＝ゴリコフ会社の解散を意図していたといわれ、ロシア商社間の争いはかくて最高潮を迎えたのである。しかも他方ではアメリカ北西岸における英米船の活動も活発になり、これと対抗するためにはロシア資本の合同と国家の後援が不可欠であった。

二　露米会社の成立とレザーノフ使節の長崎来航

このときにあたり、北東アメリカ会社の危急を救い、この会社を中心に国家の意向にも添うことのできる独占的な「合同アメリカ会社」を設立するうえでもっとも功績があったのは、シェリホフの娘婿ニコライ・レザーノフであった。彼は元老院第一局(行政監査)の監事をしていたが、パーヴェル一世に働きかけて一七九八年シベリア諸商会の合同による独占会社の認可を得たのである。この会社は翌年には改組されて、商人のほか皇帝・皇族・貴族・地主らの多くが株を所有する巨大な株式会社としての「露米会社(Russo-Amerikanskaya Kompaniya)」となり、アリューシャン・アラスカ・アメリカ北西岸・千島列島にわたる領土の占有と、新領土の発見・占領、交易と狩猟の独占、武力の保持などの広大な特権をもつことになった。それはまさにオランダやイギリスの東インド会社のロシア版ともいうべきもので、それは会社の旗に隠れて北太平洋におけるロシア領土の拡大と確保という国家の目的を追求することになったのである。それが成立した一七九九年は、奇しくも日本の寛政一一年、すなわちロシアに対抗するために幕府が東蝦夷地を初めて直轄した年にあたっていた。露米会社の活動領域は当初は将来の拡大を目指していたので未定であったが、その後英米との紛争の結果一八二一年の第二次特許状の第二条において明確に定められ、アメリカ北西岸は北緯五一度以北、千島列島ではウルップ島の南端の岬（北緯四五度五〇分）までとなった。それは事実上の領土宣言にも等しいものであったが、これに対し英米両国は直ちに抗議し、交渉の結果一八二四年の露英条約によってロシア領土は北緯五四度四九分以北に制限され、それが現在では米領アラスカとカナダとの国境になっている。

露米会社が成立したとき、アメリカ植民地を維持するためには従来にも増して安定的に食料・資材・日用品・交易品をその地方に供給することが不可欠となったが、そのためには従来は欧露からシベリアさらには北太平洋を経由する困難な輸送路に頼るか、あるいはロシア植民地を訪れる英米船に依存するしかなかった。さらにその地で獲得された主要生産物の毛皮をオホーツクへ海上輸送し、そこから内陸路を経由して中国へ輸送するには二年を要する困難があった。これらのことは露米会社がその後最後まで悩まされ続けた難問であった。

このように困難な食料・資材・毛皮の輸送をロシア船の世界周航によって解決することを最初に政府に提案したのは、エストニア生まれのロシアの海軍士官クルーゼンシュテルンであった。彼は一七九三年ロシア海軍から選ばれて初めてイギリス海軍で研修した一二人の士官中の一人で、その間にイギリス軍艦に搭乗してアメリカ、インド、さらには中国の広東を訪れた。広東に滞在中（一七九八〜九九年）に彼は一〇〇トンほどのイギリスの小船がアメリカ北西岸から到来し、六万ピアストルの高額で毛皮を売却したことに驚かされたという。彼がインド、広東を訪れたのはイギリスの東洋貿易について知るためであったが、いまや彼は地の利をもつロシアこそ北アメリカ・広東貿易の主役たるべしと考えたのである。

クルーゼンシュテルンは帰国すると、一八〇二年一月、二隻の船に造船資材を積んでバルト海のクロンシュタットからアメリカ北西岸に航行し、その地で造船をするとともに船員を養成し、毛皮を広東に運んで交易し、また中国商品をヨーロッパに運んで売却するという壮大な構想を海軍大臣モルドヴィノフに上申した。一方その頃露米会社も北太平洋へ資材を運ぶ世界周航船の派遣を上申したので、これらの計画は商務大臣ルミャンツェフ伯爵により皇帝アレクサンドル一世の勅許を得て実施されることになり、クルーゼンシュテルンは二隻の船よりなる世界周航探検隊の隊長に任命された。ところがその準備中に露米会社の発案で、ラクスマン使節が幕府から得た長崎入港の許証(「信牌」)を利用して日本へ使節を派遣することが決定され、探検隊は国家と会社の合同計画に変更された。露米会社は植民地への食料供給のため日本との貿易を不可欠と考えたのである。ロシアは「信牌」を一〇年間も利用しなかったが、それは忘れられていたのではなく、一七九六年七月には後に述べる仙台漂流民を伴って日本へ商人を派遣する勅令が出されていたのである。しかし同年エカテリーナ二世が死亡し、新皇帝パーヴェル一世はポーランドの分割や革命フランスに対する反動的な同盟の結成に気を奪われ、その機会を逸したのであった。かくてパーヴェルが宮廷クーデターで暗殺され、新皇帝アレクサンドル一世即位後の一八〇二年クルーゼンシュテルンの上申に関連して、アメリカ植民地への食料・資材・日用品などの供給を日本に求めるためにラクスマンの「信牌」を利用することが討議され、日本との通商関係樹立のためにロシア皇帝の特使を派遣することになったのである。

先のラクスマン使節が日本で丁重に遇されながらも完全な成功をみなかったのは、彼がシベリアの地方長官の名代で身分が低かったことにあると考えられたので、今回は露米会社のコレスポンデント(政府側代表)を兼ねていたレザーノフが新皇帝アレクサンドル一世の特命全権大使として侍従長の資格で任命され、彼は会社からもアメリカ現地における事業視察の全権委任を受けた。このようにしてレザーノフは日本との国交のほかに、アメリカ植民地の監察という二つの役目をもつことになったのである(ルミャンツェフのレザーノフに対する訓令は、郡山良光『幕末日露関係史研究』参照)。

ロシア政府は使節の日本派遣を決定すると、ラクスマンのときの先例にならい、当時イルクーツクに生存していた一一人の日本漂流民たちのうち帰国希望者を送還することにした。これらの漂流民は仙台領石巻の若宮丸(八〇〇石積)の水主たちで、寛政五年(一七九三)一一月一六人が乗り組み、石巻から木材・米などを積んで江戸へ向かう途中暴風で外洋に漂流し、翌年五月にアリューシャン列島のアンドレアノフスキー諸島のアトカ島に漂着し、同島に滞在中のロシア人狩猟者たちに救助されたのであった。彼らの日本送還は光太夫の場合のような自らの努力によってではなくロシア政府の都合によって決定されたものであったが、帰国の際には首都に招かれてアレクサンドル一世のほか皇族・貴族たちに謁見し、帰国を希望した津太夫・儀平・佐平・太十郎の四人のみが送還されることになり、これに同じ漂流民でありながら洗礼を受けてミハイル・ステパノヴィッチ・キセリョーフと改名した善六がレザーノフの日本語通詞として同行した(『環海異聞』『北辺探事』)。

かくてレザーノフは、一八〇三年七月英国から購入した「ナデジダ号」(船長はクルーゼンシュテルン)および「ネヴァ号」(船長はリシャンスキー)の二船をもってクロンシュタットを出帆し、ロシア船最初の世界周航が始まったのである。両船は南米のホーン岬を回航し、ハワイのオアフ島からリシャンスキーの指揮する「ネヴァ号」はアメリカ北西岸のカジャック島へ向かい、レザーノフの乗船した「ナデジダ号」はカムチャツカのペトロパヴロフスクへ向かって一八〇四年七月一八日アワチャ湾に入港した。ペトロパヴロフスクでは貨物の揚陸後、航海中の指揮権について意思の疎通を欠いていたレザーノフ使節とクルーゼンシュテルン船長の係争をめぐる法廷がカムチャツカ司令官コシェレフ少将によって開かれた。それはもともと探検隊長に指名され、露米会社から年俸五八〇〇ルーブルと成功報酬一万ルーブルを約束されていたクルーゼンシュテルンが、レザーノフの使節決定により報奨金を解約されたことから、彼の命令不服従が生じていたのである。「ナデジダ号」がペトロパヴロフスクを出帆したのはその解決後の一八〇四年八月二六日で、日本の本州南岸を航行し薩摩半島を回って長崎港に到着したのは一カ月後の露暦九月二六日(文化元年九月六日)であった。

しかし当時は、幕府がロシアへの備えのために東蝦夷地を直轄していたことにもみられるように、鎖国政策とくに対露政策が強化されていた。それゆえ長崎における日本側のレザーノフに対する態度は厳しいもので、江戸から許可が届くまでは上陸も許さなかったのみか、一切の銃砲・刀剣・弾薬の引き渡しを要求し、筑前・肥前・大村の諸藩が軍船によって「ナデジダ号」を日夜監視した。レザーノフが健康を理由にようやく上陸を許された木鉢浦でも周囲を竹矢来で囲んで外部との往来を絶たれ、体のよい監禁生活であった。しかしそれは必ずしも幕府の措置というのではなく、当時の長崎奉行成瀬因幡守がとくに強硬な鎖国論者で、幕府の通商拒否を確信していたからであった。これに対し一一月八日付の老中指令は「信牌を持参したロシア船を余り厳重に取り扱うのは穏かではなく、また気受けもよくないので、警護も特別厳重でなくてよい。とくに病人などはオランダ屋敷か寺院等で養生させ、これまた厳重な警護は不要」というものであった。そのためその後は使節の宿舎が準備されたほか、「ナデジダ号」の修理のため梅ヶ崎に仮屋が建てられた。

ようやく文化二年（一八〇五）二月末になって、江戸から応接使の目付遠山金四郎（景晋）が幕府の回答をもって到着し、三月六、七日に初めてレザーノフ使節と会見し、「諭書《さとししょ》」を読み聞かせた。それは日本の鎖国について説明したもので、ロシア人の再来を禁じたものであった。また長崎奉行成瀬因幡守は「申諭《もうしさとし》」を読み上げたが、それは先にラクスマンに渡した「信牌」の意味を説いたものであった。それはもともとはなはだ意味の曖昧なものであったが、当時の老中松平定信の意向は先に述べたように、「場合によっては交易許可もやむなし」とするものであった。ロシア人はそれを「年一回のロシア船の長崎入港許可」と受け取っていたのである。しかし寛政一一年（一七九九）に始まった幕府の蝦夷地直轄、ウルップ島のロシア人に対する政策からみても明らかなように、文化元年当時の幕府の態度は寛政四年（一七九二）頃とは大きく異なり、断固たる鎖国の維持に変わっていたのである。享和元年（一八〇一）には志筑《しづき》忠雄がケンペルの『日本誌』より「鎖国論」を抄訳し、わが国では鎖国の認識が高まっていた。ロシア人はレザーノフの交渉失敗の原因を長崎のオランダ商館長ドゥーフの妨害に帰していたが(『ドゥーフ日本回想録』)、それは決定的なものではなかった。

それにしても一国の使節に対する幕府の態度はまことに非礼なものであった。そのうえレザーノフは一年以上にわたる航海中に病んでいたのに、長崎では半年間も外界から隔絶された状態に置かれたのである。彼はロシア皇帝の名代であり、日本の漂流民を送還したほか、幕府がラクスマンに与えた「信牌」を持参し、その指示に従って長崎に来航したのであった。一歩譲ってラクスマンに対する「信牌」が直ちに通商を認めるものでなかったにせよ、幕府の態度とくに長崎奉行がとった態度は一国の使節に対するものとしては厳しく批判されるべきものである。当時の日本人たちも心ある人々は同様に考えたのであった。例えばわが国における西洋画(油絵・エッチング)の元祖としても知られる蘭学者の司馬江漢は、その著『春波楼筆記』のなかで、「魯西亜の使節を半年長崎に留め、上陸をも免さず其の返答甚失敬不遜……レザノットは彼の国の王の使者なり、王は吾国の王と異ならんや……必ずや吾国の人を彼ら禽獣の如く思ふなるべし、嗚呼慨哉」と書いている。長崎の蘭通詞たちがロシア人に伝えたところによれば、ロシアとの交易に期待していた長崎の商人たちの落胆も大きかったという(レザーノフ『日本滞在日記』)。

このようにしてレザーノフは仙台領の漂流民四人を日本側に引き渡したものの、アレクサンドル一世からの国書および豪華な贈り物の受け取りも拒絶され、再来も禁じられて、なすところなく文化二年三月二〇日(露暦一八〇五年四月一八日)長崎を後にしたのであった(幕府は乗組員一同に対する贈り物として真綿二〇〇〇把、白米一〇〇俵、塩二〇〇〇俵を贈った）。その後「ナデジダ号」は日本海に入って東北地方西岸と北海道西岸を望みながら北上し、ノシャップ（野寒布）岬に上陸した後カラフト島アニワ湾のルータカに上陸し、その地の日本の漁場施設を視察した。そのとき同地に碇泊していた兵庫の柴屋長太夫の持船祥瑞丸の船頭たちと接触し、地理情報を入手したという（『休明光記附録』別巻二）。

レザーノフは本国出発にあたり、カラフト島の状況についてそれが中国もしくは日本に属しているかどうかを調査することも命じられていた。そのことに関連して「ナデジダ号」の船長だったクルーゼンシュテルンは次のように書いている。「さて、アニワの占領についていえば、之は些少の危険もなく行なわれることができる。蓋し日本人は如何なる種類の武器をも欠いているから、反抗の考へすら起こらぬに相違ない。……もし仮に日本政府が全力をもってこの地方を再び奪取せんと欲しても……十六門の大砲と六十人の兵士を乗せた二隻の小船を以ってすれば、日本の全艦隊を打ち沈めるに充分である。……このような暴力的な占領は甚だしき不正であるようにみえる。しかしサハリンに対する日本人の利権要求は、何れかのヨーロッパの国の利権要求よりも正しいといふことが云へやうか。人々のなしうるもっとも本質的な抗議は、かかる占有がサハリンの真の所有者即ちアイノ人の同意なくしては行なはれてはならないといふことであらふ」（クルーゼンシュテルン『日本紀行』）。さらに彼はイギリス人かスペイン人がサハリン島を占領する可能性のあることを述べ、そのことにもっとも適しているのはロシアであると述べている。同じような考えはレザーノフも抱いたに違いない。次節に述べる文化三、四年(一八〇六〜〇七)のロシア船によるカラフトのアニワ湾、さらにはエトロフ島・利尻島の襲撃は彼の命令によって行なわれたからである。

この節を終えるにあたり、レザーノフに伴われて帰国した津太夫・儀平・佐平・太十郎の四人の仙台漂流民のその後について一言しておきたい。彼らはアリューシャン列島に漂着してロシア人に救助され、一〇年近くもシベリアに留まり、ロシアの首都においてアレクサンドル一世に謁見するなど、伊勢漂流民たちと同様な経験をしていた。しかも彼らは日本へ帰国するにあたり、ロシア最初の世界周航船に乗船して、クロンシュタットからブラジル、南米のホーン岬を回航してマルケサス諸島、ハワイ諸島に立ち寄り、カムチャツカを経て長崎に到着するという日本人としては最初の世界一周を経験していたのである(加藤九祚『初めて世界一周した日本人』)。長崎到着後、長崎奉行は彼らの引き渡しをレザーノフに求めたが、レザーノフは彼らを江戸で引き渡したいとして二度にわたりこれを拒絶した。この間に太十郎の自殺未遂が起こっている。結局彼らはレザーノフ出帆の前日に日本側に引き渡され、長崎奉行の査問を経て仙台藩に引き渡された。

仙台藩では江戸屋敷において、藩医にして蘭学者として有名な大槻玄沢が彼らから一〇年間にわたる経験やロシア事情、世界周航について問いただし、またそれを蘭書で裏付けしたり、あるいは大黒屋光太夫に照会しながら文化四年に『環海異聞』全一六巻を編纂した。仙台漂流民たちは光太夫と比べると無学な者たちで、記憶も不確かであり、玄沢の苦労は大変なものであったが、光太夫の協力のお陰で彼らの記憶を呼び起こし、すこぶる内容豊富なものとなっている。さらに画をよくする門人に彼らのいうところを絵に描かせて、かつ問いかつ訂して数十枚の絵を添えており、数ある江戸時代の漂流記のなかでもっとも著名なものの一つとなっている。ドイツの日本学者マルチン・ラミングは本書について「同時代のヨーロッパにおける多くの日本関係の諸著作と比べても決して遜色がない」と評している（Ramming, Reisen schiffbrüchiger Japaner im XVIII. Jahrhundert〔一八世紀における漂流日本人の旅〕）。その後大槻玄沢は『環海異聞』に漏れた事柄、すなわち漂流民護送の由来、残留者のこと、ロシアのキリスト教などについて『北辺探事』という本を書いて藩主に提出している。

三　露米会社船の日本北辺襲撃

カラフトのルータカに寄港したのち、レザーノフは岳父のシェリホフが植民者たちを送っていたウルップ島の状況を視察するために、その島に向かうことをクルーゼンシュテルンに命じたが、後者はその周辺の海図がなく水深の不明であることを理由にそれを拒絶した。そこにはクルーゼンシュテルンのレザーノフに対する敵意もみられるが、前者の関心は当時の世界地図のなかでもっとも不明であったサハリン沿岸の測量にあったようである。

一八〇五年五月末、カムチャツカのペトロパヴロフスクで「ナデジダ号」を下船したレザーノフはいよいよ北米のロシア植民地を視察することにし、六月一二日露米会社船「マリア・マグダレーナ」で同港を出帆した。そのときは医師のラングスドルフがレザーノフの依頼で同行し、また露米会社に再雇用されて再び任地へ向かう海軍士官のフヴォストフとダヴイドフが一行に加わった。これらの士官たちはやがて起こる日本北辺襲撃の立役者となる人々である。

この当時の北米沿岸におけるロシア植民地の状況をみると、一七八三年にシェリホフがカジャック島を占領して以来この島の支配人となっていたバラノフは、周辺海域のラッコ数の減少のためアレウート人の皮舟隊をアメリカ沿岸に沿って南下させつつあった。一七九九年の露米会社成立後バラノフは露領アメリカの総支配人に任命され、以後彼は二五年間にわたりこの地方で「アメリカの帝王」と呼ばれるほどの実権を振うのである。すなわち彼は一七九九年七月には早くもアメリカ北西岸のシトカ島(現在のバラノフ島)の占領に着手してそこに植民地を造った。この島にはすでに一〇年も前から英米船が年に六〜一〇回も到来しており、先住民のトリンジット・インディアン(コロシ族)との交易で一〇万枚の毛皮を搬出していたという。バラノフはこの島の占領について、ロシア人(ベーリング探検隊のこと)が発見した土地に外国人が定住するのを妨げるためであったと述べているが、彼はこの島をロシア植民地のアメリカ西岸南方への拡大のための前進基地とするつもりであった。しかし一八〇〇年四月バラノフが二〇人の守備隊を残してカジャック島に帰ったのち、一八〇二年にはこの守備隊はコロシ族のために全滅させられたのである。バラノフがこの島を回復したのは、一八〇四年一〇月八日ハワイでレザーノフと別れてカジャック島に到来したリシャンスキーの率いる「ネヴァ号」の助力を得たことによるものであった。それはレザーノフが長崎に到着して間もない頃であった。それゆえレザーノフがカジャック島に到来したとき、バラノフはシトカ島に将来の露領アメリカ植民地の本拠地となるノヴォ・アルハンゲリスク要塞(今日のシトカ)を建設中であった。

レザーノフがアメリカ植民地の状況を視察して驚いたのは、先住民の反抗ばかりでなく、カジャック島でもシトカ島でも食料(とくに穀物)が極度に不足して飢餓の恐れさえあったことである。幸いこのときボストンからアメリカ船ジュノー号が多量の食料を積んで到着したので、現地の総支配人バラノフは船長ジョン・デ・ウルフと交渉して、積荷のほか船そのものを六万八〇〇〇ピアストルで購入した。レザーノフはすでに日本北辺の襲撃のためにバラノフに二隻の船の建造を命じていたからである。さらにレザーノフは露領アメリカ植民地への食料供給について、スペイン領カリフォルニアの当局と協定を結ぶことを意図してサンフランシスコへ向かった。スペイン領植民地は当時外国船との交易を禁止されていたが、レザーノフの世界周航については本国から協力を命じられていたので、レザーノフは大きな歓迎を受けた。しかし食料供給の協定についてはまとまらず、特例として今回限りの食料購入を認められただけであった。

レザーノフはすでにカムチャツカから北米植民地に赴く途中、アリューシャン列島のウナラスカ島からアレクサンドル一世に日本遠征の許可を求める上奏文を送っていた。彼は日本に交易を認めさせるには武力による強制しかないと考え、また長崎における日本側の無礼を懲罰する目的もあったであろう。彼は宗谷やカラフトのアニワ湾の日本漁場を視察していたので、この地方における豊かな漁業および海運に打撃を与えることによって日本人に交易を強制できると思っていた。日本人の武力についての評価は、すでにクルーゼンシュテルンによって示されていたところである。さらにレザーノフもクルーゼンシュテルンと同様に、カラフトを占領してこれをロシア領土とすることを上申していた。そのほかカラフト島で捕らえた日本人(とくに職人たち)を露領アメリカに移住させることを考えており、そのために僧侶と仏具を伴うことさえ考慮していた(アメリカの歴史家H・バンクロフトによれば、バラノフ島近くの小島「ジャパニーズ・アイランド」の島名はそのとき予定されていた日本人移民地の名残りであるという)。このことをみれば、レザーノフはカラフトを奪ったうえに日本に通商を強制するという強硬な意図をもっていたのである。

レザーノフは日本遠征のために二隻の船をあてることにし、その指揮官には露米会社雇いの海軍士官フヴォストフとダヴイドフを任命した。彼らは再度の露米会社雇用のために本国からカムチャツカに到着していたもので、そこからレザーノフとともにマリア・マグダレーナ号でアメリカ植民地に赴任した人々であった。二隻の船というのは、バラノフがアメリカ人ウルフから購入した「ユノナ(ジュノー)号」とシトカ島で新造された「アヴォシ号」であったが、乗組員としては七十余人の狩猟者たちがあてられた。一八〇五年七月レザーノフが二人の士官に与えた命令の内容は、①サハリン島のアニワ湾の日本植民地を襲撃し、その地の施設を破壊して物資を奪うこと、②アイヌたちは親切に取り扱い、メダルを与えてロシア臣民とすること、③日本船を発見したらこれを捕獲し、捕虜たちをアメリカ植民地へ移すこと、などであった(Tikhmenev, A history of the Russian-American

Company〔露米会社史〕)。

一八〇六年七月二八日、レザーノフは二隻の船を率いてシトカ島を出帆したが、八月七日自らはフヴォストフ指揮の「ユノナ号」でオホーツクへ急ぎ、ダヴイドフの「アヴォシ号」には千島のウルップ島に立寄ったのち(シェリホフが派遣した植民団の消息を知るためであろう)、カラフト島のアニワ湾に先行することを命じた。「ユノナ号」はオホーツクでレザーノフを下船させたのち、アニワ湾で「アヴォシ号」と合流して計画に着手することにしたのである。そのときレザーノフがこの遠征を会社以外には秘密にすることを命じたのは、未だ皇帝の勅許もないこのような企てをオホーツクやカムチャツカの地方当局に知られることを恐れたからであろう。

ところが、九月一五日レザーノフは「ユノナ号」でオホーツクに到着したとき、先にフヴォストフに与えた指令を回収し(日本襲撃の勅許がまだ同地に届いていなかったためであろう)、新たに書き改めた次のような指令を出帆間近かの「ユノナ号」に送った。すなわち「ユノナ号のマストには損傷があるほか、季節も遅くなったのでアニワ湾の漁業も終わっていると思われ、所期の目的(日本船の捕獲)は達せられないので、いまはシトカ島の防衛のためアメリカへ急ぐ必要がある。ただ風順がよく時を失わないでアニワに寄港できるなら、アイヌたちにメダルを与えて彼らを手懐けるよう努めよ。そして日本植民地の状況を視察せよ。任務の成功は貴下に名誉を与えるが、いまはアメリカへ帰ることが主たる任務である」。この新たな指令はアニワ湾の襲撃を主目的からはずし、その中止を命じたように思われたので、フヴォストフはその真意を問いただすべく急ぎオホーツク港に上陸したが、レザーノフはすでに首都へ向け出発した後であった。

しかしフヴォストフはこれを日本襲撃の中止命令とは考えず、単なる延期とみなし、それなら今秋中に実行した方がよいとし、また先発の「アヴォシ号」のことも気がかりとして、最初の予定通りアニワ湾に向かうことにした。かくて一八〇六年一〇月二二日(文化三年九月一一日)、彼はアニワ湾のオフィトマリ沖に達し、「アヴォシ号」と再会しないまま日本漁場の中心地クシュンコタンに上陸し、同地に残留していた源七・福松・富五郎・西蔵の四人の越年番人たちを捕虜にしたのち、運上屋・倉庫など一一棟を焼き払い、米六〇〇俵、酒その他の雑貨、器物を捕獲した。さらにアイヌの長老たちにロシア帰属の証しとしてメダルと証明書を与え、また弁天社の鳥居にロシア領土を宣言する銅板を打ち付け、「今後到来の外国船はこれらの長老をロシア国籍の者として扱うよう求める」領土宣言ともいうべき書簡を残した。これらの銅板や書簡は、ゴロヴニーン捕囚後に上原熊次郎によって日本語に解読された(『通航一覧』巻七)。

フヴォストフが遠征からカムチャツカのペトロパヴロフスクに帰着したとき、そこにダヴイドフの「アヴォシ号」を認めた。ダヴイドフは、アリューシャン列島から先発したものの千島列島の濃霧に悩まされてウルップ島には上陸もできず、また病人が続出したためアニワ湾には赴かなかったと述べているが、彼はもともとこの遠征には賛成ではなかったのである(Davydov, Two Voyages to Russian America, 1802-1807(露領アメリカへの二回の航海))。そのためかフヴォストフはすでにレザーノフの指令を達成していたにもかかわらず、翌年も日本北辺の襲撃を続行することにした。多くの一次史料に基づいて『露米会社史』を書いたチフメニョーフは二回目の襲撃がバラノフの指令によったものというが、それは遠隔地間の連絡状況からみて疑わしく、おそらくはフヴォストフ自身が、レザーノフの指令を越えて日本の北方植民地を徹底的に破壊することを軍人としての名誉だと考えたのであろう。彼はその戦績からもわかるように恐れを知らぬ勇敢な軍人であった。

翌一八〇七年五月一一日、フヴォストフとダヴイドフはペトロパヴロフスクを出帆して今度は南千島のエトロフ島に向かい、六月一日(文化四年四月二三日)西岸のナイボに上陸した。そこでは漁場の番人小頭五郎治ら五人を捕虜としたほか、米・塩などを奪い倉庫や番屋を焼き払ったのち、本拠地のシャナに向かった。同地には南部・津軽両藩の藩兵二三〇人が常駐していたが、この地の責任者であった幕府の松前奉行支配調役の菊池惣内は、前年七月カムチャツカからこの島へ独力で帰着した南部牛滝村の継右衛門一行六人の漂流民を伴い、吟味のため箱館へ出張中であった。そのため次席の戸田又太夫と関屋茂八郎が両藩兵を指揮してロシア船を迎え撃ったが、その結果は無惨であった。太平の夢に慣れた日本の武士たちはろくろく戦うこともなく武器を捨てて敗走したのである。それは戸田又太夫の指揮官としての無能、大砲・小銃の劣悪さと弾薬不足にもよるものであったろうが、戸田は敗走の途中責を負って自害した。医師の久保田見達は、当時測量のためこの島に滞在していた間宮林蔵が切歯扼腕して一同に踏み止まるよう訴えたことを証言している(『北地日記』)。南部藩の砲術師大村治五平は何ら大砲を打つこともなく逃げ隠れてロシア人の捕虜となった。このようにしてロシア側はこの地に貯えられていた莫大な食料・武器・財貨を船積みし、残りは建物もろとも焼き払ったのである。

「ユノナ号」と「アヴォシ号」は次いでウルップ島のロシア人植民地跡を調査したのち再びカラフト島のアニワ湾に向かい、オフィトマリやルータカの施設を焼き払い、さらには北海道の礼文島や利尻島の沖で商船二隻・松前藩船・幕府御用船の四隻を捕獲して焼却した。官船万春丸は江戸から武器を輸送してきたのである。これらの船の乗組員たちは早々に船を捨てて逃げ去ったので、ロシア人たちは利尻島に上陸して彼らを探索したという(レザーノフの指令に従ってアメリカに連れ帰るためであろう)。このように所期の目的以上の成功を収めたロシア人たちは、日本人捕虜一〇人(エトロフ島で捕らえた六人および前年カラフト島のクシュンコタンで捕らえてカムチャツカに連れ帰った四人)のうち五郎治と佐兵衛を除く南部藩士大村治五平ら八人に二通の手紙(一通は表裏に露文・和文、一通は仏文)をもたせて、利尻島沖合で釈放した。そのうち和文はカムチャツカで越年中にいくらかロシア語を覚えた源七に書かせたもの、仏文はのちに長崎のオランダ商館長ドゥーフが蘭文に翻訳した。露文が日本語に翻訳されたのはゴロヴニーン抑留中に彼にロシア語を学んだ村上貞助による。またダヴイドフはカムチャツカで越年中にカラフト番人の源七・福松らからカラフト・アイヌ語二一〇〇語を聴取してロシア語・ドイツ語との対訳の『サハリン語辞典』を編纂している。その草稿がサルトゥイコフ・シチェドリン図書館に残されており、北大附属図書館北方資料室にはその複写本がある(北大附属図書館編『日本北辺関係旧記目録』参照)。それはのちにドブロトヴォルスキーのロシア最初の『アイヌ語辞典』のなかで利用されている。

前記の手紙は、ロシア使節に対する幕府の侮辱的な通商拒否のほか、「本来ロシア領土である」クリール諸島やサハリン島における日本人の生産活動を今回の襲撃の理由とし、日本政府がロシアとの通商を承認することを要求し、もし日本側の頑迷が続けばさらに領土を失うことになると警告していた。この書簡に対する回答は来春サハリン、ウルップ、エトロフのいずれかの島で受け取ることが源七に伝えられた。そのときの回答の合図としては、通商の承認のときは上白・中青・下紅の旗（ロシアの商船旗）、拒否のときは白地に黒の×印（ロシアの海軍旗のアンドレーエフスキー旗）を掲げるよう要求していた。

文化三年（一八〇六）秋のカラフト事件の報が松前に伝えられたのは、ようやく翌年四月三日のことであった（冬季はカラフト島との連絡は中絶していた）。次いで五月一八日には同四年春のエトロフ島事件の第一報が箱館に届いたが、それは情報が少なかったことから誇大に噂され、日本中を震撼させることになった。とくにエトロフの事件が箱館に伝えられて間もなくに異国の大船が松前や箱館の岸近く出現したことは、この騒ぎをいっそう大きくした。この船はボストンのアメリカ船「エクリプス号」で、船長のオケインは露米会社の本拠地シトカ島でバラノフと交易をしたのち、彼から露米会社の毛皮を広東で売却することを請け負い、その帰りに交易の交渉をするつもりで長崎に寄港したが拒絶されてカムチャツカへ向かう途中に、津軽海峡を通過したのである。* この船のお陰で津軽海峡の交通が途絶したので、本州では蝦夷島の周辺を数百隻のロシア船が包囲したという噂が広まり、蝦夷地はロシアに占領されて奉行羽太正養も捕虜となったとのデマも飛び交い、江戸では鎧・兜などの古い具足が飛ぶように売れたという。幕末のペリー来航のときの騒ぎはすでにこのときにも見られたのである。「蝦夷の浦に打ち出でてみればうろたへの　不時のさはぎに武器はふり捨て」(浜辺赤人)、「からふとをなつけにけらしおろしや船　米をほしさに仇はかくやと」(自由船頭)などのように、世相を風刺した古歌のパロディが流布したのも同様であった。

＊この船はカムチャツカ寄航後アリューシャン列島で沈没し、オケインも死亡したという(Campbell, A Voyage round the world, from 1806 to 1812)。

一方、箱館奉行羽太正養はカラフト、エトロフの事件の報知を受け取ると直ちにそれを幕府に報告するとともに、南部・津軽両藩には増兵を、秋田・庄内藩にも派兵を命じ総勢三〇〇〇人の兵力が箱館に到着した。次いで文化四年(一八〇七)六月には若年寄堀田正敦、大目付中川忠英、目付遠山景晋らの幕府の高官が蝦夷地に出張したほか、翌五年になると南部・津軽両藩の各二五〇人を残し、新たに仙台藩兵二〇〇〇人が箱館、クナシリ、エトロフを守り、会津藩士一六〇〇人が福山(松前)、宗谷、利尻、カラフトに展開した。

ところで、ロシア船の襲撃をまだ知らなかった文化四年三月に、幕府は北海道全域およびカラフト島の直轄と松前藩の奥州梁川への移封を決定していた。北辺における事件の報知はこの引き継ぎの最中に伝えられたのである。それゆえ同年四月在府の箱館奉行戸川安論は前年秋のロシア船のカラフト襲撃の報を受けてカラフト警備を上申したが、これに対し幕閣は「カラフトは非常の際に手当が行き届かないので、警備は宗谷で留めた方がよい。万一異国人と争ってこのうえ手違いがあっては、外国から軽蔑を受ける」と述べ、カラフト島の放棄さえ指示していた（『休明光記附録一件物』巻二）。さらに同年五月エトロフ島襲撃の報が届くと、幕府は「エトロフ島は近年手に入れた場所であるから、ロシア人が横領してもこれを取り戻そうと張り合うのはよくない。蝦夷地の内を大切に相抱え、はやり過ぎて手違いがあってはならない」とエトロフ島の放棄さえ指示していた（『休明光記附録別巻』巻四）。エトロフ島で敗北したいまとなっては、幕府もそれを固有の領土とはみなさず、北海道のみを確保しようとしたのである。

その頃はまだロシア船がなにゆえ襲来したかについて幕府ではわかっていなかったが、間もなくフヴォストフが利尻島沖で釈放した八人の捕虜にもたせたたどたどしい和文の書簡から彼らのおおよその目的が明らかになると、評議の結果同年一二月になってようやく次のようなロシア船の打払い令が出された。「向後何れの浦方にてもおろしあ船と見請候はば厳重に打払い、近付候においては召捕り又は打捨て候事」。このように幕府は一時はカラフトやエトロフ島の放棄に傾き、その後ロシア船の打払いを決定したが、一方ではロシア側はあえて蝦夷地を奪うつもりはなく交易を望んだためであろうと推測し、事態の平和的解決を望んでいた。文化四年（一八〇七）一二月に幕府が使番小菅猪右衛門、村上監物、小姓組番士山岡伝十郎、書院番士夏目長右衛門らに蝦夷地御用を命じ、それぞれ箱館・江差のほかカラフト・エトロフに出張させたのは、翌年回答を求めて到来するフヴォストフとの接触を予期したからであった。それゆえ松前奉行（文化四年奉行所は箱館から松前に移転）もカラフト・エトロフを警備する会津・仙台の両藩に対し、「異国船より不法の働き致し候はば打払い申す儀に候得ども、異国より仕向けにより対談に及び候間、その趣心得られ候事」と通達している(『通航一覧』)。

新たに松前奉行になった河尻春之と荒尾成章は、文化五年二月対露措置についての幕府の諮問に対して次のように答申した。①去年、去々年の乱暴のことは謝罪させ、また当方の不行き届きのことも率直に述べて交易を許す。②国境は東をエトロフ島に限るが、カラフトについてはロシア人はサハリンと称し自国領土のように述べているが、山丹、満州との境界を立てる積りをもって調査のうえ改めて答申したい。③交易のことは今年願い出れば来年は挨拶位にとどめ、再来年から始めたい。④ただ交易を始めても、ロシアはオランダとは違って隣接国のゆえ、事態の変化があったときはこれに対応するため武備が必要で、そのためには一〇〇〇石積の船一〇艘位を造っておき、いざとなればエトロフ以北の島々からカムチャツカまでも攻略する心構えが必要である(『休明光記遺稿』巻八)。

これに対し幕閣では、松前奉行らの意見があまりに和議と交易に片寄っていて、武威を示すようには聞こえないと批判したので、河尻と荒尾は翌三月再び意見書を提出し、①長崎で示した国法は違背するわけにはゆかないが、彼の国の辺土と松前付近の交易くらいは軽いこととして許した方がよいと思う、②ロシアが謝罪するとすればそれは交易を願うからであって、辺土の交易も許さないとすれば彼らは謝罪はしないであろうし、当方から返事を渡す必要もない。このように述べて、彼らは「彼の国の重役人の書面のほかに、謝罪の証しとして去年奪い取った武器類の返却」を交易許可の条件とした。

さらに幕閣が主張するように武威を示して打払いを主張するのは格好はよいが、それは人命に関わり国力が続くかどうかを考えねばならない。今年の仙台・会津両藩は合計八〇万石余の大名たちでありながら、わずかに三〇〇〇人余の兵を出すのさえ困難を感じており、南部・津軽両藩は幕府から借金をしているほどである。まして蝦夷地周辺を堅固に警備するには数万人でも十分ではない。さらに事が起こった場合には、警備の兵も生きて帰る者は少々にすぎないであろう。「矢玉に当たり、風波に没し、または水上に傷つけられ……死亡仕り候もの幾許これあるべきや。それ国々の民、課役人夫に疲れ、辛苦を受け、その責めに堪えずして、家を離れ、妻子を捨て、路頭に倒れ候もの、宿継ぎ助郷にいたるまで困窮いたし候は際限もない」のであるから、この際には「彼の非は責めても、我に非あるところもこれを改めるべきである」。このように述べて、松前奉行たちは極力平和的にロシアと話し合い、交易も許可することを説いたのであった（『休明光記遺稿』巻八）。

以上のように松前奉行たちの意見書は蝦夷地警備の困難さと東北諸藩の困窮を述べていたが、実際には彼らはまだその頃には北地の宗谷や斜里、さらにはエトロフ島において越冬中の守備兵たちが壊血病（浮腫病）のため次々に倒れている実状は知らなかったのである。すでに津軽・南部両藩の蝦夷地奥地の警備が始まった文化初年（一八〇四）以来、冬季には壊血病による死亡が発生していたが、とくに文化四年（一八〇七）にはエトロフ事件の報が届くと、幕府は直ちに東北諸藩に派兵の増加を命じ、諸藩士たちは身支度も不十分のまま早々に国元を出立した。なかでもオホーツク海沿岸の斜里に派遣させられた津軽藩士たちの場合は、冬季から早春にかけては流氷のため海も凍り、アイヌたちでさえ南方に移り住むこの地で、防寒の用意もなく布団でさえ不足であった。食料も米・味噌・塩・漬物にすぎず、野菜はおろか鮮魚でさえ秋から春までの七カ月は摂取できなかった。その結果この地では一一月中旬頃から詰合人数の大半が浮腫病にかかり、春先までのうちに一〇二人のうち七二人が死亡したのである。生き残った斎藤勝利という津軽藩士は、そのときの悲惨な越冬の模様を克明に記した手記を残している(『松前詰合日記』)。

津軽藩は宗谷でも多くの犠牲者を出しており(『宗谷詰合山崎半蔵日誌』)、この年だけで津軽・南部両藩の蝦夷地における死亡者は一一九人であった(文化二〜七年の蝦夷地における諸藩士たちの死亡者は二四七人)。当時「浮腫病」あるいは「水腫病」と呼ばれていたこの病気はビタミンCの不足から生じた壊血病のことで、日本では未知の病であったので寒冷地に特有の風土病と考えられていた。顔がむくんで歯茎から出血するとともに、脚部から浮腫が始まって次第に上部に広がるにつれて死亡するのである。山崎半蔵は「幕吏から浮腫の養生として生大根二〇本を贈られたが、これは著しく効果があり、朝鮮人参の如く貴んだ」と書いている。文化五年(一八〇八)に津軽藩に代わった会津藩も、その冬に蝦夷地で五十余人の死亡者を出している。以上のことをフヴォストフの襲撃の際に、ただ一人の日本人も戦闘では殺されなかったことと比較すれば、驚くべきことであろう。

東北諸藩はこのような人命の犠牲ばかりでなく、藩財政に莫大な支出を強いられ、そのため領民たちはさらに大きな負担に苦しんだのである。そのことは幕末における北辺警備の場合も全く同様であった。ともあれ、このようなわけで蝦夷地においてロシアに交易を条件付きで認めるという河尻・荒尾両奉行の意見は、ついに幕閣によって承認され、来年到来予定のロシア船への返書が決定されて蝦夷地の各所に送られた。それはロシア人の捕虜になっているエトロフ番人の五郎治や佐兵衛が読めるようにと、次に示すように幕府の文書としては異例にくだけた平易な文章で書かれていた。「……去年より狼藉いたし候上、交易の事を申越され、聞入れなき時には船々を沢山につかわされ、又々狼藉いたし申すべしと、失礼無法の事を申掛る国*とは通商の儀は相ならず候。その国より船を沢山に遣はし候時には、此方にても要害を固めいくさ致すべし。若し又通商いたしたくば、是迄の事をさっぱりと改めて、悪心のないしるしに、日本人を残らず返したるその上にて交易の事を願ひ申すべく候。然らば、伺の上にて来年六月カラフト島にて有無のあいさつに及び申すべく候」(『休明光記遺稿』)。

＊フヴォストフの書簡には「キカナイトキハ、キタノチトリアゲモヲスベクソロ、……マタマタフネフネタクサンニツカワシ、コノコトクニエタシモヲスベクソロ」と記されていた。これはフヴォストフがその地に残されていた仙台漂流民善六編纂の「露日語彙集」を用いて、カラフト番人の源七に書かせたものと思われる。

それゆえ、もしフヴォストフが彼の書簡のように翌年も実際にカラフトあるいは南千島に現れていたならば、日露の交易が蝦夷地で始まることも可能であった。そしてそのことが実現していたら、日本の鎖国はペリーの来航より四〇年も早く部分的ながら破られていたかもしれない。しかしフヴォストフがレザーノフから受けていた命令は、日本北辺の破壊と捕虜を露領アメリカへ移すことであって、日本との交渉はその任ではなかったし、露米会社も二隻の船を三年間も自由にしておくゆとりはなかった。しかもこの計画を立てたレザーノフはそのことをシベリアの地方当局には秘密にすることを命じており、日本との交渉に期待することなく帰国したのであった。そしてその途中シベリアのクラスノヤルスクで事故のため死亡していたのである。

一方、フヴォストフとダヴイドフはオホーツクに帰着したとき、遠征の噂を聞きつけたその地の長官ブハーリンに遠征に関する詳細な報告の提出を求められたが、それを拒否したために投獄され、膨大な戦利品の積荷も没収された。ブハーリンはこの件について、フヴォストフらの勝手な行動がロシアに重大な危機をもたらすことを懸念した報告をアレクサンドル一世、海軍大臣チチャゴーフ、東シベリア総督ペーステリに上申した。彼によれば、日本が報復のため大船隊を有するオランダやフランスに援助を求めてオホーツクやカムチャツカ、さらには露領アメリカを攻撃する場合には、太平洋にわずか三隻の軍艦しかもたないロシアは、それに対抗しえないというものであった。その後フヴォストフらは彼らに好意をもつ衛兵を買収して脱獄し、ヤクーツクからイルクーツクの文官知事トレスキンにブハーリンの不法を訴え、トレスキンの命令でイルクーツクに移った。次いで政府の命令で一八〇八年五月ペテルブルグに到着したが、彼らの審理はオホーツクからブハーリンの作成した証拠書類が届くまで延期された。その間にフヴォストフとダヴイドフは、スウェーデンとの戦争に参加して抜群の功績を立てたという(Davydov, Two Voyages to Russian America, 1802-1807 中のシーシコフの序文参照）。その結果フィンランド方面軍司令官と海軍司令官からそれぞれ叙勲の申請がなされたが、一方海軍省は彼らの日本襲撃事件を審理して有罪を上申した。それゆえアレクサンドル一世はそれらを勘案して、彼らに勲章を与えないことをもって有罪と帳消しにしたといわれる。

フヴォストフとダヴイドフは一八〇九年九月フィンランド戦線から帰還してシーシコフ海軍中将の邸に寄宿していたが、アメリカ北西岸から到来していた旧知のアメリカ人ジョン・デ・ウルフ（「ユノナ号」の旧所有者）が近くアメリカへ帰国することになり、一〇月四日レザーノフの侍医ラングスドルフ教授のもとで開かれた別離の宴に参加して、夜半まで飲酒歓談した。その帰路ワシリエフスキー島からネヴァ河の開閉橋イサコフスキー橋を渡ろうとしたが、橋が開いていたのではしけに移ろうとして二人とも転落し水死したという。ウルフもラングスドルフも、これらの若い（三三歳と二五歳）二人の海軍士官のことを口を極めて賞賛し、その死を悼んでいる。とくに若いダヴイドフは露領アメリカについてのすぐれた論文を書いており（先住民に対するロシア人の虐待を批判）、また前出のカラフト・アイヌ語の辞典『サハリン語辞典』を編纂するなど、惜しむべき人物であった。彼は一八〇七年一〇月一八日付の露米会社理事会宛の書簡のなかで、日本襲撃は彼の本意ではなかったことを述べているが、それは事実であったろう（Tikhmenev, A History of the Russian-Amerian Company, vol. 2 [Documents]）。

ロシア政府はフヴォストフらを処罰しなかったことによって、結果的にみれば日本襲撃を容認したことになるが、そのことは露米会社が政府の承認を得てオホーツクに残されていた戦利品を取り戻し、その一部(大砲・火縄銃など)を帝室博物館に寄贈したことにも現れている。それどころか、露米会社の本社はレザーノフと同様カラフト島の領有を意図し、その地で日本人と交易を行なうことを考えており、この島の南端に会社の植民地を造ることを申し出て、一八〇八年八月九日付でアレクサンドル一世の許可を得たのである。そのために露米会社は一八一一年オホーツクでサハリン植民団を編成して準備も整ったが、次節で述べるように、間もなくロシア軍艦「ディアナ号」の艦長ゴロヴニーン一行がクナシリ島で日本側に捕らえられたという情報が届いたので、この計画は中止されたといわれている。それはともあれ、ロシアはこの頃からサハリン島の領有に関心をもち始めたのであった。

四　ゴロヴニーン捕囚事件とその解決

フヴォストフ事件以後の幕府の北辺対策に戻ると、一時はカラフト島とエトロフ島の防衛放棄さえ暗示していた幕府も文化四年(一八〇七)一二月にはロシア船打払い令を出し、南部・津軽両藩の増兵のほか秋田・庄内の両藩にも出兵を命じ、翌五年には会津・仙台両藩がこれらに代わって蝦夷地辺境およびカラフト、南千島の警備についた。しかし翌文化六年以降は再び南部藩士六五〇人、津軽藩士四五〇人のみが蝦夷地を警備することになり、南部藩は東蝦夷地(箱館・根室・クナシリ・エトロフ)、津軽藩は西蝦夷地(福山・江差・宗谷・利尻・カラフト)において辺境の越冬警備も行なったのである。ただし、カラフト・宗谷では前述のように死亡者・病人が続出したので、越冬を中止して増毛もしくは留萌に引き揚げたが、クナシリ・エトロフではなおも越冬警備が続けられた（文化四〜五年の越冬中の死亡者はクナシリ島のみでも漁民を含めて三八〇人中三六人であった）。

寛政一二年（一八〇〇）以来の蝦夷地警備は、南部・津軽両藩に財政的にも過大の負担（年一万五〇〇〇両）をかけたので、幕府はこれに対し両藩の参勤交代を一年おきにし、江戸城における格式を改め（南部藩は一〇万石から二〇万石待遇へ、津軽藩は四万六〇〇〇石から一〇万石待遇へ）、あるいは貸付金を与えたりした。しかし両藩はこの時期にもたびたび凶作に見舞われ、また蝦夷地への交通路にあたる東北諸藩の領民たちは宿継ぎ、助郷に駆り出されて、一般民衆の負担と窮乏も増大したのである。文化五年（一八〇八）三月に松前奉行の河尻・荒尾がロシア側の謝罪を条件にロシアに交易を許可することによって北地の平和を望んだのは、このような東北諸藩の負担を考慮したためでもあった。しかしその後もロシア船の到来がないままに蝦夷地辺境の警備は津軽・南部両藩によって維持されたが、それが最終的に廃止されたのは、以下に述べるロシア艦長ゴロヴニーン一行の捕囚事件の解決によって、日露両国間に意思の疎通が図られた文化一〇年（一八一三）以後のことであった。

フヴォストフがエトロフ島を襲撃する少し前の一八〇七年（文化四）夏に、ロシア政府は欧露のクロンシュタットからオホーツク港に各種の資材を輸送するとともに、太平洋北部の地理学的探検と測量を目的として武装スループ艦「ディアナ号」を派遣した。それはクルーゼンシュテルンの「ナジェジダ号」とリシャンスキーの「ネヴァ号」に次ぐロシアで二回目の世界周航船で、艦長はワシリー・ゴロヴニーン大尉であった。この船は初め南米を回航する予定であったが、暴風のためホーン岬から引き返して南アフリカの英領ケープタウンに寄港したところ、間もなくナポレオン戦争に関連して英露両国の断交が伝えられたのでこの港に一年余も抑留された。一八〇九年五月嵐にまぎれてケープタウンを脱出した「ディアナ号」は、イギリス艦隊の追跡を恐れて遠くオーストラリア南方を迂回して同年秋にカムチャツカに到着した。その後はカムチャツカ沿岸やアメリカ北西岸の測量のほか、露米会社の植民地への食料輸送などに従事していたようである。ゴロヴニーンは一八一一年(文化八)春海軍省から新たな訓令を受け取り、カムチャツカのペトロパヴロフスクを出帆して南千島諸島に向かった。ゴロヴニーンの言によれば、それまでラショワ島(千島第一三島)以北の島々はクルーゼンシュテルンによって緯度・経度ともかなり正確に記入されていたが、それより以南の島々についてはロシアの地図でもまたブロートンやラペルーズの地図でも不正確であったからだという。

それゆえ「ディアナ号」はラショワ島以南の島々をウルップ島まで測量ののち、エトロフ島北端のアトイヤ岬に到達した。そのときゴロヴニーン一行がこの岬に上陸したところ、思いもかけずそこで松前奉行調役下役の石坂武兵衛らの日本の役人たちに出会った。石坂らは、前年の文化七年(一八一〇)にエトロフ島に到来して捕らえられクナシリ島に抑留されていた八人のラショワ島アイヌたちを、幕府の命で放逐するためにここに来ていたのである。すでにフヴォストフらの日本北辺襲撃事件について十分の知識をもっていたゴロヴニーンは、日本人の占拠する島々の近くでは軍艦旗さえ下ろすほど慎重であったので、日本人との出会いは全くの偶然であった。このとき彼は石坂からフヴォストフらの行為を責められて、それは政府とは関係のない個人による恣意的なもので、フヴォストフらはすでに国法によって処罰されたと説明したという（ゴロヴニーン『日本幽囚記』、『東奥辺陬《へんすう》遺事』）。石坂は薪水を得たいというゴロヴニーンに、この島のフーレベツ会所へ赴くように指示して一書を与えたが、ゴロヴニーンは逆風のためそのことを中止して根室海峡の測量のためクナシリ島西端のトマリ湾に入った。

クナシリ島の拠点トマリの責任者だった幕吏の奈佐瀬左衛門はこれを見て、南部藩の守備隊長（物頭）玉山六兵衛に戦闘準備を命じ、ロシア軍艦の接近とともにこれを砲撃した（『久奈志里記』）。そのことについて奈佐は文化四年（一八〇七）一二月の露船打払い令を根拠にしている。しかしロシア側は応戦せず、種々の合図をもって薪水・食料の供給のほかは他意のないことを示したのち、ゴロヴニーンは部下のムール少尉、航海士フレーブニコフおよび水兵四人を率いて上陸し、トマリ会所で奈佐と会見した。そのときロシア語とアイヌ語で両者の通訳をしたのは、アトイヤ岬で石坂武兵衛によって釈放され、そのままロシア軍艦に乗せられていたラショワ島アイヌのオロキセ（アレクセイ）であった。彼の祖父ケレコレ（グレゴリー）、父マキセン（マクシム）も代々ロシア語の通訳をしていた家柄である。

奈佐瀬佐衛門はゴロヴニーンから食料・薪水の供給依頼を受けて自分の一存では行かないといい、松前に届け出て返事を受け取るまでの三〇〜四〇日間船をこの地に留めることを要求し、そのためにオロキセのほか士官一人を残すことを求めた。ゴロヴニーンがこれを断り退去しようとしたとき、八人全員が捕縛されたのである。艦上からこれを見ていた副艦長のリコルド大尉はトマリに向けて砲撃を開始し、双方で激しい砲戦が交わされたがいずれの側も損害はなかった。リコルドは上陸して捕虜の奪還を決意したが、乗組員は五一人にすぎず、またそのために捕虜の生命の安全も気遣われたので、ひとまず本国に報告するためにオホーツクに向かった。

他方捕らえられたゴロヴニーン一行は南部藩士に護送されて箱館に到着し、この地で松前奉行支配吟味役大島榮次郎によってラショワ島アイヌのオロキセと日本側のアイヌ語通辞上原熊次郎を通訳としてゴロヴニーン来航の目的について審問が行なわれた。日本側では文化三〜四年(一八〇六〜〇七)のフヴォストフらによる乱暴がロシア政府の命令によるものかどうか、また今回のゴロヴニーン来航がそれと関連のある偵察行動ではないかと疑ったためである。そのときはフヴォストフがカラフトのアイヌ長老に渡した文書(彼らをロシア臣下とし、カラフトをロシア領土と宣言した)が問題とされたが、ゴロヴニーンはフヴォストフらの行動は会社の船で行なった海賊行為で、ロシア政府には関係のないものであることを力説し、それゆえフヴォストフらがオホーツクで逮捕されたことを証拠とした。

ゴロヴニーン一行は文化八年(一八一一)八月末箱館から松前に護送され、そこでは松前奉行荒尾土佐守の訊問がなされたが、その結果荒尾はゴロヴニーンの言い分を事実と認め、「これらのロシア人たちは別心があって渡来したものではなく、難風に遭って漂着したもので薪水食料に差支えて上陸したものである。それゆえこれ迄のように囚人同様の待遇にしておくわけにはゆかない」として待遇を改善し（松前市中の散歩も許す）、さらに彼らの送還について江戸詰めの松前奉行村垣淡路守と小笠原伊勢守に幕閣の意向を照会した。これに対する老中土井利厚の指令（文化九年（一八一二一月）は厳しいもので、「クナシリ島で捕らえたロシア人並びにラショワ島アイヌとも帰すには及ばず、このまま留置しておくべきである。さらにこのほか蝦夷地のどこかにロシア船が到来したときは、たとえ漂着船であろうと容赦なく打ち払い、決して上陸させてはならない」というものであった。それは文化四年のロシア船打払い令以上に厳しい内容であった。文化九年三月末にムール少尉とオロキセを除くロシア人たちが逃亡を企てたのは、その内容をゴロヴニーンがロシア語生徒の村上貞助から聞いたためであった。

一方、オホーツクに帰着したリコルドは、ゴロヴニーン一行の捕縛について同港長官ミニツキーに報告するとともに、翌年の遠征を上申するために首都に向かったが、イルクーツクにおいて文官知事トレスキンからすでに政府へこの件について報告したことを聞き、その地で政府の遠征許可を待つことにした。しかしその頃は丁度ナポレオン軍がロシアに進撃しつつあったときで、政府は日本遠征を認めず、ただ測量の続行とゴロヴニーン一行の消息の探索を命じただけであった。そのためリコルドは当時イルクーツクに住んでいたフヴォストフの捕虜の五郎治、および前年カムチャツカに漂着しその頃オホーツクに移されていた摂津国の歓喜丸乗組員六人を送還して、ゴロヴニーン一行と交換することを考えて「ディアナ号」と附属船ゾーチクの二隻でクナシリ島に向かった。

クナシリ島では幕府の指示に従い、防備を強化した南部勢が待機していた。今回の指揮者は幕吏の太田彦助で、彼はゴロヴニーンの『日本幽囚記』のなかで唯一冷酷な人物として描かれている。リコルドは二人の漂流民に続いて五郎治を派遣してゴロヴニーン一行の消息を尋ねさせたが、太田の回答は「七人とも殺害した」というものであった。しかしリコルドは武力行動に移る前になおその確認を得ることに努め、たまたまエトロフ島から箱館へ向かう途中トマリに立ち寄ろうとした御用商人高田屋嘉兵衛の観世丸を拿捕し、嘉兵衛からゴロヴニーン一行の無事を聞いて喜ぶとともに、今後の対策のために彼をカムチャツカのペトロパヴロフスクに連れ帰った。リコルドの手記「日本沿岸航海および対日折衝記」によれば、彼は捕虜となった嘉兵衛の聡明さと人格に深い敬意を抱くようになり、両者間には不思議な友情が芽生えたようである。彼は嘉兵衛の説明から日本人のロシアに対する敵意に十分理由のあることを理解し、嘉兵衛の勧めでフヴォストフらの不法行為がロシア政府の意向と無関係であったことの証明書をイルクーツクの民政長官トレスキンから入手すべく手配した。しかし嘉兵衛の健康を懸念した（彼と同行した二人の水主が死亡）リコルドは、その返事を待つことなくペトロパヴロフスクを出帆してクナシリ島に向かった。

クナシリ島に着いてみると、今回は砲撃も受けず日本側の対応も平静であった。それは松前奉行たちの努力によって幕閣の考えが変わり、クナシリ島にもすでに「フヴォストフらの乱暴がロシア政府の命じたことでない確証があれば、捕虜を釈放する可能性がある」ことを述べた松前奉行の文書が届いていたのである。それは高田屋嘉兵衛の予想とまさに同じものであった。やがてこの島に、奉行に次ぐ高官である松前奉行支配吟味役の高橋三平（のち越前守に任じ、佐渡奉行・箱館奉行・長崎奉行を歴任）と柑本《こうじもと》兵五郎が到着し、嘉兵衛を仲介としてリコルドに捕虜釈放の条件が示された。それは、①フヴォストフらの乱暴がロシア政府と関係のないことを述べたロシア地方当局の文書を提出すること、②彼らが掠奪した物品のうち兵器を返却すること、③兵器の所在が不明のときはオホーツク港長官の弁明書を提出すること、というものであった。

リコルドは直ちにオホーツクに引き返し、すでにこの地に届いていたイルクーツク総督代理の民政長官トレスキンの松前奉行宛書簡、およびオホーツク港長官ミニツキーの松前奉行支配吟味役高橋三平・柑本兵五郎宛の書簡を携えて、同年九月末に箱館に入港した。ミニツキーの書簡はフヴォストフ事件について、「ホウヲシトフ儀、……商売のコンパニヤの家来にして、……。同人我儘に日本国人の村落を襲ひ乱妨仕候儀は、一己の了簡にして、魯西亜政家の不ㇾ知所に御座候」といい、この事件がロシア政府に関わりなかったこと、かつフヴォストフらがすでに処罰されたことを力説していた。かくて二年有余にわたるゴロヴニーン一行の幽閉は平和裡に解決されたのであった（その詳細については、ゴロヴニン『日本幽囚記』、同書所収のリコルド「日本沿岸航海および対日折衝記」、『通航一覧』巻二九七〜三一五などを参照）。

ミニツキーの書簡はまた、両国の辺境で露清間のような交易関係を開く希望を述べていた。さらにリコルドはそれとともに国境画定交渉の委任も受けていたのである。しかしそれらのことが帰国の遅延を招くことを懸念したゴロヴニーンの意向で、箱館出帆直前にリコルドおよびゴロヴニーンから高橋三平・柑本兵五郎宛の書簡のなかで述べるに留められた。その内容は国境画定問題について日本側の回答を受け取るために、明年六月エトロフ島にロシア船を派遣するというものであった。この書簡を重視した幕府は、翌文化一一年(一八一四)一月「日本領土はエトロフ島、ロシア領土はシモシリ〔シムシル〕島に限り、その間の島々(ウルップ、ヤンゲチリポイ、レブンチリポイ)は双方立入り禁止」という方針を決定し、この文書にオランダ語訳とロシア語訳を添えて高橋三平にエトロフ島への出張を命じた。しかし高橋の乗った船は逆風に妨げられ遅延してロシア船に会うことができず、一方ロシア船はその翌年にもエトロフ島近くに現れたが、あえて上陸しようとはしなかった。それゆえ幕府は今後もロシア船がこの件について到来することを予想し、文政五年(一八二二)の松前藩の復領後もエトロフ勤番の松前藩士たちは、ロシア船と出会った際の心構えを指示されていた(「エトロフ蝦地勤番ニ付御渡之書面写」『エトロフ御用記』所収、その他を参照)。

ゴロヴニーンは帰国後の一八一四年イルクーツクにおいてトレスキン長官に日本事情を報告し、国境問題についても意見を述べた。その結果トレスキンはシベリア総督ペーステリに八項目の日本対策を上申し、そのなかの第六項において現在はエトロフ島とウルップ島が日露間の自然国境になっていることを述べ、サハリン島についてもロシアの進出は日本や中国との不和を招くとして自重を求めている(ポロンスキー『千島誌』)。いずれにせよ、当時のシベリア当局者たちがエトロフ島以南の島々を日本の領土と認めていたことは確かである。そのことはやがて一八二一年にアレクサンドル一世が露米会社に与えた第二次特許状によっても知ることができる。そこでは会社の独占支配地域が「ウルップ島の南端の岬北緯四五度五〇分まで」と明記されたのである。この特許状には一八〇八年にアレクサンドル一世が露米会社に認可したサハリン植民地のことが触れられていないのも、ゴロヴニーンの意見が尊重されたものと思われる。

五　露米会社の北千島経営

一七九九年に成立した露米会社の領域内にはクリール諸島が含まれていたが、その後の会社の努力はもっぱら露領アメリカの拡大に向けられ、クリール諸島は長い間念頭になかったようである。露米会社の代表レザーノフ使節が長崎からの帰途に岳父シェリホフによってウルップ島に送られた植民たち(ズヴェズダチェトフ一行)の状況を調査しようとしたときでさえ、前述のようにそのことは実現しなかった。

しかし露米会社は設立間もなくから毛皮獣乱獲による収穫の減少のため収益の低下を招いていたので、新たな毛皮獣の狩猟地を探索することが必要であった。それゆえロシア人たちはアメリカ北西岸を南下しインディアンと協定しつつ、サンフランシスコ北方のボデガ湾近くに穀物生産のためのフォート・ロス植民地(一八一二〜四一年)を造る一方で、サンフランシスコ沖合の小島にまでロシア人の率いるアレウート人の皮舟狩猟隊を派遣していたが、そのことはスペイン当局との紛争を招いていた。その結果、以前からラッコやオットセイなどの毛皮獣の生息が知られていた千島列島が再び思い起こされたのであった。前述のように、露米会社の特権を新たに二〇年間延長した一八二一年の第二次特許状のなかでは、会社の管轄地が「ウルップ島の南端の岬北緯四五度五〇分まで」と明記されていたからである。

一八二六年四月ペテルブルグの会社理事会は、シトカ島(現在のバラノフ島)のアメリカ植民地総支配人に次のような内容の至急便を送った。

「会社は現在クリール諸島には唯一つの植民地ももっていないが、その海域には多数のラッコが生息し、そこでの狩猟には大きな利益が期待される。……以前第一八島(ウルップ島)に滞在していた植民団の不成功は、故シェリホフの提案に反してそこにバイダルカ(皮舟)をもつアレウート人が送られなかったからで、彼らの参加なしにはクリール諸島における狩猟は成功しないであろう。かつての植民団の主要な目的は耕作であったが、それが絶望的と判明した今日ではもはや耕作を考慮する余地はない。理事会の意向はクリール諸島の第一八島に確実な定住地を作り、そこでラッコおよび水陸両棲の動物を狩猟することである」。

このように述べて、露米会社の本社はアメリカ方面で余剰労働となっていたコジャック島のアレウート人たちに全ての必需品を与え、特別の船を仕立ててクリール諸島のウルップ島に派遣することを命じたのであった(シュービン「露米会社のクリール諸島植民史」)。それが実行されたのは一八二八年春のことで、スイソイ・スロボーチコフを団長とするロシア人労働者一二人とコジャック島のアレウート人四九人を乗せた露米会社船「バイカル号」(船長ストーリン)はシトカ島のノヴォ・アルハンゲリスク港(現在のバラノフ島シトカ)を出帆し、無事ウルップ島東岸の「小舟湾」(sudovoi gavan)に到着した。

絶海の無人島に上陸したスロボーチコフ一行は直ちに移住のための好適な場所を選び、食料や資材を保管する建物や宿舎の設営に取りかかったが、当初予定されていた「日本人の襲撃に備えて土塁や木柵で村の周りを囲む保塁の建設」は、資材と労働力の不足のため海岸の小高い丘に四門の大砲を据え付けることに止められた。一方、アレウート人の一隊がバイダルカ(皮舟)で島を周回してラッコ棲息地の探索と狩猟の開始のために派遣されたが、彼らは海流や帆船の立ち寄りに適した入江の調査なども委任されていた。

毛皮獣の狩猟に巧みなアレウート人のお陰でこの年の毛皮獣の収穫は良好で、それは翌年オホーツクにおいて八〇万ルーブリで売却されたという。アレウート人のラッコ狩猟はバイダルカによって彼らの独特な銛で行なわれ、それはロシア人の銃のようにラッコを驚かせることがなく、また彼らには水中に潜ったラコッコが息継ぎに上がってくる場所を予測することできたという(Khlebnikov, Colonial Russian Amerika〔露領アメリカ植民地〕)。秋が近づくとともに越冬の準備もなされたが、冬中の食料とするためのアザラシやトドは周辺の海には尽きることがなく、その肉は塩漬けにされ、脂は住居の照明やバイダルカに塗るために利用され、皮はバイダルカの側壁やアレウート人の靴になった。アレウート人たちは網や釣具によって各種の魚を捕獲し、鱈や鱒などから乾魚を作ったが、海鳥の肉や卵も豊富であったほか、百合根やコンブなどが乾燥して保存された。その結果、その冬ばかりでなくその後も壊血病などの死亡者が見られなかったことは、シェリホフが送った最初の移住者たちと比べると決定的な違いで、そのことが露米会社のウルップ島移住地の永続性を保証したのであった。

他方では、露領アメリカ総支配人の委任を受けて副団長のムイリニコフが島々の自然観察を行なった。それは毎日の気温・海水温度のほか、コンパスを用いて風向・風力・初霜日・積雪の深さ・雪融日などを記録し、暴風・地震・噴火や降灰などの異常気象を書き留めることであった。検潮器を用いての海面水位の測定さえ行なわれたという。鉱物や動植物の調査も指示されていたが、それらの記録は露米会社の廃止とともに全て失われ、学問的に貢献することはなかったようである。

ウルップ植民地の狩猟隊の活動は、日本との関係からフリース海峡を越えて南方のエトロフ島へ近づくことは堅く禁じられていたが、最初の数年は北方でもチリポイ南・北島やブロートン島までに限られていた。その北のシムシル島との間には千島列島における最大幅で荒海のブソール海峡があったからである。しかしその島は以前から毛皮獣の生息が知られていたので、一八三一～三二年にはオホーツクからウルップ島への補給船を利用してアレウート人の一部をウルップ島から移し、それにロシア人も加わってシムシル島北端のブロートン湾に新たな移住地が開かれた。当初はこの島を「クリール部」の新設に伴い千島列島における本拠地とする予定であったが、やがてブロートン湾への船舶の出入の困難が明らかになったのでそこには小人数の部落を作るにとどめ、本拠地は従来通りウルップ島の小舟湾とすることが決定された。

一八三二年に「クリール部」の部長に指名されたピョートル・エピファーノフは千島第二島のパラムシル島を訪れ、その地のクリール人（千島アイヌ）たちに「今後クリール人は自由人であって、彼らはもはやカムチャツカ当局にはヤサーク（毛皮貢税）を支払う義務はないこと、ただし収穫した全ての毛皮は自由な価格で露米会社に売却しなければならない」ことを通告した。それまでは古くからの慣例に従って露米会社成立以後も、千島最北の島々にはカムチャツカ当局の収税吏が訪れて千島アイヌからヤサークの徴収が続けられていたが、いまやこれらの島々にも名実ともに露米会社の管理が及んだのである。そのためパラムシル島のクリール人首長には露領アメリカ総支配人ウランゲリ男爵の署名がある公開文書が渡され、そこにはクリール人と会社の相互関係の原則が述べられていた。とはいえ千島列島におけるクリール人の立場はカジャック島のアレウート人たちとは違って、実際に自由人であったように思われる。

他方、ウルップ島やシムシル島で毛皮獣狩猟隊として働くカジャック島アレウート人たちは会社から給与を受ける雇用人であり、彼らはロシア人労働者と同様年俸の三分の一を会社からの支給品（穀粉やタバコなど）に対する支払いにあてねばならなかった。しかしロシア人と違って彼らには衣服や靴などの支給はなく、それらは動物の皮から自製したようである。彼らにとって切実だったのは妻や家族からの別居で、そのため一八二九年からは家族の同伴が認められたが、単身赴任者たちの要請でカジャック島営業所が、妻たちに千島へ赴くよう説得もしくは強制をせねばならないこともあった。一八三〇年当時のウルップ島における総人口はロシア人一二人、アレウート人六八人(うち女性九人)の八〇人であったが、その後ロシア人グループは減少傾向にあり、アレウート人の場合は交代で増減がみられたが一八三三年には毛皮獣の減少を考慮して二〇艘のバイダルカをもつ四〇人(成人男子)以下に限定されたものの、その後も増減がみられたようである。彼らの労働時間は、夏季は一一時間、冬季は九時間であった。

ここで、日本人ものちに配慮することになった千島アイヌたちのロシア正教信仰について触れておきたい。前述のように、千島列島が露米会社領になった後も従来の慣例から千島の北部諸島ではカムチャツカの政庁が千島アイヌからヤサークを徴収していたほか、カムチャツカのボリシェレツク教会から正教の儀式を行なうために(毛皮の寄進を期待して)聖職者たちが定期的に訪れていた。そのため千島列島で露米会社の権限が強められていることを知ったイルクーツクの主教監督局は、一八三三年露米会社本社にカムチャツカの聖職者たちが今後も千島列島を監督する権利を与えるよう要請した。これに対し露米会社はクリール諸島は会社の管理下にあるのでこれを植民地教区の一つであるアトヒンスキー教区(カジャック島の教区?)のニコライ教会に属させたいと述べ、一八三六年からはその教区の聖職者が千島を訪れたようである。千島アイヌたちは露米会社のクリール部に小礼拝堂の建立を要請するとともに一八三七年と三八年には毛皮の寄進をしていたが、一八四〇年にはシュムシュ島のモヨロッパ湾の会社の村にシトカ島で伐採されたアメリカ松の骨組みが届いて、献堂式が行なわれた。千島アイヌたちが寄進した毛皮はオホーツクで四一三五ルーブリで売却され、礼拝堂のためのイコンや礼拝用具が購入されたという。千島アイヌたちはさらに露米会社当局に年六〇〇ルーブリの寄進を約束して常駐の聖職者の派遣を要請したが、それは住民人口が少ないことを理由に却下された。

一八四一年露米会社はさらに二〇年間の第三次特許状を交付されたが、北太平洋における英米船との競争や毛皮獣の減少によって一八四四年以後会社は活動範囲を制限し、組織の縮小を行なった結果、一八四五年には「クリール部」も廃止された。ウルップ、シムシル、シュムシュの移住地は残されたものの、ノヴォ・アルハンゲリスク営業部の管轄に入った。しかし一八五三〜五六年のクリミア戦争の時期には、露米会社の中立宣言にもかかわらず千島列島も英仏艦隊の作戦領域となり、一八五五年八月には一時的ながらウルップ島の移住地に英仏両国旗が掲げられたのであった。そして、まもなく千島列島では外国密猟船の無秩序な活動が活発になり、衰退期に入った露米会社はそれに対して適切な対抗手段はもたなかったようである。千島列島における移住地の生活はその後も続けられたが、一八六七年の露米会社の廃止とともにその活動は完全に停止した。しかしその地のアレウート人たちには迎えの船は到来せず、彼らはその後は会社から見捨てられたまま、ロシア政府の委任を受けたカムチャツカの商人フィリペウスに毛皮を提供し、食料その他の生活必需品の提供を受けて辛うじて生活を維持していたようである。

第八章　幕府・松前藩の南千島経営

一　幕府直轄時代

前述のように、幕府は寛政一一年(一七九九)に知内以東の東蝦夷地および南千島諸島の七年間仮上地を決定したのち、享和三年(一八〇三)にはそれらを永久上地として行政機関の箱館奉行所を箱館においた。幕府の直轄はその後ロシア船のカラフト襲撃事件が起こった文化四年(一八〇七)の七月に西蝦夷地、カラフト南部を含む全蝦夷地に拡大され、それとともに松前藩は奥州の梁川(福島県北東部)に移封され、箱館奉行所は松前に移って松前奉行所と改称した。

幕府の蝦夷地直轄の目的は、ロシア人が千島諸島を経略しつつ蝦夷地に接近しているが、この地は広大で城砦によって守ることはできないので、先住民のアイヌに仁政を布いて撫育し、ロシア人の誘いに乗らないようにすることであった。つまり「衆人を以て堅城砦となす」ことであった。そのためにはこれまでアイヌたちを収奪してきた場所請負制度の弊害を改めることの必要が痛感されたが、そのことについて最初の箱館奉行として蝦夷地行政の責任者となった羽太正養は次のように述べている。

「松前氏は小大名のゆえに国政がゆきとどかず蝦夷地の経営を商人たちに委ねてきたが、姦商たちは自分らの利益のみをはかってアイヌたちを虐げ、アイヌは年々困窮して政治の悪いことを恨んでいる。それに乗じて奥蝦夷地の島々にロシア人がやってきて、無知のアイヌたちに恩恵を施し、衣食や器物を与えて歓心をかっているので、アイヌの大半は感服し、その国の民となることを欲しすでに彼の国の風俗に変わったものも少なくない。この傾向が進んだならば、遠からずして蝦夷地一円はロシアのものとなるであろう。このような状況をどうして放置しておくことができようか」(『辺策私弁』)。

ここではロシア人が先住民に恩恵を与えつつ領土を広げてきたという前述のロシア観が、松前藩の場所請負制度のもとにおけるアイヌの虐待と対比されていた。前者は日本人の頭のなかで作り上げられた空想の所産であったが、後者の実態は天明年間(一七八一〜八九)以来の数次にわたる幕吏たちの蝦夷地調査によって余すところなく明らかになっていたのである。そのため幕府は、このような松前藩の弊政がロシアによって利用されることであった。そのため幕府が恐れたのは、これまでアイヌ虐待の温床となっていた場所請負制度をロシアに近い南千島や東蝦夷地では廃止して、場所の経営を幕府の役人たちの監督の下で直捌《じきさば》き(直営)とすることにした。すなわち各場所の通詞や番人等は従前の者を採用しながらも、詰合い役人たちの積極的な介入のもとに漁場経営を行ない、アイヌの取り扱いや交易における不正を監視することにしたのである。その結果従来の請負人たちの運上屋はいまでは幕吏たちが詰める会所となり、各場所をつなぐ道路開削が急がれ、交通の便のために各地に駅逓や通行屋が設けられた。このようにして収穫された蝦夷地の産物を全国に集散し、また蝦夷地の各場所へ送る米・塩・その他の諸品を仕入れて輸送するために、江戸の霊岸島には「蝦夷産物会所」が設置された。

当時の東蝦夷地や南千島諸島の主要な産物は、鮭・鱒・鱈・鰊・鯨油・昆布・煎海鼠《いりこ》などであったが、直捌き以後はアイヌたちに魚網を与え、漁法を教えたほか、漁撈の方法も従来の引網から次第に建網が使用されることになったので、漁場の拡大とともに漁獲高も著しく増加したといわれている。例えばクナシリ島の漁場は従前は東海岸に一カ所、西海岸に六カ所だけであったが、直捌き後の享和三年(一八〇三)には新規場所八カ所が増設され、従来南東部に限られていた漁場は全島に拡大された(「東蝦夷地各場所様子大概書」)。エトロフ島では寛政一二年(一八〇〇)に高田屋嘉兵衛によって一挙に一七カ所の漁場が開かれたが、享和三年における全島の漁獲高は一万八〇〇〇石に達し、この島の責任者であった山田鯉兵衛の報告によれば、その収支は入用金一万二一五一両に対し産物売払い代金は二万二四一七両で、一万両余の収益になっていた(『休明光記附録』巻四)。彼はまたこの島で生産された鮭・赤魚の〆粕は田の肥料として使用された場合には一反につき一石二斗ずつの増収になるので、それだけでも田地五万二五〇〇石の開発に匹敵すると述べている。エトロフ島の漁獲物の売払い代金はその後も年々増加し、文化二年(一八〇五)には六万両に達したという。この時期にはエトロフ島、クナシリ島に近い無人のシコタン島にも避難所を兼ねて漁場が開かれ、一時期は二五戸一二二人の漁民が移されていたが、間もなくこの島は空島となり単なる出稼場所になっていたようである(『根室旧貫誌』)。

ただ商いに不慣れな役人たちによる漁業経営は投資の割には収益が少なく、事務も煩雑で産物の流通も結局は商人の手を経なければならなかったので、享和二年(一八〇二)幕府の勘定奉行はその廃止を提案したが箱館奉行の反対で実現しなかった。しかしその後西蝦夷地が幕府の直轄になったときそれらの場所では直捌きが困難で実行されず、文化五年(一八〇八)にはそれまで直捌きであったカラフト・宗谷・斜里の三場所も請負制になったので、ついに文化七年にはこれまで成果を挙げてきたエトロフ場所も高田屋嘉兵衛の請負に委ねられた。このようにして同九年(一八一二)には東蝦夷地の諸場所もクナシリ場所を含めてすべて直捌きが廃止され、同一〇年以後松前・箱館居住の者は誰でも請負に入札が可能となった。その結果東蝦夷地の一九場所に対する運上金の落札総額は一万七〇〇〇両に達し、それは寛政一一年(一七九九)の運上金と比べると約六倍になっていた。そのことは競争入札によって運上金が釣り上げられたほかに、幕府の直捌きの時期に漁獲量が著しく増大していたためであった。

直捌きを止めて請負制を復活するに際し、松前奉行所は場所請負人たちに対してこれまでの直捌きの時期の慣例を守るよう要請し、アイヌへの不法な取り扱いをしないこと、役人や警備の諸藩士の通行のときは人馬の継立てに支障がないようにすること、ラッコ皮・鷲羽・熊の胆などの軽物は官にのみ売却すること、異国船を発見したときは直ちに松前に注進すべきことなどを布達した。またアイヌたちに対しても、制札に述べられた三カ条(邪宗門・殺人・傷害窃盗の禁止)を守ることのほか、漁業・交易のことは請負人たちに委ねたけれども、仕入物や手当て等は従来通り不自由なく回されるので、請負人の下でも仕事に精を出すよう求めた。

幕府の蝦夷地直轄はもともとこの地方をロシアの進出から守るために着手されたものであったから、日露間の意思の疎通を実現したゴロヴニーン捕囚事件の解決は、それを不要にするものであった。すでに幕府の積極的な経営によって、その頃には北海道のほかエトロフ島以南の南千島諸島やカラフト南部が以前の松前藩時代のような曖昧な形ではなく、いまでは完全に日本の領域に組み込まれていたのである。アイヌに対する撫育政策もかなり功を奏し、松前藩の場合と違っていまでは彼らは日本の法制下に置かれ、人別帳さえ作られていた。

そのような状況のなかでゴロヴニーン捕囚事件解決の影響が最初に現れたのは、東北諸藩による蝦夷地警備の縮小であった。津軽・南部両藩は寛政一一年(一七九九)以後それぞれ五〇〇人前後の藩兵を蝦夷地に派遣して要衝の地を警備し、文化四、五年(一八〇七、〇八)にはこれに秋田・庄内・会津・仙台の諸藩も加わって、一時はその数も三〇〇〇人を超えていたが、それでも広大な蝦夷地を警備するには十分ではなかった。文化六年以後は南部藩が東蝦夷地およびクナシリ島、エトロフ島を、また津軽藩が西蝦夷地およびカラフト島を警備し、その半数は蝦夷地で越冬したが、設備の不備や食料の偏り、寒気のために死亡者が少なくなく、さらに諸藩の財政や領民の負担は重大な影響を受けていた。それゆえゴロヴニーン捕囚事件解決の翌文化一一年(一八一四)には松前奉行服部貞勝の建議により、蝦夷地の警備を廃止し、わずかに箱館と福山(松前)に一部の兵を常駐させることになったのである。

二　松前藩復領時代

松前藩は文化四年(一八〇七)の幕府による蝦夷地全域の直轄に際し、北海道から移されて陸奥国梁川(福島県)のほか、上野国(群馬県)、常陸国(茨城県)などに点在する天領(石高九〇〇〇石)を与えられていた。従来松前藩は一万石格の大名の待遇であったが、実収入は石高に換算すると五、六万石に相当していたので、そのことは著しい処分といわざるをえず、幕府の内外でも大きな異論があったところである。松前藩は収入の減少のために、文化五年には藩士・足軽の過半数にあたる一七〇人余を召し放たざるをえなかった。それゆえ松前藩はその後も幕閣の有力者に頼んで復領運動を続けていたが、文政四年(一八二一)老中水野忠成の決定により、翌年には一五年ぶりに、東蝦夷地の上地からすると二三年ぶりにカラフト南部地方、南千島諸島を含めて全蝦夷地の復領が実現した。そのためには多額の賄賂が噂されていたが、実際にはゴロヴニーン捕囚事件解決から八年が経過してウルップ島にもロシア人の姿がなく、北辺に静謐が回復されていたこと、幕府の蝦夷地経営は黒字で財政負担にはならなかったとはいえ、辺境に往還する役人たちの苦労や事務の煩雑が大きかったことや、東北諸藩の大きな負担が考慮されたのであろう。

ただ、幕府は蝦夷地の返還に際し、松前藩にこれまでの直轄時代の蝦夷地経営の方針を守ることを指示し、とくにアイヌ民族の撫育や異国船への警戒に十分な注意を払うよう命じた。それゆえ松前藩はカラフト島・エトロフ島・クナシリ島および東蝦夷地などには台場や遠見番所、烽火台などを設け、一二カ所の要所には勤番所をおいて一年交代で数十人の勤番の藩士たちを派遣していた。しかしそれは形式的なものにすぎず、勤番の過半は在住足軽で、それは漁場の漁夫たちに足軽の名を与えたものであった。勤番地ごとの人数についてみれば、エトロフ島がもっとも多く、ついでクナシリ島、根室などロシアに近い地域に重点が置かれていた(『松前町史』通説編)。しかしこの時期に南千島に現れたロシア船は、以下に述べるように越後や富山の漂流民たちを送還してきた露米会社船のみで、天保二年(一八三一)二〜三月にウラヤコタン(霧多布付近)に上陸して乱暴し、松前藩の勤番たちと交戦したのは、オーストラリアのホバート(タスマニア島)から到来した英国捕鯨船の乗組員たちであった。しかし当時はこの船もロシア船と考えられていたらしく、安政三年(一八五六)に幕府が編纂した外交関係の史料集『通航一覧続輯』巻八四のなかでは、この事件の史料は「魯西亜国部」に収められている。

ところで、松前藩復領後の場所請負は以前のように商人たちが藩主の直轄地や家臣たちの知行地の経営を請け負うものではなく、幕府直轄時代と同様に松前藩の領地を直接請け負うことになっていた。そのなかで淡路島出身の高田屋嘉兵衛は異国境に近いエトロフ島やネムロ、ホロイズミ場所を請け負い、漁業のほかに十余艘の大船による海運と商業を兼ねて活動し、箱館に数十棟の倉庫をもち、大坂および兵庫にも支店をもつなど繁栄を極めていた。そして文政五年（一八二二）に嘉兵衛が郷里に隠退した後も弟の金兵衛が跡を継いで隆盛を維持していたが、天保二年（一八三一）に「旗合わせ」によって高田屋船のロシア船との密貿易が疑われて高田屋は船舶を没収され、所払いとなって没落した。高田屋の請負場所は松前や箱館の商人たちが請け負ったが、彼らは経営不振のためわずか四年で請負を返上し、その後を天保八年（一八三七）クナシリ島を含めて藤野喜兵衛（柏屋）・西川准兵衛・岡田半兵衛らの近江商人が共同出資で引き継いだ。しかしその頃顕著になっていた東蝦夷地の不漁のため収支の欠損が続いて、同一三年（一八四二）には藤野のクナシリ・ネムロを除き場所請負を返上している。そのことは漁業の不振のほかに当時東蝦夷地に派遣される勤番藩士たちの手当てや支度料の不足分は場所請負人から借用されることが多く、在住足軽の費用は全て請負人に負わされていたので彼らの大きな負担となっていたことの影響があったのであろう。

藤野らに代わってエトロフ場所を差配方の名目で引き継いだのは伊達林右衛門と栖原《すはら》仲蔵による共同請負であった。伊達屋は奥州伊達郡の出身で江戸の親戚のもとで働いていたが、寛政五年（一七九三）に松前に支店を出して増毛場所の請負人となり、文化六（一八〇九）には栖原屋とともに北蝦夷地（カラフト）場所も共同で請け負っていた。一方栖原屋は紀州の出身で江戸の材木商として豪商となり、天明年間（一七八一～八九）に松前に進出したが、いずれも幕府の蝦夷地直轄時代に御用商人として西蝦夷地のほか東蝦夷地にも事業を拡大していたのである。両家のエトロフ場所経営はその後も明治二年（一八六九）の場所請負制廃止以後も続き、明治九年（一八七六）以後は栖原屋が単独で漁業経営を続けて鮭鱒の缶詰工場を建て、人工孵化場を設けるなど活動を続け、同家の漁場はその後北千島の探検や開拓の基地となっていた。

すでに述べたように、松前藩復領後の勤番藩士たちの任務の一半が場所請負人のアイヌに対する不正の防止や撫育の監督に置かれていたとはいえ、実際には彼らが以前と同様アイヌたちを場所請負人配下の和人たちの支配に任せていたことは自然の成行きであった。そのことは間もなく幕末期に幕府が再び蝦夷地を直轄したときに明らかになったことである。例えば幕末期の蝦夷地探検家松浦武四郎は、友人の仙台涌谷藩士十文字龍介が安政二年（一八五五）にクナシリ島まで訪れる途中、場所場所のアイヌたちが和人の番人たちに苛責されるのを見るたびに自分の命が縮むように思った、と武四郎に語ったことを記している（『廻浦日記』）。そのような状況のなかで場所請負人の酷使によるアイヌ人口の減少も顕著で、とくに南千島諸島ではそのことが著しく、エトロフ島の場合は寛政一一年（一八〇〇）開島当時の一一一八人が安政三年（一八五六）には四九八人に、またクナシリ島では文政五年（一八二二）の三四七人から九九人と著しく減少していた（高倉新一郎『千島概史』）。

三　千島経由で帰国した漂流民たち

ここでは、千島列島が日露両国によって南北に分断して領有されていた江戸時代に、太平洋で漂流した日本人たちがロシア領に漂着してロシアの地方当局や露米会社により千島を経由して送還された例をいくつか挙げておきたい。ロシアから帰国した漂流民の例としては、大黒屋光太夫らの伊勢漂流民や世界一周をして帰国した仙台領石巻の漂流民が有名である。しかしそれ以外にもこの時期(幕府の蝦夷地直轄時代から松前藩復領時代)に、太平洋を航行中に暴風のため漂流してロシア人に救助されたのち、千島列島を経由して帰国した日本の船乗りたちがいく組か知られている。

南部領牛滝村の慶祥丸(五八二石積、一四人乗組)は享和三年(一八〇三)一一月、箱館領臼尻で塩鱈三万本を積み入れて江戸へ向かう途中北風の暴風で三宅島の近くまで吹き流されたのち、翌年七月に南東の季節風で北千島のパラムシル島に漂着した。当時生き残っていた船頭の継右衛門ら六人は、同島で出会ったロシア僧の案内で端舟で北行してカムチャツカのペトロパヴロフスクに到達した。そこでは長崎へ向かったレザーノフ使節が同地に残した仙台漂流民の善六に出会い、ロシア当局に保護された。当時はレザーノフの日本における成功が期待されていたので、その地の長官は彼らに来年は大船で日本に送り届けると約束したという。しかし彼らの期待も空しく、レザーノフ使節は長崎で半年も待たされたあげく、将軍宛の国書も豪華な贈物も受け取りを拒絶され、失望と憤りをもって帰ってきた。このようにして帰国の望みを絶たれた継右衛門一行は、カムチャツカからエトロフ島まで独力で帰国することを決心した。彼らはペトロパヴロフスクの役所に掲げられていた千島列島の地図を見ていたからである。これに対し、レザーノフもカムチャツカの長官も、日本では異国から帰った漂流民は獄に入れられると述べて、彼らがロシアに帰化することを繰り返し勧めたようである。しかし彼らの帰心は止み難く、漂着したときの端舟に乗ってパラムシル島に渡り、そこから千島アイヌたちの舟でチリポイ島に送られ、さらに同島で二艘の皮舟をもらって文化三年(一八〇六)七月独力でエトロフ島のシベトロに無事帰着した(『休明光記』巻七、『通航一覧』巻三一九)。その際に継右衛門がペトロパヴロフスクで写して持参した詳細なロシア側の千島列島の地図は、当時としては大変珍しかったので、多くの人に写されて今日に伝わっている(高倉新一郎『北方領土―古地図と歴史』参照)。

摂津国三影村(神戸)の歓喜丸(一一〇〇石積、一六人乗組)の場合は、文化七年(一八一〇)一一月新酒を積み入れて同所を出帆し江戸へ向かう途中、紀州三崎沖で難風に遭って七五日間漂流ののちカムチャツカに漂着した。沿岸を彷徨しつつ生き残った七人は、ロシア人に救助されてペトロパヴロフスクで保護され、さらにオホーツクに送られたが、そこでは文化四年(一八〇七)にエトロフ島でロシア船襲撃のときに捕虜となってシベリアへ連行されていた中川五郎治に出会った。当時は前年にクナシリ島で日本側に捕らえられたゴロヴニーン艦長一行の安否を気遣ったリコルド副艦長がその救出策を検討中だったので、彼は五郎治および摂津漂流民たちを日本側との交渉の手がかりに利用するためにクナシリ島に伴ったのである。その結果彼らは日本側に引き渡され、ゴロヴニーン捕囚事件はその後リコルドと高田屋嘉兵衛の協力によって解決した。なお一行中の久蔵は凍傷で左足を切断したので帰国が遅れ、翌年事件が解決した折に義足を着けて箱館に送り届けられた（「魯西亜国漂流聞書」『通航一覧』巻三二〇所収）。

文化一三年（一八一六）には二組の漂流民が同時にロシア船でエトロフ島沖に送還されている。そのうち薩摩藩船の永寿丸（一二〇〇石積、二五人乗組）の場合は、文化九年一一月江戸屋敷に送る廻米を積み、上乗役の藩士二人のほか水主二三人が乗り込んで薩摩の脇本港を出帆し、瀬戸内海を通って紀州沖に出たところ、北西の季節風のため沖合に吹き流された。太平洋を漂流ののち翌年九月下旬に千島第六島のハリムコタン島に漂着し、生存者三人が千島アイヌたちに救助されたのち、翌年カムチャツカのペトロパヴロフスクに渡ってロシア当局に保護されたものである。彼らは高田屋嘉兵衛を尊敬する同地の長官ルダコーフに丁重に扱われ、日本への送還船が準備されていたオホーツクに送られた。その頃はゴロヴニーン捕囚事件が嘉兵衛とリコルドの友情的協力によって円満に解決されていたことから、ロシア人の日本びいきの感情はオホーツクでも同様で、この地の長官ミニツキーも事件の解決を非常に喜んでおり、薩摩の漂流民たちをしばしば自宅に招いて接待したという。このようなわけでイルクーツクから漂流民送還の指令が届いてエトロフ島に向かったが、逆風のためカムチャツカのペトロパヴロフスクへ引き返したところ同地で日本漂流民三人を見出した。それが次に述べる尾張の督乗丸の乗組員たちで、二組の漂流民たちは同地で一緒に越冬したのち翌春エトロフ島沖まで送られたが、濃霧のためやむなく引き返そうとしたところ、漂流民たちのたっての願いで小舟が与えられ、ようやくにしてエトロフ島に上陸し、無事に帰国できたのであった(『通航一覧』巻三二一、『漂海紀聞』)。

薩摩の永寿丸漂流民とともにカムチャツカからエトロフ島沖まで送られた尾張の督乗丸(一二〇〇石積、一四人乗組)漂流民の話は、船頭重吉の物語を国学者池田寛親が忠実に記録した『船長《ふなおさ》日記』によって有名で、それは漂流文学中の白眉といわれている。この船は尾張藩の廻米のほか商品を江戸へ運んだのち、文化一〇年(一八一三)一〇月末帰途に遠州灘で北東の季節風のため太平洋に押し流され、一年五カ月という長期の漂流の間に一一人が船中で死亡した。生き残った三人は文化一二年二月アメリカ西岸で英国の狩猟船フォレスタ号に出会って救助され、露米会社の本拠地シトカ島(今日のバラノフ島)に立寄ったとき総支配人のバラノフに会い、同地に留まることを勧められている。英国船の船長ベケットは親切な人物で、漂流民たちの帰国の便宜を考慮してシトカからわざわざカムチャツカのペトロパヴロスクまで送ってくれたという。そのため彼らがこの地に滞在中にオホーツクから薩摩漂流民たちを乗せたロシア船が同地に到来したので、翌年彼らはともにエトロフ島に帰着できたのであった。

ところで尾張の督乗丸漂流民の帰国は、第三国の船に救助された漂流民がロシア船によって南千島に送られてきた最初のケースで、それ以後ロシアから送還されてきた三組の漂流民は、いずれも同じような経過をたどっている。さらに彼らが、全て露米会社の本拠地シトカ島を経由していることとも共通している。そのことは偶然に起こったものではなく、一九世紀の三〇年代頃からとくに著しくなった太平洋における英・米・仏などの毛皮獣狩猟船や捕鯨船の活動と関係があった。それまでは舵を損傷してどこかに漂着するか、沈没するまで太平洋を漂っていた箱舟のような和船は、いまではそれらの狩猟船や捕鯨船に洋上で発見されることが多くなり、さらにはハワイなどで保護されていた漂流民が寄航船に託して、広東・マカオ・マニラなど日本への送還に便利な場所に移されることも珍しくなくなっていたのである。このようにして漂流民の一部は、外国船によって露米会社に送還が依頼されたのであった。露米会社としてもそれらの日本人を故国に送還することに関心をもっていた。その理由は、この頃になると毛皮獣の減少や英米船との競争によって露米会社の衰退が顕著となり、それを日本との貿易によって回復しようという願望があったからである。とくに食料・資材・生活物資を遠い本国に依存していた露米会社にとって、日本との貿易は大きな魅力であった。その際にはゴロヴニーン事件解決後の日本の鎖国体制の変化も期待されていたと思われる。

このようにして露米会社が日本に送還した最初の漂流民は、越後の五社丸(三五〇石積、八人乗組)の乗組員たちであった。彼らは天保三年(一八三二)八月蝦夷地の江差から江戸へ向かう途中、四カ月の漂流ののちハワイのオワフ島に漂着して、戸三郎ら三人の生存者が中国人商人に保護され、そこに一年半ほど滞在したのち外国船に託してシトカ島に送られた。露米会社では彼らをオホーツクに移して政府の許可を得たのち、天保七年(一八三六)ウルップ島に赴く会社の船でエトロフ島の港まで送ったが、そのときは松前藩の砲撃に遭ってやむなく彼らを別の場所に上陸させている(『天保雑記』)。当時は文政八年(一八二五)以来のいわゆる「無二念打払令」(異国船打払い令)が施行されていた頃で、松前藩も沿岸に近付く異国船を見れば見境なしに砲撃を加えた時代であった。

露米会社はそれにもかかわらず、天保一四年(一八四三)には再びハワイから英国船でカムチャツカまで送られてきた富山の長者丸(六五〇石積、一〇人乗組)の生存者六人を、このときもエトロフ島沖合まで送還している。この船は天保九年(一八三八)一〇月箱館から昆布五〇〇〜六〇〇石を積んで江戸へ向かう途中、仙台領沖合で遭難し、西風の暴風によって半年も洋上を漂流中にアメリカの捕鯨船に救助されたもので、彼らはその後五カ月間も捕鯨の手伝いをしていたという。その後ハワイのオワフ島の広東商人のもとで働いたのちカムチャツカへ向かう英国商船に便乗してペトロパヴロフスクに到着し、その後移されたオホーツクでは長官がかのゴロヴニーンの甥だったので非常な歓待を受けたという。同地に一年余も滞在ののち、彼らは本国送還に便利ということで露米会社の本拠地であったアメリカ北西岸のシトカ島に移され、そこからエトロフ島の沖まで送還された。ロシア船は砲撃を警戒して陸地には近付かなかったが、このたびは松前藩士たちが小舟でロシア船に乗り込んできて漂流民を引き取り、受領書を書いたという。船長のガヴリーロフによれば、そのとき日本の役人は「やむなく日本に寄港するロシア船は友好的に迎えられ、必需品を供給されるだろう」と告げたそうである。それは前年の天保一三年に文政の異国船打払い令が撤回された効果が直ちに現れたのであろう。長者丸の漂流については、幕府の著名な儒者古賀謹一郎(謹堂)が一行中の次郎吉から聴取してまとめた『蕃談《ばんだん》』という本がよく知られている。また富山藩の本家であった金沢藩でも、遠藤高璟らの学者に命じて『時規《とけい》物語』という一〇巻二五冊の詳細で学術的内容の大著を編纂させている。『時規物語』という書名は、漂流民たちがシトカを去るときに露米会社の支配人から郷里の藩主に託された掛時計に由来したものである。

開国前に日本の漂流民がロシア船で送還されてきた最後は、ペリーの浦賀来航の前年にあたる嘉永五年（一八五二）に下田に到来した露米会社船「メンシコフ公爵」号によるものであった。このときの漂流民は紀州の天寿丸（九五〇石積、一三人乗組）の乗組員七人で、彼らは北太平洋を漂流中にアメリカの捕鯨船に救助されたものの、人数が多すぎたために途中で出会ったロシア船に分乗したものであった。彼らがエトロフ島ではなく下田に送られてきたのは、今回の送還が皇帝の命により国費をもって実行することになったからで、船長リンデンベルグは露米会社の現地支配人の下田奉行宛の書簡を持参し、日本当局と通商問題について交渉することを予定していた。しかし当然のことながら下田では文書のみか漂流民の引き取りも拒絶されたので、リンデンベルグは漂流民たちを二艘の丸木舟で下田付近に上陸させ、村人が彼らを陸に上げるのを見届けてから退帆している。とはいえロシア船の下田入港のときはたちまち数百人の見物人が乗船して船内を見て回ったといい、その頃になると鎖国の規制もかなりルースになっていたことが想像される。漂流民たちは別れに臨んで目に涙をいっぱい浮かべながら、「ロシア人から受けた恩は子々孫々まで忘れません」と語ったという（『漂客談奇』、チフメニョーフ『露米会社史』）。その二年後クリミヤ戦争の最中にロシア使節プチャーチンが英仏艦隊の目をかすめて大坂沖に現れ、幕府の指示で下田に向かう途中、紀淡海峡においてそのときの漂流民の一人がディアナ号を訪れ、英艦隊がすでに長崎を出航したという情報を伝えたことがプチャーチンの「上奏報文」に記されている。紀州漂流民たちは帰国後士分に取り立てられ藩の水軍に加えられていたので、彼らの一人が職務にまぎれて重大な情報をロシア軍艦に伝えて「恩返し」をしたのかもしれない。

以上のように、鎖国時代に太平洋で漂流した日本の漂流民たちのなかには漂流地の住民や外国船に救助されたのち、ロシア当局や露米会社の配慮によって千島列島経由でエトロフ島に送還され、奇跡的に郷里に帰還した人々もいたのである。そのことは多くの偶然が重なったこととはいえ、漂流民に対する人類愛とともに太平洋における歴史的環境の変化がもたらしたものということができる。

四 日露和親条約と幕府の蝦夷地再直轄

嘉永六年(一八五三)七月一八日、アメリカのペリー提督の浦賀来航から約一カ月後には、長崎にロシアの遣日使節プチャーチンの率いる四隻のロシア艦隊が入港した。それはアメリカ艦隊の日本遠征の情報により促進されたもので、ロシアはそれに便乗して長年の対日通商の懸案の実現を図ったものであった。しかしプチャーチンが幕府に提出した国書のなかでは、まず第一に両国間の境界を定めることが要請され、とくにサハリン島の南端部分に注意が向けられていた。

プチャーチンが前年一〇月(露暦)本国のクロンシュタット港を出帆した際に持参していたニコライ一世から日本皇帝宛の国書にはまだサハリン島には触れられていなかったが、ロシアに招聘されたドイツの日本学者シーボルトの助言で書き改められた、宰相ネッセリローデから幕府の老中宛の新たな国書のなかで、サハリン問題の交渉が追加されたのである(当時はネヴェリスコイがサハリン島北部の調査に着手したばかりであったが、シーボルトはサハリン島の分界をもち出すことによって日本の開国を促進できると助言したのであろう)。この新しい国書はパナマ経由の急使によって小笠原諸島の父島停泊中のプチャーチンに届けられたが、それと同時にプチャーチンが受け取った外務省の補足訓令は、ロシア政府が最近「アムール河の鍵」であるサハリン島に大きな意義を与えたことを述べ、この島が強力な海軍国(米・英・仏)の餌食となる可能性を懸念していた。

長崎に到来した当時、プチャーチンはまだ同年四月一一日付けの「サハリン島占領命令」を知るはずもなかったが、長崎で三カ月余も日本全権を待つうちに、サハリン西岸の測量とタタール海峡の状況視察のために派遣した蒸気艦「ヴォストーク号」の報告によって、政府のサハリン島占領命令と九月二一日(日本暦九月一日)のロシア兵のクシュンコタン(のちの大泊、現在のコルサコフ)占拠の事実を知った。プチャーチンはそのことから政府の政策が変わったものと判断したらしく直ちに老中宛に書簡を送り、そのなかで自らの持参した国書にもかかわらず、サハリン全島の領有を主張している(『幕末外国関係文書』三巻二〇文書)。

ようやく一二月二〇日から始まった幕府の魯西亜応接掛筒井政憲・川路聖謨との談判にあたり、

プチャーチンはまず千島国境の画定を第一に取り上げ、「クリール諸島は以前からロシアに属し、エトロフ島も五〇年前まではロシア人のみが居住していたのに〔イジュヨら三人のロシア人のことを指しているのであろう〕、その後日本が手に入れた」と述べ、ロシアがエトロフ島に半分の権利をもつと主張した。しかし一八二一年の露米会社に対する第二次特許状から推定されるように、ロシア政府の訓令は「エトロフ島とウルップ島の間をもって日露の国境とする」ことを指示していたので、*これはサハリン国境問題の主張を有利に展開するためのプチャーチンの外交的戦術だったと思われ、エトロフ島に対する主張が再び繰り返されることはなかった。

*この訓令は、一九九二年九月日露両国外務省によって共同作成された『日露間領土問題の歴史に関する共同作成資料集』に収録されている。

さらにサハリン島の領土問題についても、魯西亜応接掛の川路聖謨が、領土の拡張を否定して境界の画定を求めたロシアの国書とサハリン全島の領有を主張したプチャーチンの老中宛書簡（露暦一一月六日付け）の矛盾を突いたとき、プチャーチンはそのことを弁解しながら、国境画定さえできればロシア兵がクシュンコタンから撤退することを約束した。一方サハリン島現地では、嘉永六年（一八五三）九月一二日にロシア兵のクシュンコタン占拠の報を受け取った松前藩は一七、一八日には早くも一番手、二番手の軍勢をサハリン島へ向け発進させたが、晩秋の渡海の困難さを理由に宗谷と増毛で越冬し、翌春四月中にクシュンコタンとハッコトマリに陣屋を建てて、ロシア側のムラヴィヨフ哨所（堡塁）と対峙していた。両者の関係はロシア側の隊長ブッセの穏健な態度により良好であったが（ブッセ『サハリン島占領日記 1853–54』参照）、当時はすでにクリミヤ戦争開戦の報が長崎に届いており、英仏艦隊による攻撃を恐れたプチャーチンが幕僚のポシェット中佐を輸送船「メンシコフ公号」でクシュンコタンに派遣してムラヴィヨフ哨所の撤退を提案したので、クシュンコタンの占拠は八カ月でピリオドが打たれたのである（秋月俊幸『日露関係とサハリン島』）。

プチャーチンは沿海州のインペラートル湾で東シベリア総督ムラヴィヨフと会見したのち、本国から到来した新鋭のフリゲート艦ディアナ号に乗り換えてただ一隻で日本へ向けて出帆した。すでに「日米和親条約」調印を知っていた彼は日本側との交渉を再開するために英仏艦隊との遭遇を避けて大坂に現れたが、幕府の要求で下田に回航し、日露条約の交渉は同地で行なわれることになった。このようにして安政元年一二月二一日（露暦一八五五年一月二六日、新暦二月七日）下田の長楽寺において締結された「日露和親条約」の第二条は、千島の境界をエトロフ島とウルップ島の間と定め、また「カラフト島に至りては、日本国と魯西亜国との間におゐて界を分たず、是迄仕来《しきたり》之通たるべし」と規定した。ここでいう「仕来」については日露両国の解釈に大きな隔たりがあり、ロシア側では国境画定の据え置きの意味が強く、ロシア人の日本人居住地以外への進出を妨げるものではなかった。これに対して日本側にはアイヌの居住地は古来から日本の領土とみなす特異な領土観があったので、その地方への新たな進出を「仕来」に反するものとは考えなかった。それゆえ、やがて双方の主張が重複する部分において日露両国人の雑居が生じるのは必至であった。このようにしてクリミヤ戦争終結後にはロシア人の新たなサハリン島進出とともに日露間の主要な係争として

「サハリン問題」が起こったのである。

幕府はプチャーチンからサハリン島分界の提案を受けた頃、天明年間から文化年間に至る(一七八一～一八一八)すぐれた調査にもかかわらずサハリン島の現状が不明であったので、あわてて旧記の取り調べを始めるとともに、翌安政二年(一八五六)三月末には目付の堀織部(利熙)と勘定吟味役の村垣与三郎をサハリン島および北海道の見分に派遣した。彼らが半年にわたる北地巡回ののち提出した「松前並蝦夷地惣体見分仕候見込之趣大意申上候書付」という復命書は、蝦夷地が世界でも稀な好漁場であるにもかかわらず無防備であることを指摘した後で、松前藩復領以来アイヌたちは以前と同様に場所請負商人の配下たちによって酷使されて非道の扱いを受けており、廻浦の際に方々で人目を忍んで片言の和語でそのことを訴えたと記している。そして、開国の結果しばしば到来している異国人が彼らを手懐けるときは「支配人番人等之惨毒を免れ候を幸ニ存じ、聳動帰服可仕は必然之勢」と述べて、アイヌたちが異国人に従うことを懸念し、幕府の再度の蝦夷地直轄の必要を強調している(「蝦夷地御開拓諸御書付諸伺書類」『新撰北海道史』五巻史料一所収)。

「日露和親条約」締結の結果、幕府は安政二年(一八五五)二月、再び松前および江差地方を除く蝦夷地と南千島・サハリン島を松前藩から上地し、箱館奉行をおいてこれらの地方の行政にあたることになった(松前藩には陸奥国・出羽国から三万石の領地を補償)。それは寛政年間の状況を想起させるものであったが、ただ前幕領時代には最初東蝦夷地と南千島の請負人を廃止して幕府の直捌きを行なったのに対し、今回は請負人を残したまま労働者としてのアイヌの雇用および給与、交易品の支給は奉行所を通じることとし、請負人によるアイヌへの不正を防止した。またアイヌの風俗の改変と同化政策が前時代と比べてかなり積極的に行なわれたことも特徴であった。

蝦夷地の警衛については、このたびは北海道・カラフト・南千島諸島を松前藩のほか東北六藩に分割して担当させることにしたが、万延元年（一八六〇）以降は警衛地の過半を諸藩の領地として認め、行政とともに開発をも委任した。そのなかで白老以東の東蝦夷地は南千島諸島とともに仙台藩の警衛地となり、エトロフ島・クナシリ島のほか厚岸・十勝・白老の各地方が仙台藩の領地となった。また北海道北端の宗谷地方およびロシアとの係争地となった北蝦夷地（カラフト）の警衛を委ねられた秋田藩は離れ島のカラフトの警衛の困難を申し出たので、文久年間以降は仙台・秋田・庄内の三藩が隔年交代で夏季にのみ警衛することとなった。

「日露和親条約」の結果ロシア領ウルップ島と隣り合う国境となったエトロフ島を領地としてもつ仙台藩は、そのことをロシアとの友好の基礎と考えたようである。世界を一周して帰国した石巻漂流民の地元であったこの藩では、大槻玄沢が『環海異聞』を著して以来、漂流民を送還したロシアに対する敬意が底流としてあったらしく、すでに嘉永二年（一八四九）には玄沢の次男で同藩の洋学者であった大槻磐渓がイギリスの来寇に備えるためにロシアと結ぶことを提唱していたが（『献芹《けんきん》微衷《びちゅう》』）、同六年にプチャーチンの長崎来航が伝えられるとペリーの強圧に対抗して再びロシアと結ぶことを幕府に上書した（『続献芹微衷』）。幕末期に箱館にロシア領事館が開かれると、仙台藩はロシア語学習のために留学生たちを領事館司祭のニコライ（のちの大司教）のもとに送っていたが、慶応四年(一八六八)五月に家老の但木成行(明治二年五月切腹)はビュツォーフ領事にそのことを感謝する書簡と進物を贈り、次のように述べていた。「貴国東境は、わが仙台藩の辺封諸島と煙火が望めるほど近くに隣り合っており、間に狭い海峡があるばかりである。互いの領土が近ければ自ずから信頼が生じ、交際を望むことも自然なことである」(仙台市博物館所蔵の但木成行書簡控、原本は漢文)。ここでいう「貴国東境」はロシア領ウルップ島、「仙台藩の辺封諸島」というのはもちろんエトロフ・クナシリ両島のことである。その後明治五年(一八七二)二、三月に仙台と箱館で起こった地方行政当局による最後のキリシタン迫害となったロシア正教徒の捕縛投獄事件は、以上のように箱館においてロシア語を学習しつつニコライから洗礼を受けてキリスト教の布教に努めていた旧仙台藩士や親族・友人たちに対する迫害であった。しかしそのことは当時の日本をめぐる外交的環境から、明治新政府は同年五月には彼らの釈放を指示せざるをえず、それは翌明治六年二月の切支丹禁制の高札の撤去という歴史的結末を招いたのであった(秋月俊幸「仙台藩とロシア」)。

第九章　日本の北千島領有と経営

一　樺太千島交換条約の締結

安政元年一二月（一八五五年二月）の「日露和親条約」によってサハリン島が日露両国の未分界地と定められたのち、幕府は安政二年二月この島の南部を北海道・南千島とともに再び直轄地としたが、実際にサハリン島を松前藩から引き継いだのは安政三（一八五六）年五月のことであった。勤番所はクシュンコタン（大泊）のほか、シラヌシ（白主）、エンルモコマフ（真岡）に置かれ、当初の出張役人は総勢一六人にすぎなかったが、そのうち一一人は自発的に家族ともども越冬を申し出た。彼らの最初の仕事は、漁場の支配人や番人たちにアイヌの取り扱いについての改革を布告することで、それ以後アイヌの雇用は幕吏の監督のもとに行なわれ、給与や撫育品の支給も不正を防ぐため幕吏の手を経ることになった。

すでに箱館奉行たちは南サハリンの北緯四八度の地峡の両端に位置するクシュンナイ（久春内）とマーヌイ（真縫）の重要性を指摘し、この両所に陣屋兼会所を建てて通路を開く必要を述べていた。しかしこれらの地方はかつて日本人が居住したことはなかったのである。ただサハリン島は鰊・鮭・鱒など魚類の宝庫であり、日本人の進出は漁業の拡大によってのみ可能であった。それゆえ箱館奉行所ではサハリン奥地に新漁場を開くことにし、越後の大庄屋松川弁之助、北海道の場所請負人山田文右衛門らの協力を求めて、彼らを直営漁場の差配人に任じた。予想されるロシア人の進出前にそれらの漁場を一挙に開発しようとしたのである。また奥地のウショロ（鵜城）はアイヌ人口が多く鰊・鱒の豊かな地方だったので、箱館奉行はサハリン島における漁場開設を申請した越前大野藩の早川弥五左衛門らの有志に「西岸ライチシカよりホロコタンまでの」立ち入りを認めたので、同藩では同志の藩士や領民たちをウショロに送って屯田的な開発に着手した。

クリミヤ戦争が終結してクシュンコタンを撤退したロシア兵たちが再び南サハリンに現れたのは安政四年（一八五七）六月のことで、そのときはクシュンナイ、マーヌイの地峡測量にとどまったが、翌年五月には海軍士官マルガーソフの率いる二二人がクシュンナイ川の北側に定着し、南側に位置する幕吏たちの締所《しまりしょ》と対峙することになった。しかし双方が互いに訪問し、言語の交換教授をしたり、茶菓や酒肴を出して雑談するなどかなり親しく交際していたことが調役下役岩田三蔵の日記からも知られる（『幕末外国関係文書』二二巻）。

東シベリア総督ムラヴィヨフがサハリン領土問題についてアレクサンドル二世から全権の委任を

受けて品川沖に来航したのは、安政六年（一八五九）七月のことであった。彼は前年にはこれまでネルチンスク条約以来ロシア人の航行が禁止されていたアムール河を大軍を率いて下り、武力を背景に清国代表奕山《イシャン》に迫って「愛琿条約」を締結し、アムール河左岸を無血によって獲得したうえ、沿海地方を露清両国の共有地とすることを認めさせていた。いまや彼はその余勢をかってサハリン島を獲得するために七隻の軍艦を率いて日本に到来したのであった。

彼は幕府の応接掛遠藤但馬守と酒井右京亮に向かって最初から「元来サハリンとアムールは同義語であるから、アムール河がロシア領になったうえはサハリンも同様だ」と乱暴な理屈で単刀直入にサハリン全島の領有を主張した。これに対し遠藤・酒井も「此方でも古来から全島を日本領と考えている」と全島領有の相打ちを図ったうえで、およそ北緯五〇度にあたる「タライカ、ホロコタン」での分界を提案した。しかしムラヴィヨフは「わが国ではいったん口に出したことは変えてはならないことになっている」と述べ、それが受け入れられないときは境界は和親条約のままにしておくことを伝えた。そのとき彼が「これまでの通り、南の人は北へ、北の人は南へ自由に行くことができる」と述べたのは、「仕来の通り」のロシア側の解釈を示したものであるが、幕府の応接掛がそれに何の反論もせず承認したのは、ロシア人の南方への自由な進出を認める結果となった。

文久元年（一八六一）三月箱館奉行村垣淡路守は老中安藤対馬守に提出したサハリン国境に関する上申書のなかで、サハリン島は「日本からは進み難く、ロシアからは進み易い地勢なので、彼我雑居となっては彼に制せられるようになる」と雑居の危険を指摘したうえで、箱館でロシア領事と交渉を始めることを伺った。しかし領事ゴシケヴィッチは自分には国境画定の権限がないと述べたので、箱館奉行らはたまたま二都二港の開市開港延期交渉のためヨーロッパに向かうことになっていた元箱館奉行竹内下野守らの遣欧使節団に、ロシアにおいてサハリン国境の談判を委任することを老中に要請し、これは直ちに認められた。竹内ら最初の遣欧使節団は欧州諸国を歴訪ののち、文久二年七月ペテルブルグに到着してロシア代表の外務省アジア局長イグナチェフと談判を開始した。竹内らは前後六回にわたる会談の冒頭から北緯五〇度における分界を繰り返し主張したので（彼らは老中首座安藤対馬守から北緯五〇度による分界を厳命されていた）、イグナチェフは日本使節が五〇度以外の分界の権限をもっているかどうかを尋ねた。そして否定的な答えを得ると、「それでは談判はできない。ロシア側ではすでにクシュンナイに陣営を建てているので、それより北方で国境を定めることは困難である」として、再度にわたり北緯四八度を示唆し、このような譲歩（島上分界）がロシア政府の「格別厚意」によるものであると述べたので、日本側も現地立ち会いによる分界に同意した。

翌文久三年（一八六三）三月箱館領事ゴシケヴィッチは幕府の外国奉行に書簡を送り、ロシア政府がサハリンの国境問題について沿海州軍務知事カザケヴィッチに全権を与えたことを告げ、日本全権のニコラエフスク渡航のために軍艦を派遣する用意のあることを申し出た。外国奉行らはこの書簡について討議し、北緯五〇度は困難でも地形により南部だけは確保したいとして、航路が氷結する前に使節の派遣を急ぐよう上申した。しかし幕閣はこれに何の下知も与えず放置したが、それはすでに攘夷の勅命が下り、長州藩の外国船砲撃やイギリス艦隊の鹿児島砲撃が起こっているときに、領土問題でロシアへの譲歩が必至とみられるサハリン問題の談判を敬遠したのであろう。翌慶応元年(一八六五)三月江戸を訪れたゴシケヴィッチは、在府箱館奉行から「その後幕閣の意見が変わり、経界を立てるより立てないほうがよいという議論も出たので未だどうするかは決定していない」と聞いて、すでにカザケヴィッチが沿海州軍務知事を離任して本国へ帰ったらしいとの情報を伝えている。

その間にサハリン島におけるロシア側の活動もようやく活発になり始め、ロシア兵によるウショロのアイヌ家族連れ去り事件なども発生し、北部のドゥエには石炭採掘のために一三〇人ほどの囚人が移されたことも伝えられた。そして慶応元年七月には陸軍中佐デ・ウィッテが一一〇人余の兵士を率いてクシュンナイに到来し、イギリスの侵略を防ぐことを口実に初めて大砲二門を備える台場を築いた。彼はシベリア正規大隊の大隊長で来年にはさらに四、五〇〇人を移す予定とのことで、それが国境画定の現地立ち会いの約束を無視した日本側に対するロシアの回答であることは明らかであった。そのような状況の下で翌年二月にクシュンナイで起こったのが、一カ月以上にわたる幕吏八名の捕囚事件であった。それは双方の意思の疎通を欠いた偶発的なものにすぎなかったとはいえ、日本側に与えた心理的影響は深刻なものがあった。箱館奉行小出大和守(秀実)はこのような事件の再発を防ぐために自ら露都で交渉することを上申し、その結果新たな遣露使節団の正使として小出が、副使には目付石川駿河守(謙三郎)が任命された。

小出使節団のペテルブルグにおける会談は慶応二年(一八六六)一二月三一日から前後九回にわたり、ロシア外務省アジア局長ストレモウーホフとの間で行なわれた。ストレモウーホフはサハリン島が日露両国に属することを前提に議論を進めており、そこから出てくるのがサハリン島に対する日本の権利のウルップ島など北千島の数島との交換であり、あるいはサハリン全島の共同領有の承認であった。小出は島上分界の委任は受けていないと明言したストレモウーホフに、繰り返しアレクサンドル二世への上奏を要請したが、そのたびに皇帝の意思の不変であることを告げられた。このようにして日本側もいまでは全島の共同領有における「雑居」を認めざるをえず、ロシア側の提案した「雑居規則案」が討議され、慶応三年(一八六七)二月二五日(露暦三月一七日)に「カラフト島仮規則」が調印された。それは日本側がもっとも恐れていたロシア人の南下に道を開き、アイヌの雇用をロシア人にも認めた点で、これまでアイヌの帰属をサハリン南部領有の根拠としてきた日本側の主張の破産を意味していた。東シベリア総督コルサコフは仮規則の報を受け取ると直ちに沿海州軍務知事フリゲリムにサハリン派遣軍の増強とアニワ湾への進出を命じたので、アニワ湾のトーフツ湖畔(ブッセ湾)には新たに「ムラヴィヨフ哨所」が設置され、それは間もなく三〇〇人のロシア兵が駐屯するサハリン最大の基地に発展した。

慶応四年／明治元年(一八六八)三月、明治天皇は江戸幕府に代わって政治の中枢となった京都二条城内の太政官代に赴いて蝦夷地開拓のことを諮問し、翌月には蝦夷地行政のために箱館裁判所(翌月箱館府と改称)の設置が決定された。箱館府はサハリン島の行政にも責任をもつことになったが、その管理者となったのは、かつて北蝦夷地詰めの箱館奉行所在住として、間宮林蔵も実現できなかったサハリン北岸の周回を実現した岡本監輔であった。その彼がいまや一介の処士の身から権判事に抜擢され、下僚八〇人余と移民男女二〇〇人余を率いて同年六月末クシュンコタンに着任したのである。彼は幕府が結んだ「カラフト島仮規則」など認めておらず、ロシア兵の新たな地点進出に対してことごとく抗議を繰り返した。しかしそれは武力をもってするロシア側にとっては負け犬の遠吠えに似たもので、一八六九年(明治二)六月には東シベリア第四正規大隊の大隊長デ・プレラドヴィッチが、日本の本拠地クシュンコタン(大泊)と丘一つ隔てたハッコトマリ(函泊)に兵士を率いて上陸し、そこに陣営の構築を始めた。ここにはやがて大隊本部が移され、多数の流刑囚も到着してその後の紛糾のもととなるのである。間もなくロシアの哨所はポロアントマリ、チベシャニ、マオカ、シスカなどにも設けられたが、それらはいずれも日本の漁場が置かれていたところであった。日本側(岡本監輔)が仮規則を否認したとすれば、ロシア側はこの規則において進出が規制されていた「産業のために用いざる場所」という文言を極端に狭く解釈して日本漁場の一隅に兵営を構え、仮規則を根拠にその進出を正当化したのであった。

翌明治三年(一八七〇)五月には「樺太開拓使」が置かれることになり、兵部大丞黒田清隆が開拓次官としてもっぱらサハリン問題を担当することになった。彼はこの年九月にサハリン島を訪れたが、彼我の勢力が予想以上に隔絶していることに驚き、従来のように日本の官吏たちがことごとにロシア側と争うことの非を認識した。東京に帰着後彼は太政官に建議してサハリン島は「今日の形勢を以てすれば三年ももたない」と述べ、北海道の石狩に大臣を長官とする鎮守府をおいて北海道の開発を急ぐべきことを具申した。さらに明治四年正月、彼は北海道開拓のためのお雇教師を求めてアメリカへ出発するに際し有名な「樺太処分の三方策」の上書を提出し、そのなかでサハリン島を棄てて北海道の開発に全力を注ぐべきことを力説している(『黒田清隆履歴』)。

明治新政府がサハリン処分について初めて具体的方針を決定したのは、明治四年(一八七一)五月参議副島種臣をポシェット湾(ウラジヴォストーク近傍)に派遣する際に交付した全権委任状においてであった。そこでは全島購入、島上分界のほか、「全島を彼に授け、之に易《かえ》るの利益を我に得る議」の三案が委任されており、サハリン放棄を方針の一つとして認めていた。副島のポシェット湾派遣は実現しなかったけれども、翌五年四月ロシア最初の遣日外交官としてビュツォーフが代理公使の資格で来日したとき、彼は前記の委任状に基づいてサハリン問題の交渉を始めている。しかし副島の交渉は台湾問題、ついでサハリンの函泊出火事件の調査によって中断され、やがて明治六年(一八七三)秋に米欧派遣使節団の一行が帰国すると、岩倉・大久保らの外遊派と西郷・副島ら留守政府の間で征韓論をめぐって激烈な政治闘争が起こった。その折に外遊派が留守政府によってすでに決められていた遣韓使節派遣に反対するための最大の口実としたのが、ほかならぬサハリン問題の切迫であった。それゆえ西郷や副島らが下野すると、岩倉や大久保らは信義上からもこの問題の解決を急がざるをえず、早くも一二月三一日にはロシアへの使節派遣が閣議で決定された。

使節の人選については、参議の大久保利通が表面では自薦をしながらも、他方では開拓次官黒田清隆（明治七年八月参議開拓長官）に宛てて彼の配下の開拓中判官榎本武揚の意向を打診するよう依頼していた。彼らはすでに「榎本氏ならでは他に見込みの人体も無之」と一致していたのである。確かに経歴・識見・才気の点ばかりでなく、オランダに留学して海事法のみならず国際法一般の知識を身に付けていた榎本ほどこのたびの外交交渉に適していた人物は当時はいなかったであろう。かくて榎本は特命全権公使のほか海軍中将にも任命されたが、それは「武官之方外国に対して大いに引き受けも宜しく」という理由からで、破格の措置であった。しかし彼が旧幕府の脱走艦隊を率いて北海道を占領し、「デ・ファクト（事実上の）」の政府を樹立して新政府と争った実績を考えると、その資格は十分にあったであろう。政府がサハリン領土交渉について榎本に与えた極秘の箇条書の第一款には、「彼我雑居ヲ廃シ境界ヲ定ムル事」、また第二款には「今全島ヲ魯国ノ有ト為スニ於テハ、魯西亜右ニ釣合フヘキ地ヲ我ニ譲ルベシ」とあり、日本政府は雑居をやめるためにサハリン島を放棄することを初めて唯一の方針としていた。

榎本は露都に到着すると、日本公使館の市川文吉・西徳二郎・志賀親朋ら当時のロシア語知識の三羽烏ともいうべき人々に命じてサハリン島や千島列島、沿海州などに関するロシア刊行の地誌・歴史の書物や新聞等を収集させ、あるいはこれらの地方に詳しいロシア人たちの証言を入手して、サハリン問題が日露両国に与える意義を検討していた。そのほか榎本はかつて長崎海軍伝習所時代に教えを受け、オランダ留学中にも世話になったオランダの海軍軍医ポンペを日本公使館附属医師の名目で顧問とし、彼の広い交際によってロシア側の内部情報を探っていた。

本格的な国境問題の談判が始まったのは、出張中のアジア局長ストレモウーホフが帰京後の第四回会談（一一月一四日）からであったが、榎本のストレモウーホフとの談判は見事なものであった。島上分界の不可を主張するストレモウーホフの論拠は榎本によって一つ一つ論破され、かつて駄々をこねる子供のような小出大和守を手玉に取った熟練外交官のストレモウーホフも榎本にはたじたじであったようである（『大日本外交文書』七巻参照）。第六回の会談で榎本は初めて先頃の電報でサハリン放棄の代償交渉の委任を受けたと述べて、この日から公式に補償問題の談判を始め、ウルップ島以北の「クリール全島」の譲渡を要求した。これに対してストレモウーホフは、アンフィリット海峡（第二島パラムシル島と第三島オンネコタン島間の海峡）はロシア艦船の通路になっているので、その譲渡には海軍省の同意が得られないと反対した。その後ロシア政府は総評議を開いて条約文の作成を急いだらしく、次の第七回会談では皇帝の裁許を得た条約案（露文）を榎本に示したが、それはサハリン全島領有の代償としてウルップ島以北の「クリール諸島」の島々全部を日本に譲るほか、日本側の要求をほぼ認めたものであった。このようにして明治八年（一八七五）五月七日（露暦四月二五日）、ペテルブルグで日本全権榎本武揚とロシア宰相兼外相ゴルチャコーフ公爵によって「樺太千島交換条約」（原文は仏文）が調印され、そこにはサハリン島に残留する日本人の漁業活動の権利の保証のほか、オホーツク海およびカムチャツカ沿岸における日本漁業の最恵国待遇なども含まれていた（日本語の条約文は、榎本の顧問のポンペがフランス語の原文をオランダ語に翻訳したものを榎本が和文に重訳したもので、不正確な翻訳もみられる）。

二　サハリン・アイヌと千島アイヌの運命

1　サハリン・アイヌの北海道移住

明治八年（一八七五）八月二二日に東京で調印された「樺太千島交換条約」の「条約付録」によれば、サハリン島や北千島諸島に居住する先住民はそのまま現地に留まるときは「新領主ノ臣民」となり、従前の政府に帰属することを望む者は、三年間の猶予期間のうちにその領土に移住することが定められていた。しかしサハリン島との関係の清算を急いだ開拓使は、サハリン島における日本人の漁業の権利を認めさせた榎本の努力にもかかわらず条約成立以前からサハリン漁業の放棄を決定していたらしく、明治八年三月現地の行政官長谷部辰連は黒田長官に対し、日本漁場で働くサハリン・アイヌを直ちに北海道北部の利尻郡あるいは枝幸《えさし》郡付近へ移住させることを上申していた。日本人のサハリン漁業はアイヌの労働力によって維持されており、また漁場周辺のアイヌの生活も日本漁業に依存していたので、北海道に引き揚げる漁業家とアイヌ双方の利益を考えたのかもしれない。利尻および枝幸付近は当時サハリン最大の漁業家伊達と栖原の漁業経営地であった。

それに対して黒田長官は、サハリン・アイヌを北海道北部に居住させるときは漁業家たちに利用されて自立の見込みがないという理由で、石狩川沿岸の江別太《えべつぶと》（千歳川合流点）付近への移住を指示したようである。しかしサハリンで現地当局がアイヌたちへ北海道移住の希望先を調査したところ、移住希望の全員が宗谷を望んだのでとりあえず宗谷に移すことを通知し、明治八年九月九日には二〇人のアイヌが図合船《ずあいぶね》＊で宗谷に渡海し、以後一〇月一日までの間に八四一人のアイヌ男女が開拓使の官船函館丸や栖原の図合船、番船などに便乗してクシュンコタンから宗谷に渡った。彼らのほとんどは伊達・栖原の漁場があったアニワ湾沿岸および西岸マオカ(真岡)付近の住民たちで、移住を急いだため遠隔地の家族ではその一部しか間に合わない場合もあった。「条約付録」では先住民は三年以内に国籍を決めることになっていたが、開拓使はその後迎えの船を出さなかったばかりか、北海道に移住したアイヌたちのサハリン渡航も許さなかったので、それらの家族は離散したままになったのである。

＊江戸時代から明治期にかけて、北海道と東北地方北部で廻船や漁船として使用された一〇〇石積み以下の船。

移住したサハリン・アイヌたちは迫り来る冬を前にして、宗谷岬からバッカイ(抜海)の間の伊達・栖原の漁場周辺一二カ所に急造りの小屋を建てて定着した。そのことは江別太への移住を指示していた黒田長官の激怒を招いたので、札幌の開拓大判官松本十郎は自ら宗谷に出張してアイヌたちに石狩への移住を説得し、長老一一人を厚田経由で札幌に伴って移住予定地の見分をさせたが、そのことはかえって彼らの宗谷定住の意志を固めさせただけであった。アイヌたちも北見州への移住には反対しなかったので、松本は明治九年(一八七六)五月枝幸郡の漁場を場所持伊達林右衛門から取り上げてサハリン・アイヌたちに分与することを上申した。しかしあくまで石狩川地方にこだわった黒田はそれを認めなかったばかりでなく、その六月東京から中判官堀基、七等出仕鈴木大亮らを官船玄武丸と矯龍丸《ケプロン》で宗谷に派遣し、警察官の銃砲の威力によってサハリン・アイヌたちを小樽へ送り、そこからツイシカリ（対雁）に強制的に移住させたのであった。石狩川・十勝川地方への視察の途中でそのことを知った松本大判官は、そのことを「羊豚同様圧倒狩立」と評し、「条約付録」や理事官布告にも違反するものと断じている（『石狩十勝両河紀行』）。開拓使の措置を牧民官として恥じた松本は、視察の終りにツイシカリを訪れ、この地方に移されたばかりのサハリン・アイヌたちを訪ねて彼らに別れの挨拶をしたのち、辞表を提出して郷里の山形県鶴岡に引退したまま、黒田の慰留も断って再び官職に就くことはなかった。

　このようにして宗谷周辺に移住したサハリン・アイヌたちは、黒田開拓長官の独善的な意向によりほとんど強制的に石狩河口からおよそ三〇キロメートル上流のツイシカリに移されたが、それまで海辺での漁業に従事してきた彼らにとって開拓使が予定した開墾作業は彼らの望むところではなかった。それゆえその後開拓使もやむなく石狩湾の厚田や石狩河口に近い来札、シビシビウスなどに数箇所の漁場を与えて半農半漁の生活をさせたものの、漁場が遠いために家族に別居を強いることになった。開拓使は彼らの生活を保障し、農業の指導のほか、婦女子のために製網所や養蚕室・製糸室などを設けて授産を図り、あるいは学校を建てて子弟の教育に努めたが、官吏たちの熱心な努力にもかかわらずその成績にみるべきものはなかった。

　本来自由な生活を好んだ自然民族のアイヌたちにとって、それは押し付けのおせっかいのようなものであったろう。しかし彼らに降りかかったもっとも大きな災厄は、明治一五年(一八八二)および一九年(一八八六)のコレラ病、さらには同一九年と二〇年における天然痘の大流行であった。それはサハリン・アイヌたちのみを襲ったものではなかったが、彼らのような集団生活においてはとくに被害が大きく、その間に住民の半数に近い約四〇〇人が死亡したのである。明治九年(一八七六)四月にサハリン・アイヌの長老たちが宗谷から石狩への移住に反対した意見書のなかで、「(石狩ハ)繁華ノ土地ニ御座候得バ、私共様成土人共、多人数移住候テハ……第一疱瘡流行ニ係リ候テハ一人モ存命覚束無ク」と、すでに伝染病への懸念を述べていた(『石狩十勝両河紀行』)のは、誇張ではなかったのである。彼らはやがてツイシカリの土地を捨てて厚田や来札の漁場に移り住むようになったが、明治二十年代後半頃からは出稼ぎや墓参を口実に家族を挙げて故郷のサハリン島へ帰る者が続出し(『旧樺太土人戸籍謄本』)、日露戦争後に南サハリンが日本領土になると残りの者もほとんどがサハリン島に引き揚げたのである。『アイヌ政策史』の著者高倉新一郎は、そのことを「八百四十人のアイヌを北海道に移し、約十万円に近い国帑と三十年間の苦心を費やして三百六十余人に減少させ、これを元の住所に帰還せしめた」と評している。

2　千島アイヌのシコタン島移住

前述のように、「条約付録」によれば北千島に居住する先住民たちは従前の政府に属することを望む場合は、三年の猶予期間内にその領土へ移住することになっていた。そのことを先住民に布告し、新領土を受領するために千島方面には開拓使五等出仕時任為基が日本側理事官としてロシア側理事官マチューニンとともに日進艦で派遣され、シュムシュ島とウルップ島において国旗を掲げて授与の式を行なった。その折に、以前露米会社によってウルップ島とシムシル島で働かされていたアレウート人たちは九二人全員がロシア領土に移住を望んだが、千島アイヌについてはシュムシュ島以外への出稼ぎの者たちが多かったので、その人数も去就も不明であった(「クリル諸島受取手続書」『大日本外交文書』八巻所収)。

明治九年(一八七六)一月には北千島は千島国に編入され得撫《ウルップ》・新知《シムシル》・占守《シュムシュ》の三郡が置かれたので、その経営方針を立てるため、開拓使は同年五月時任為基と長谷部辰連を専門の随員たちとともに汽船函館丸で北千島の調査に派遣した。彼らは各島の地理や住民などについて調査したが(「千島三郡取調書」)、シュムシュ島には三五人の千島アイヌたちがいたものの、オンネコタンやシャシコタンに出稼ぎ中の住民たちとはついに出会うことができなかった。それゆえ彼らの去就の意向を確かめないうちに条約の猶予期間が過ぎて、千島アイヌはすべて日本に帰属することになったのである。

それまでの千島アイヌの状態は、一八六七年の露米会社の解散後はロシア政府の要請でカムチャツカのロシア商人アレクサンドル・フィペリウスが彼らへの食料や狩猟のための火薬・鉛、その他の必需品の供給を委任されており、彼らはその代償にラッコ・赤狐などの毛皮を納めていた。しかしフィペリウスは交換条約が締結されるとその地に保管していた全ての供給品をもち去ったので、千島アイヌたちは(中部千島のアレウート人たちも同様であったが)、その地をしばしば訪れる英・

米・露などの密猟船へ毛皮を捨て値で売って火薬・鉛・酒・タバコなどと交換せざるをえなくなっていた。そのため同地を調査した長谷部と時任は開拓使宛の報告のなかで、毎年一回彼らに食料品その他の生活必需品を輸送し、彼らが収穫する毛皮と交換することが必要であると述べ、その方法を上申していた。

三年の猶予期間が過ぎた明治一一年(一八七八)八月、開拓使は千島アイヌの帰属決定のため函館支庁の井深基らを玄武丸でシュムシュ島に派遣した。当時この島にいたのは男女合わせて二二人で、長老のアレクサンドルによれば、その他のアイヌたちは彼らが近傍へ出稼ぎ中にカムチャツカへ移転したとのことであった(それは前年ロシア船がウルップとシムシルからアレウート人たちを移送の途中シュムシュ島に立寄ったとき、それに合流した一二人の千島アイヌであったろう。彼らはその後シュムシュに戻ったようである)。当時シュムシュ島に残っていた住民たちはロシア領土に移っても生活の目途が立たないとして同島に留まることを望み、物資の補給と正教僧侶の派遣を要請したという(「明治一一年千島巡視書類」)。開拓使は翌年も玄武丸でシュムシュ島に物資を補給するため西村貞陽・折田平内らの官吏たちを派遣した。そのとき彼らは今後の物資補給の困難さを告げて千島アイヌたちに南方の島々への移住を勧めたが、彼らは先祖伝来の島を離れることを望まなかったという。しかし日本側にしてみれば、一二〇〇キロも離れた絶海の孤島に毎年五〇〇〇円の費用をかけて少数の住民のために物資を補給することは、頭の痛い問題であった。またロシア語を話し、ロシア風俗に慣れた千島アイヌたちが皮舟でも容易に渡れるカムチャツカと一衣帯水の島に日本側の監視もなく居住することも懸念されたようである。そのうえ千島諸島では当時外国の密猟船が横行してアイヌたちと交易するほか、物資の略奪事件さえ起こっていたのであった。

開拓使は明治一五年(一八八二)に廃止されて北海道は札幌・函館・根室の三県に分割されたが、千島列島を管轄する根室県の県令となった湯地定基は北千島の国防についても腐心していた。そのため政府は明治一七年(一八八四)六月参事院議官安場保和、内務少輔芳川顕正、太政官大書記官西徳二郎その他各省の官吏たちを北千島視察に派遣することにし、根室からは湯地ら根室県の官吏たちも同行した。一行は同年七月一日最北端のシュムシュ島に上陸したが、同島にはたまたま南方のラショワ島に居住するアイヌたちも来島しており、千島アイヌのほぼ全員が集まっていたという。これまで北千島諸島のアイヌたちを説得して全員をシコタン島へ移すことを計画していた湯地にとって、それは計画を実行に移す絶好の機会であった。このたびは政府の官吏たちも居合わせており、彼らの面前で千島アイヌたちに移住を説得することができれば政府の承認も受けやすいと湯地は考えたようである(小坂洋右『流亡』参照)。それゆえ湯地はこの島に上陸して宿泊しながらシュムシュ島長老のアレクサンドルを懸命に説得し、ようやく納得が得られそうになったとき、今度はラショワ島長老のヤーコフが反対した。しかし彼もロシア語の得意な西徳二郎(もとペテルブルグ日本公使館書記官)の粘り強い説得に屈したようである。その折の対話の内容は「根室県警察署」の罫紙に毛筆で記された「千島巡航日記」によって知ることができる。千島アイヌのシコタン島移住が決定すると直ちに準備が急がれたらしく、七月五日には荷物の積み込みが完了し、千島アイヌたちは彼らのよき伴侶であった一〇〇頭に近い犬を次々に殺していたという。このようにして当時北千島に住んでいた九七人のアイヌたちは祖先伝来の生活の場をあわただしく離れたのであった。

千島アイヌたちを乗せた函館丸は途中エトロフ島のシャナに寄港したのち、七月一一日にシコタン島に到着した。彼らが定住することになったシャコタン(斜古丹)湾は北千島とは違ってトドマツやエゾマツなどが生育する気候温暖で風光明媚な土地で、彼らの生活のために好適な場所のように思われていた。しかもこの島は彼らの故郷シュムシュと同じほどの大きさの島で、かつては根室からの出稼ぎが行なわれていたものの当時は無人島になっていたが、南千島には定期の郵便船が派遣されていたので彼らの保護のためには便利であった。根室県は千島アイヌたちの生活を保障するとともに、日本風の家屋や半地下式の住居を建て、農具や漁具、家畜などを貸し出し、それらの使用法を指導するなどして彼らを農業・漁業・牧畜によって自立して定着させるべく努力したが、結果的にそれらのいずれも成功しなかったようである。それは彼らの来島間もなくから病人や死亡者が続出し、翌明治一八年(一八八五)末までに二〇人が死亡し、その間の出生者二人を加えても人口は七九人に減少したためでもあった。その傾向はその後も続き、人類学者の鳥居龍蔵が同島を訪れた明治三二年(一八九九)には移住当時の九七人のうち過半の六三人が死亡しており、その後出生した子供たちを数えても人口は六二人に減少していた。そのような大量の死亡の原因については環境の激変などが考えられていたが、色丹戸長役場の日記には、アイヌたちが「この島は悪い島であるからこのように死者が続くが、シュムシュ島では厳冬になっても氷下で種々の魚類を捕らえて食べることができる」と述べたことが記されている（鳥居龍蔵『千島アイヌ』）。そのことから考えればこれまで年中を海獣や魚類など動物性の生食で過ごしていた彼らの食生活が米食などに一変して、ビタミンCやBの摂取が不足したことに主要な原因があったのかもしれない。

日本の役人たちは彼らが新しい開拓生活になじまないことを怠惰な習慣や自助精神の欠如に帰していたが、彼らはもともと北海の厳しい条件のもとで家族を伴い、海獣狩猟という困難な生活をしてきた勇敢な人々であった。シコタン島移住後の彼らが一貫して故郷の島々への帰還を求め続けていたとすれば、彼らは押し付けられることのない自由で自然な生活に戻りたかったのであろう。明治二二年（一八八九）にシコタン島の穴間湾に停泊していたイギリス人のヘンリー・ジェームス・スノーは、日本語を話し、英語も多少できた千島アイヌたちが彼に「シコタンよくない、ウシシルよい、トドたくさん、ラッコたくさん、オットセイたくさん、鳥たくさん、シコタン何もない」と悲しみをもって訴えたことを記している（スノー『千島列島黎明記』）。それは陸に上げられた魚が水を求めるようなもので、そのことはツイシカリに移されたサハリン・アイヌの場合も同様であった。

以上のようなシコタン島における開拓作業の不成績とアイヌたちの北千島帰還の希望が強かったため、明治三〇年（一八九七）根室郡長林悦郎は試みに彼らの北千島における海獣狩猟を北海道長官に申請し、同年には三家族一〇人が軍艦武蔵に便乗して北千島に向かった。ただシュムシュ島は当時郡司大尉らの報效義会の植民地になっていたので、彼らの出稼ぎ地はパラムシル島南端のベットブとされた。その結果がよかったので出稼ぎはその後もオンネコタン島にまで拡げられて、家族ごとに輪番的に続けられたが(日露戦争時の明治三七年(一九〇四)を除く)、明治四〇年(一九〇七)以後は収支が悪化したため明治四二年(一九〇九)をもって出稼ぎは中止となった。その頃になると以前の外国の密猟船に代わって日本人の猟船がこの海域で活動するようになり、海獣も激減していたのである。当時でも千島アイヌを北千島に戻そうとする意見もあったようであるが、それには将来の見通しのないことから反対が多かったという。その結果彼らの撫育費は当初の一〇年間の予定から引き続き延長されたものの、開拓生活には何らの進展もないままに昭和七年(一九三二)には打ち切られ、彼らはその後海藻採集で生計を立てていたという。当時の千島アイヌの人口は男一四人、女二七人のわずか四一人に減少していた。その間にこの島には日本人の移住者も増加して彼らとの混血も進み、彼らの生活も日本の風俗に移ってそのなかに埋没していったようである。昭和一六年(一九四一)には最後まで残っていたフェオドシアが死亡して、シコタン移住時の千島アイヌ九七人の全てが世を去ったという(庄司幹雄『近代千島列島誌』上)。

三　外国密猟船の活動

樺太千島交換条約後の北千島諸島では、露米会社の解散によってウルップ島とシムシル島に取り残されていたアレウート人たちが明治一〇年(一八七七)にカムチャツカに引き揚げたのちは、本来の先住民であった千島アイヌのみがシュムシュ島およびラショワ島に居住しつつ、ウシシル島以北の島々を海獣の狩猟場として生活を続けていた。しかし前述のように明治一七年（一八八四）に彼らがシコタン島に移されたのちは、北千島は完全に無人の島々になってしまったのであった。

とはいえ、その前後からこの海域では主として英米人によるラッコ密猟船の活動が始まっていた。その最初のものは明治五年（一八七二）にエトロフ島沖合に現れたカリフォルニアのラッコ狩猟船の船長キンバレーであった。彼は前年秋に流氷によってベーリング海に放置されていたという多数の捕鯨船から鯨のひげを集めるために、まず太平洋を横断し、黒潮を利用して北上することを有利と考えて日本に到来し、北上の途中エトロフ島の沖合でおびただしいラッコの群を発見して短期間に三〇〇頭の毛皮獣を捕獲したという（スノー『千島列島黎明記』）。

その噂は彼が帰国するとすぐに知れわたり、翌年にはカリフォルニアから六隻のアメリカ人の密猟船がエトロフ島周辺に到来したという。その頃横浜に住んでいたイギリス人のH・J・スノーが、同地で下船したキンバレー一行の元船員たちからその噂を聞いて、彼らと船長のほかに日本人乗組員たちを雇用し、東京で購入した古いスクーナー船で千島列島におけるラッコ猟に乗り出したのも同年のことであった。彼はその後この海域における海獣密猟の第一人者として知られることになる人物である。その年は密猟船七隻で大小一二〇〇頭のラッコが捕獲されたという。翌明治七年（一八七四）には外国の密猟船は一二隻となり、うち七隻はカリフォルニアから、三隻は日本（横浜？）からやってきて一八五〇頭のラッコを捕獲した。その年から日本側でも外国密猟船を取り締まるために軍艦や開拓使の汽船矯龍《ケプロン》丸を派遣して臨検や警告を始めたが、それは単なる尋問や今後密猟をしないという誓約書の提出にとどまったようである(北大附属図書館には、明治七年中にエトロフ島沖合で矯龍丸が外国船八隻の船長らから徴収した始末書の現物が残されている(北大附属図書館編『開拓使外国人関係書簡目録』参照))。それゆえ外国の密猟者たちは緊急避難や食糧不足・船体修理などを口実に自由に千島の島々へ上陸し、密猟を指摘されても領海(三カイリ)外での狩猟だといい逃れて獲物を没収されることはなかったようである。それは当時日本が諸外国と締結していた条約が不平等条約で、日本には外国人に対する裁判権がないためもっぱら横浜でその国の領事裁判に訴えるほかはなく、実効は期待できなかったからである。

スノーによれば、外国密猟船の千島列島におけるラッコの捕獲数は明治五～一四年(一八七二～八一)の最初の一〇年間だけで八三二五頭で、その間の日本狩猟船の収穫は一七七七頭であったという。しかしこのような無統制の乱獲のゆえに、次の一〇年間の明治一五～二四年(一八八二～九一)にはこの海域におけるラッコの捕獲数は一二〇一頭に激減し、その後は新たに発見された貴重な毛皮獣オットセイがそれに代わったのであった。オットセイの群棲は明治一二年(一八七九)頃初めて中部千島のウシシル島とラショワ島の間にあるスレードノイ岩礁で発見され、明治一四年夏にスノーは最初の一週間に二〇〇〇頭ほどのオットセイを獲ったが、保存用の塩を使い切ったので函館に戻り、再び岩礁に向かって三日間で一二〇〇頭を獲ったと記している。その年に出猟した外国密猟船は全部で一一隻で、そのほとんどはオットセイ猟に従事し、捕獲頭数は一万四〇〇〇頭に達したという。その年にはあるアメリカのスクーナー船の乗組員たちがカムチャツカ沖合のオットセイ群棲地に上陸しようとして、土着民に銃撃されて日本人水夫数人が射殺され、ほかに三人が重傷を負った。負傷者の手当てのために上陸したペトロパヴロフスクではロシアの官憲が五〇〇枚の毛皮を没収したが、それは千島などで獲ったものであったという。明治一六年(一八八三)八月にはスノー自身がベーリング島のオットセイ群棲地において船ごと拿捕され、ペトロパヴロフスクからウラジヴォストークに連行されて二カ月にわたり抑留されたのち、船と積荷を没収されて釈放されている。密猟船に対する日本側の対応との違いがわかる事件である。

スノーは千島列島におけるラッコやオットセイの外国人狩猟者たちについて、彼らは密猟者・海泥棒・海賊などとひどい悪名で呼ばれていたが、それほど悪党ではなかったと弁明している。彼はそれらの人々がその地において窃盗を働いたり、住民たちに暴行を加えたりした事例は聞いたことがないと述べている。その点はわが国で伝えられていることとは食い違いがあるが、彼自身については事実であったろう。彼はまた無統制な海獣の乱獲からこの産業の将来性を保証するために開拓使に規制や保護について進言したが、日本当局はこれを受け入れなかったとも述べている。そのことは明治七年(一八七四)一二月に彼が函館在住の有名な英国商人ブラキストンを通じて、開拓使にエトロフ島のラッコ猟の指導を申し出て拒絶された書簡が残っていることによって裏付けられる(北大附属図書館編『開拓使外国人関係書簡目録』参照)。その結果、彼が述べているように外国人密猟者たちは思うままに海獣を捕獲し、この貴重な産業は事実上終結したのであった。

スノーは一八七三年(明治六)から二十数年間の千島列島における海獣狩猟について、日記に基づいてIn forbidden seas（邦訳書名『千島列島黎明記』）という波乱に富んだ記録を一九一〇年（明治四三）に刊行しており、われわれは当時未知であったこの海域の状況をつぶさに知ることができる。彼は単なる海洋冒険者ではなく、千島列島の地理・気象・海流・動植物・住民などについて詳細に調査したNotes on the Kuril Islands（千島列島誌）を英国王立地理学協会から公刊しているのである。彼はこの科学的な論文によって同協会の特別会員の称号を受けており、北海道庁も明治三四年（一九〇一）自らの北千島総合調査の結果である『北千島調査報文』を公刊する際には、スノーの論文を「千島列島篇」として翻訳転載し、その功績をたたえている。彼はまた千島列島のほとんどの島々を測量しており、英国王立地理学協会が一八九七年に刊行した「クリール諸島地図」は日英両国海軍の測量をスノーの個人的な海図で補ったもので、各島の地形図および周辺の水深図もスノーの測量を借用したものであった。当時彼ほどこの海域に通じている者がいなかったことの証左である。日本海軍水路部が「海図第九号」として明治二八年（一八九五）に銅版で刊行した「千島列島諸分図」も、そのような英国海軍の海図を利用したものであった。

四　北千島探検と移住の試み

ウルップ島以北の北千島諸島はサハリン島との交換で獲得されたものでありながら、日本人はこれらの島々の富源であった貴重な毛皮獣獲得のノウハウをもっていなかったので、その海域は外国人密猟者たちの独擅場となっていた。政府や開拓使はその取り締まりのために軍艦や監視船を派遣したが、その効果が限られていたことは前述の通りである。そのことは当時の日本人の民族意識を刺激したと思われるが、千島列島は日本から遠く離れた気象条件の厳しい島々であったから、その地を植民によって維持することは非常に困難であった。

このときにあたり、そのことを非常に憂慮していた明治天皇から直接の勅命を受けて北千島の探検に派遣されたのが侍従の片岡利和であった。彼はもと高知藩士で維新のときは北越戦争に参加し、明治二年(一八六九)に侍従職に就いてからは台湾を視察したり、天皇の奥羽巡幸に随行し、北海道にもたびたび出張していた心身ともに強壮な人であったという。六人の随員よりなる片岡探検隊は明治二四年(一八九一)一〇月エトロフ島に到着後、まず真冬の同島中をカンジキをはいて跋渉調査している。彼らは翌春五月にはラッコ猟の特許を認められていた帝国水産会の第一千島丸に便乗してエトロフ島を出発し、北千島の各島に立ち寄りつつ最北のシュムシュ島モヨロップ湾(片岡湾)のチボイネに上陸した。彼らは明治一七年(一八八四)に離島した千島アイヌたちが残した穴居小屋に居住して二カ月にわたり調査を行なったが、その結果として随員で北海道庁属の多羅尾忠郎は『千島探検実紀』のなかで、この島で漁業に従事しつつ密猟船への警備にあたる「屯田兵」ならぬ「屯海兵」の設置を提唱している。彼らは水路調査と密猟船取り締まりのかたわら片岡探検隊を探しつつシュムシュ島を訪れた海軍測量艦磐城《ばんじょう》に迎えられて、九月六日無事根室に帰着した。

ところでシュムシュ島に到来した磐城艦には品川から「日本新聞」記者の桜田文吾が、また函館からは「日本新聞」社主陸羯南《くがかつなん》の依頼で旧津軽藩士の笹森儀助が便乗していた。彼らはいずれも千島の実情を調査し広く国民に知らせるためにこの航海に参加したもので、笹森はその折の調査について『千島探験』を著してその地の警備と開拓の必要なことを述べている。そのなかで彼は磐城艦の水先案内として雇われて同行していたシコタン島居住の千島アイヌのイワン・ブレチンから、かつて数百里の島々を自由に往来していたシュムシュ島アイヌの生活を聞いて彼らの現状に同情し、彼らをシュムシュ島に戻して北千島の拓殖と警備にあたらせることを主張している(彼はその後、琉球諸島を調査して『南嶋探験』を著しているが、それは先駆的なフィールドワークとして柳田國男その他の民俗学者から高く評価された)。

片岡侍従の千島派遣に刺激されて、明治二五年(一八九二)一月に東京で千島開拓のために「千島義会」という団体を組織したのが岡本監輔であった。岡本は幕末期に前人未到のサハリン島一周を達成し、明治初年には開拓使の開拓判官として南樺太の行政を担った強硬な樺太維持論者であったが、樺太から身を引いたのちは第一高等中学や哲学館等で和漢学を講じていたという。その彼が明治二四年春に東京の家財を売却してウルップ島以南の千島諸島を視察したのは、樺太との交換で日本領土となった北千島の状況を憂えていたからであった。彼は東京に戻ると『千島開拓事宜』を著して北千島開拓の必要を唱導し、教え子の関熊太郎とともに千島義会の有志たちを募り、帆船占守丸を購入して同志一七人、水夫・漁夫九人が乗り組んでシュムシュ・パラムシルに向かうことにしたのである。しかし函館で占守丸の到着を待つうちに同地へ向かう測量艦磐城が入港したので、岡本は千島義会の会員二人の便乗を頼んでまず北千島の状況を調査させることにした。その間に岡本らは北洋の漁場調査に向かうことにし、占守丸でエトロフ島に渡って漁業を試みたが、折悪しく八月三〇日の台風に遭って難破してしまい、船を失った千島義会の計画は早々に挫折し、会員たちは一二月に便船を得て函館に引き揚げた。それでもなお岡本は『千島見聞録』を、また関熊太郎は『千島探検誌』や『千島拓殖論』を著して千島に対する世論の喚起に努め、副島種臣らの助力で第四回帝国議会に千島拓殖を請願したが成功しなかった。

このときにあたり、明治二六年（一八九三）三月二〇日東京の隅田川から手漕ぎのボート五艘に分乗して北千島の開拓を目指して出発したのが、予備役海軍大尉郡司成忠《ぐんじしげただ》の率いる八四人の「報效義会《ほうこうぎかい》」の一行であった（それに参加を申し出た岡本は、退役軍人に限るとして拒絶され、のちに南極探検で知られることになる白瀬矗《のぶ》ら陸軍の退役軍人五人は根室まで陸行することを条件に参加を認められた）。郡司も樺太と交換に日本領土となった北千島が放置されたまま外国の密猟船に巨額の利益を与える場所となっていることに切歯扼腕していたが、彼がさらに憂えていたのは貧しい海軍の退役軍人や水夫たちがそれらの外国密猟船に雇われて働いていることであった。彼は部下の水兵たちが満期退職後失業して貧窮していることに同情していたので、彼らを北千島での狩猟や漁業に従事させ北辺の守りにつかせようと望んだのである。郡司が「千島移住趣意書」を発表するとたちまち多数の参加希望者が集まったものの、彼が海軍省に提出していたシュムシュ島開拓の意見書は認められず、千島への渡航のために願い出た小艦震天の貸し下げも却下された。そのため彼は会員たちに諮って横須賀鎮守府から不要になった短艇の払い下げを受け、二〇〇〇海里の海洋をボートに分乗して北千島に渡ることにしたのである。会員たちは元海軍軍人でボートに慣れていたとはいえそれは無謀な企てであったが、すでに退職して千島移住を準備していた者も多く計画を延期できない事情もあったという。しかしそのことが新聞で報じられると、当時ベルリン大使館の駐在武官を離任後単騎でシベリアを横断して帰国しつつあった福島安正陸軍少佐の冒険に比せられて大評判となったため、これまで集まらなかった寄付金が各方面から寄せられたほか、天皇皇后からも恩賜金が下賜され、土方宮内大臣は聖意を報じて「報効義会」の会名を与えた。このようにして報効義会には堅牢な帆船を雇える資金が集まったので、ボートでの危険な航行は中止すべきだとの批判も高まったが、郡司は世間から寄せられていた熱い注目のためにもはや当初の計画を変更できなかったようである。

一行は隅田川で数万の観衆から熱狂的に見送られたのち、途中寄航した各地で歓迎を受けつつ三陸沿岸を北上したが、八戸の鮫港を出港したのち下北郡白糠の沖合で暴風に遭って一艘のボートが沈没し、乗組員一〇人の全員が死亡するという事件が起こった。さらに気仙沼で地元の篤志家から寄贈を受けて武器・弾薬・食料を積んで根室へ向かわせた帆船鼎浦《かなえうら》丸も鮫村沖で遭難し、これも乗組員全員の九人が死亡した。生き残った四四人の会員たちを乗せた四艘のボートは鮫港に寄航した測量艦磐城に曳航され、津軽海峡を渡って函館に入港した。そこから彼らは同地の富豪平出喜三郎の好意で漁民たちを運ぶ持船に便乗して六月一七日エトロフ島のシャナにようやく到着することができたので、同地に報效義会の本部を置き、七月三日には郡司の父幸田成延など会員の家族たちも到着した。

七月二〇日中部千島のシャスコタン島へ硫黄採掘に向かうという泰洋丸がシャナに入港し、郡司が便乗を頼んだところ船主の馬場禎四郎は「シャスコタン島には二〇日ほど滞在するのでその間にシュムシュ島に送ってもよいが、全員は乗せられない」というので、郡司は一八人を選んでその船に乗り込んだ。しかしシャスコタン島到着後馬場はシュムシュ島への回航の約束を取り下げ、帰還の途中南方のシムシル島に立ち寄ることを提案した。もともとシムシル島のブロートン湾入口の岩礁を爆破して同湾を天然の良港にする計画をもっていた郡司はこれに同意したものの、シャスコタン島に九人を残留させることにした。しかしシムシル島へ向かう途中で偶然彼らは測量艦磐城に再会し、同艦に移乗してシュムシュ島へ向かうことになったが、シャスコタン島に残した九人の回収は認められなかった。このようにして郡司一行九人は八月三一日、すなわち隅田川を出航してから約五カ月目に（当初の予定より三カ月ほど遅れて）目的地のシュムシュ島に到着したのである。郡司はその感慨を「嗚呼！　我が子、占守よ！　我いま来る、いまより決して汝を他人の手には掛けまじ」と記している（郡司成忠『千島探検誌』二）。彼らのうち取材のために同行していた朝日新聞記者の横川省三ほか一人が磐城艦で帰ることになったので、同島に越年するのは七人となった（磐城艦には日本正教会のニコライ大主教の弟子で、シコタン島居住の千島アイヌを北千島に戻す運動をしていた和田平八がエトロフ島留別から乗艦していたが、彼はパラムシル島で唯一人越冬することを主張して郡司一行と別れた)。

郡司らは片岡侍従一行が宿泊したチボイネ(片岡湾)の台地に二棟の穴居小屋を造り、乏しい食料を鴨・海獣・熊・狐の肉や鮭・鱒で補いながら最初の冬を過ごすことができたが、翌春彼らが隣島のパラムシルで越冬した和田を訪ねたところ、食料は残っていたものの彼は水腫病にかかったらしく、両足が腫れあがって死亡していた。しかし六月末に到来した磐城艦がもたらした情報はさらに衝撃的なもので、昨年シャスコタン島に残してきた九人の会員たちのうち四人が死亡し、残る五人はエカルマ島に出漁したまま行方不明になっていたのである。

磐城艦がもたらしたもう一つのニュースは、日清間で戦争の勃発が迫っており、予備役の軍人だった報效義会の会員たちは招集される可能性があることであった。艦長の柏原長繁(海軍兵学寮時代の郡司の教官)の説得によって郡司は全員の占守島からの引き揚げを決意した。しかし同艦でエトロフ島から報效義会会員五人を伴って到来した郡司の父幸田成延が、拓殖維持のためにこの島に残ることを主張したので、郡司は同僚の白瀬矗に老齢の父の代わりに五人を率いて残留することを無理に頼み込んだ。しかしその冬の越冬は悲惨なもので、六人中三人が壊血病で死亡し、生き残った白瀬ら三人も翌明治二八年(一八九五)八月北海道庁が差し向けたラッコ狩猟船でシュムシュ島を引き揚げ、このようにして第一次報效義会の探検は会員三一人の犠牲を払って終結したのであった。

日清戦争が終わって召集解除となった郡司は、三国干渉にみられたロシアの南進の意図からシュムシュ島の重要性をますます認識したらしく、演説会を繰り返して明治二九年夏には新旧会員合わせて五七人の第二次報效義会を結成した。そこには三人の幼児を抱えた郡司の妻など女性も一四人含まれ、今回は探検よりは漁業や農業による拓殖を目的としていた。折しも谷干城の努力によって「報效義会保護案」が議会を通過して三年間政府から補助金が出されることになったので、魚肉の缶詰工場や鍛冶場、小学校なども建設されて開拓も着実に進み始め、明治三六年(一九〇三)の定住者は一七〇人(男一〇〇人、女七〇人)に達していた。その頃になるとロシアとの協定によるカムチャツカ沿岸の鮭漁のほか、三隻の帆船による遠洋漁業も行なわれていたという。

翌明治三七年に日露戦争が始まると、郡司は当時島に残っていた成人男子二五人で義勇隊を編成して、突然カムチャツカ西岸のオゼルナヤ河口付近に上陸し、それに函館から鮭漁に来ていた漁夫たちも加わって近くのヤヴィノ村を占領した。しかし郡司と医師の小田直太郎は村人たちの計略によってコサック兵に捕らえられ、通訳の澤田ら二人が射殺された。他の報效義会会員たちは脱出したものの、他所にいた一四人の漁夫たちが殺害された。その後郡司がカムチャツカのペトロパヴロフスクに監禁されていることが占守島に伝えられると、在住の報效義会会員たちは引き揚げを決定し、残留を主張した別所佐吉ら一四人を除く男女五六人が島を後にして第二次報效義会の八年間にわたる活動はあっけなく終了した。ウラジヴォストークに移されていた郡司と医師の小田が釈放されて帰国したのは、ポーツマス条約締結後の明治三八年(一九〇五)一二月のことであった。郡司は帰国後も報效義会の名目を維持したが、それはもはや夏場のみの小さな漁業会社にすぎず、彼が参謀本部の呼び出しに応じた後は次男の千早がタラバガニの缶詰工場を営んだものの、大正八年(一九一九)には経済恐慌の影響で報効義会は破産し、それ以後占守島の定住者としては元会員の別所佐吉一家が残るだけであった(別所二郎蔵『わが北千島記』)。

五 北千島調査研究の始まり

予備調査

明治八年(一八七五)の「樺太千島交換条約」で北千島諸島が日本領となったとき、日本人はこれらの島々についてほとんど知るところがなかったので、まず着手すべきはこれらの島々の位置を測量し、各島の住民・地形・地理・気象・動植物・産物その他の特徴を調査することであった。その予備調査として明治八年九月新領土受け取りの日本理事官時任為基に随行して日進艦でシュムシュ島に赴いたのが、開拓使測量課勤務の福士成豊であった。福士は函館の船大工続豊治の五男で回船業者福士氏の養子となったが、同地の有名な英国商人ブラキストンから測量・機械・測候・博物学を学んで開拓使の官吏となり、明治五年(一八七二)には日本人として初めて気象観測を始め、さらにアメリカ人御雇教師のワッソンやデイの指導のもとに行なわれた三角測量にも従事していた。明治九年時任為基と長谷部辰連らによる北千島調査のときも、彼は開拓使の汽船玄武丸で各島を測量して「クリル諸島海線見取図」と題する一三枚の千島の彩色見取図(北大附属図書館北方資料室所蔵)を作成している。その折にはそれぞれ専門の開拓使官吏たちによって各島の地形・地質・港湾・動植物・村落・人口・人種・言語・職業・風俗・家屋・狩猟具・家畜・住民からの聞き書きなどを記した『明治九年千島三郡取調書』も作成されている。

明治一一年(一八七八)に北千島住民(アイヌとアレウート人)の帰属決定のため開拓使が函館支庁の井深基らを北千島に派遣したときには、当時工部大学校(東大工学部の前身)で鉱山学・地質学を担当していた英国人ジョン・ミルンも同行してシュムシュ島で竪穴住居址を調査しているが、その折に彼が同地の千島アイヌや開拓使官吏たちと一緒に写った写真が残っている(北大附属図書館編『明治大正期の北海道』参照)。北大附属図書館には玄武丸船上から千島諸島を描いた彩色の眺望図三四枚も残されているが、そこには英文による説明と日付が付されているので、それはミルンによるスケッチの可能性がある。彼は千島に向かう前にはブラキストンから示唆を受けていた根室湾内の弁天島を調査してそこで貝塚を発見し、獣骨などのほかのちに「オホーツク文化」と名付けられる土器や石鏃などを初めて採集しているが、それはアメリカ人エドワード・モースが大森貝塚で縄文土器を発掘した翌年のことであった。ミルンはわが国における地震に強い関心をもち、明治一三年(一八八〇)には日本地震学会を創立して近代地震学の基礎を置いた人として知られているが、それは彼が地震の多発する千島の火山列島を観察したことと関係があったのかもしれない。

「千島アイヌ」の調査・研究

明治一七年（一八八四）には参事院議官安場保和や根室県令湯地定基らが千島北端のシュムシュ島を訪れて、残留していた千島アイヌ全員をシコタン島に移しているが、その折にロシア語通訳としてロシア語を話す住民たちとの折衝にあたったのは函館県外事課勤務の小島倉太郎であった。彼は幕末期の函館奉行所の樺太クシュンコタン（久春古丹）詰め足軽の息子で、幼少の頃から樺太で育ち、明治四年（一八七一）一一歳のときに開拓使の依頼でトーブチ（遠渕）のロシア商人に預けられてロシア語を習得した。その後樺太を引き揚げてロシア語学習のために外務省「独魯清語学校」、函館の「官立魯学校」を経て、明治一四年（一八八一）には東京外国語学校のロシア語科を卒業して開拓使函館支庁に勤務していたのである（秋月俊幸「小島倉太郎少年の魯語学遍歴」）。彼はシュムシュ島およびシコタン島でフィリップ老人らの千島アイヌたちと対話しつつ彼らの生活・習俗を観察して、**Puteshestvie na Kuril'skie ostrova**（千島紀行）と題するロシア語の手記を残しているが、それは千島アイヌの風俗・習慣・性格・宗教・生業・用具・言語・ロシア人の影響、その他について詳細に記したもので、千島アイヌについての最初の信頼できる論文ということができる（ザヨンツ・マウゴジャータ訳「小島倉太郎の千島日記」参照）。彼は千島アイヌたちがシコタン島に移されたのちも、彼らの世話掛として同年八月根室県官吏の鈴木八郎が到着するまでこの島に留まっていた。小島がその折に千島アイヌたちから入手した土俗品は現在、市立函館博物館に保管されている。

小島倉太郎は「千島紀行」のなかで、彼がシュムシュ島からの帰途エトロフ島に寄航したとき、千島アイヌたちに同島のアイヌと話をさせたところ互いに通じ合ったと述べ、「クリール人と蝦夷アイヌは同種でないという説に疑問をもち始めた」と書いている。当時は北海道に残っていた竪穴住居址や石器・土器などについて内外の学者たちの調査が進められていたが、北海道アイヌの説話によってそれらは彼らを避けて北方へ立ち去ったという小人のコロポックルの遺物と考えられ、彼らの行方が捜されていたのである。前掲のジョン・ミルンがシュムシュ島を訪れたのも、コロポックルの足跡を北千島諸島に求めたものであった。明治二三年(一八九〇)に北海道を一周した英国人冒険家のサヴェジ・ランドーがシコタン島を訪れたのも同様の目的であった。その頃、東大の人類学教授坪井正五郎によって、アイヌに先立つ北海道の先住民はコロポックルであったとする「コロポックル非アイヌ説」が唱えられ、それに反対する解剖学教授小金井良精らとの間で有名な「コロポックル論争」が繰り広げられていたのである。

その坪井のもとに千島報效義会会長の郡司成忠が訪ねてきて、「占守島の竪穴には骨鏃のついた矢が残っているが、それはあなたのいうコロポックルの遺跡ではないか」と述べ、その調査を頼んだのは明治三二年(一八九九)四月のことであった。坪井は人類学教室助手の鳥居龍蔵にその調査を依頼し、その結果は鳥居が『千島アイヌ』のなかで詳説しているように、千島アイヌこそ北海道のアイヌ説話でいわれているコロポックルにほかならないことが明らかになったのであった。鳥居は同年五月函館から測量艦武蔵に便乗してシュムシュ島へ赴くに際しシコタン島に立ち寄って、シュムシュ島の旧住民であったグレゴリーという聡明な千島アイヌの老人を助手として伴い、北千島に到着して五日間竪穴を調査したが、その結果それらはグレゴリーたちの住居址で、そこに見られた骨鏃も彼らがその時代でもなお制作して使用していたことが判明したのであった。住居址からは石器・土器・骨器なども得られたが、それら石器時代の遺物と見られていた器具も、グレゴリーによれば最近まで彼らが制作し使用していたものであった。帰途にエトロフ島のルベツ(留別)に立ち寄ったとき、鳥居が同地のアイヌ老女が語るコロポックルの説話をグレゴリーに聞かせたところ、彼はそのような説話は北千島では聞いたことがないといい、「そこでトイチセクル(竪穴住まいの人)といわれているのは我々のことであろうが、我々は小人ではない」と憤慨したという。その後シコタン島へ戻った鳥居は千島アイヌたちのもとに二〇日間ほど滞在して、それら千島固有のアイヌたちについて言語・風俗・習慣・伝統・宗教・身体的特徴などを詳細に調査したのであった。その結果は明治三四年(一九〇一)の東京地学会の例会で発表されたのち、同三六年(一九〇三)に吉川弘文館から『千島アイヌ』として刊行され、さらに大正八年(一九一九)にはその内容を敷衍して『東京帝国大学紀要』に仏文で掲載されたので、千島アイヌのことは国際的にも正確に理解されることになったのであった。

植物学

千島アイヌたちがシュムシュ島からシコタン島に移された明治一七年(一八八四)に、この島を訪れた植物学者があった。札幌農学校助教授の宮部金吾が植物園計画の一環として、そこに植えるべき植物の採集のために同年六～八月の三カ月にわたり徒歩と乗馬で道東の釧路・網走から根室まで跋渉し、多くの植物の苗や種子などを採集した折に偶然に便船を得てシコタン島からエトロフ島まで渡ったのであった。シコタン島では直ちに胴乱が一杯になるほどの収穫があり（二九〇種）、宮部は同島に到来して間もなくの千島アイヌたちにそれらの植物のアイヌ語名を聞いて書きとめたが、それは彼の生涯におけるアイヌ薬用植物への関心の始まりとなった。彼は明治一九年（一八八六）にはアメリカのハーバード大学大学院に留学を命じられて植物病理学や菌類学・海藻学を研究したが、学位論文となったのは彼が『ボストン博物学会誌』に発表したThe flora of the Kurile Islands（千島植物誌）であった。彼は北千島の植物についてはそれより以前に文通や腊葉の交換をしていたロシアのペテルブルグ植物園のマクシモーヴィチから情報を入手していたのである（秋月俊幸編『書簡集からみた宮部金吾』参照）。それは千島列島に関する最初の植物誌であったばかりでなく、植物地理学における画期的な論文であったといわれている。北千島についてはその後片岡侍従一行の探検（明治二四年（一八九一））や北海道庁の調査（明治三三年（一九〇〇））の際にも植物採集が行なわれたが、二〇世紀に入ると川上瀧彌・矢部吉禎・遠藤吉三郎・武田久吉・館脇操などの専門の植物学者たちによって各島ごとの調査も進み、千島列島の植物分布学上の位置が明らかになったのであった。館脇操がエトロフ水道（エトロフ島とウルップ島の間）を亜寒帯と温帯の植物の境界として昭和七年（一九三二）に「宮部ライン」と名付けたのは、千島植物研究の先達であった恩師の宮部を記念したものであった。

動物学

明治初年以来ラッコの密猟者として有名であったイギリス人H・J・スノーは、長年にわたる各島の調査の結果知りえたラッコ・オットセイ・アザラシ・アシカ・トドなどの海獣のほか、この列島に生息する多数の動物についても記録している(スノー『千島列島黎明記』および『北千島調査報文』中の邦訳「千島列島篇」参照)。千島列島の動物相については、昭和四年(一九二九)八月から翌年一〇月にかけて、一冬二夏を千島北端のアライド島から南端のシコタン島までの多くの島々を探検しつつ調査したスウェーデンの動物学者ステン・ベルクマンの著書Sport and exploration in the Far East: a naturalist's experiences in and around the Kurile Islands(『千島紀行』)が出色の文献である。それは一九二〇~二二年にカムチャツカを探検した著者が、このたびはスウェーデン人の助手と日本人の通訳を伴って日本人やアイヌたちと交流しながら、動物学者の眼で、知られることの少ない千島の海陸の自然を興味深く語ったもので、彼の著書は九カ国語に翻訳されたという(当時はウルップ島からマカンルル(ブロートン)島までの中部千島諸島はラッコやオットセイの禁猟区として一般人の立ち入りは禁じられていたが、著名な動物学者であったベルクマンは農林省の白鳳丸でそれらの島々に案内されている)。主として樺太の動物を対象にしつつ北方動物研究の第一人者といわれた北海道大学の犬飼哲夫は、『千島概況』(北海道庁編)中の「千島の動物概説」において「千島の動物の分布については、地理区分と同様南千島、中部千島、北千島を大略の区域として考えることが便宜である」と述べている。千島の鳥類については鳥類学者山階芳麿が二三九種を挙げ、そのうち五七種が留鳥だとしている。そして鳥類については他の動物とは多少分布の区域が異なり、ウルップ以南を南千島区、オンネコタン以北を北千島区、その中間を中部千島区とするのが妥当であると述べている（渡部哲雄『千島物語』）。

考古学

南千島における考古学的遺物については、すでに江戸時代に幕吏の村上島之允が『蝦夷島奇観』（寛政一二年〈一八〇〇〉）のなかにクナシリ島のフルカマップで出土した土器や石斧の図を描いており、同じく近藤重蔵も『辺要分界図考』（文化元年〈一八〇四〉）においてクナシリやエトロフ島で採集した石鏃について記していた。明治になってからは明治一一年（一八七八）にイギリスの地震学者ジョン・ミルンが根室の弁天島やエトロフ島で多くの竪穴を発見して、オホーツク文化に属する土器や石器を採集している。彼は前述のように同年シュムシュ島でも竪穴を調査したというが詳細は明らかではない。明治二十年代になると北海道庁の地質調査事業を担当した石川貞治と横山壮次郎がウルップ・シャスコタン・パラムシル・シュムシュ各島などで貝塚や竪穴住居址を調査して北千島の考古学調査の先鞭を付けている（『千島巡検記』『千島巡検雑記』『千島巡航記事』）。明治三二年（一八九九）にシュムシュ島で千島アイヌの竪穴住居址を調査した人類学者の鳥居龍蔵も、石器時代の遺物や内耳土器を発見して考古学的考察を加えている（『千島アイヌ』八、九章）。翌三三年には北海道庁が北千島の状況を精査するために拓殖課長高岡直吉を団長とする調査団を派遣したが、その際にはのちに北海道史の権威となった河野常吉が多数の遺物を採集し、それらは現在北大総合博物館に保管されている。その後千島の考古学でもっとも成果を挙げたのは函館の歯科医師であった馬場脩で、彼は昭和五年（一九三〇）にエトロフ・シコタンで発掘調査を始めて以来、昭和八〜一三年（一九三三〜三八）には五度にわたり北千島のシュムシュ・パラムシル両島で発掘調査を継続的に行なって多数の貴重な考古学的資料を収集していた。それらは「馬場コレクション」として現在函館市北方民族資料館に展示されており、彼の多数の労作は『樺太・千島考古・民族誌』全三巻のなかに収録されている。

水路調査・海図・地図

千島列島の地図は、一九世紀初頭頃には南千島については近藤重蔵の「蝦夷地図式 乾」、北千島についてはゴロヴニーンの「サハリン海地図（Karta Sakhalinskago Moria）」に見られるようにかなり正確に描かれ始めたが、港湾の地形・水深・暗礁などを記した水路図が作成されるようになったのは一九世紀後半になってからのことであった。英国海軍は日本の開国間もなくから本州沿岸の測量を始めていたが、明治四年（一八七一）日本海軍に水路局が設置されると、長崎海軍伝習所出身の海軍少佐柳楢悦（民藝研究家柳宗悦の実父）の指揮する測量艦春日が英国測量艦シルヴィア号と協力して北海道南部沿岸からハボマイ群島・シコタン島・クナシリ島の測量に従事した。興味深いのはこの航海の際に、柳は英国海軍の海図と伊能・間宮図を比較して襟裳岬の経度に三〇分余の差異のあることを発見し、後者が正確なことを確認して厚岸への針路を定めたのに、前者によったシルヴィア号は航路を定めるのに苦労したということである。柳から校正図を贈られたシルヴィア号艦長のセント・ジョンは伊能図の正確さに賞賛を惜しまなかったという（『春日紀行』）。明治七年（一八七四）には海軍少将真木長義の指揮する測量艦大坂丸と鳳翔丸がそれぞれ厚岸港・クナシリ島泊港、およびシコタン島・エトロフ島の諸港を測量し、それらの成果は明治一一年（一八七八）に刊行された海図第九三号「北海道東部」に現れている。

その後海軍省は密猟船取り締まりと測量を兼ねて測量艦を北千島諸島にも派遣するようになったが、明治二五年（一八九二）にはシュムシュ島に向かった片岡侍従一行の消息が途絶えて憂慮されたので、測量艦磐城が捜索のためにシュムシュ島に派遣されている。その折に磐城はパラムシル海峡を実測して北から南への水路を開き、従来は西側のみであった千島列島航行の東側コースを開拓したという。

日清戦争後に密猟船取り締まりと測量のため千島海域に派遣されたのは、測量艦武蔵であった。明治三〇年（一八九七）にはシコタン島の千島アイヌの撫育の一環として、海獣狩猟のためパラムシル島などへの越年出稼ぎが始められているが、北海道庁の依頼で彼らを北千島へ運んだのも武蔵艦であった。また、明治三二年（一八九九）に同島の研究に赴いた東京大学の鳥居龍蔵や翌年北海道庁拓殖課の北千島調査団一行を運んだのも同艦であった。このように当時は北千島の測量と警備のため毎年一回派遣される測量艦が一般人の渡航のために利用されており、それは明治三四年（一九〇二)に代わった天竜艦や葛城艦の場合も同様であった。明治三六年(一九〇三)の葛城艦の千島巡航報告書は、毎年の軍艦派遣が本来の目的とかけ離れて北千島行きの定期運送船のようになっていると指摘していたが、そのことは翌年の日露戦争勃発まで続いたようである。シコタン島アイヌの北千島出稼ぎへの協力はその後比叡艦によって復活されたが、それは貴重海獣の減少のため明治四三年(一九一〇)をもって廃止されている。

千島海域の計画的測量が武蔵艦と大和艦によって南北から進められ始めたのは明治四四年になってからであった。それと同時に陸軍の陸地測量部による陸上の測量も軍艦に便乗しつつ並行して行なわれたので、大正六年(一九一七)には千島列島の海図とともに五万分の一の地形図も完成したという。それは全千島列島がわが国の領土になってから四三年目のことであった。

第一〇章　北洋漁業と北千島諸島

一　樺太・沿海州漁業からカムチャツカ漁業へ

明治八年(一八七五)に締結された「樺太千島交換条約」は、榎本武揚の努力によって樺太のほかオホーツク海やカムチャツカ沿岸における日本人の漁業の権利を認めていたにもかかわらず、(北海道)開拓使はその重要性を無視して漁業家たちに樺太における漁業断念書を提出させた。それは開拓長官の黒田清隆がこれまでのような樺太における日露の紛争を嫌い、樺太との関係を直ちに断ち切ろうとしたのだと思われる。しかしそのことに不満な漁業家たちは上京して樺太漁業の継続を訴えたので、翌年三月太政官も条約に照らして旧漁場における活動を認めた。そのため同九年には漁業家一三名が一六カ所の漁場に五三一人の漁夫たちを送り込み、同一五年(一八八二)になると漁業家二二名が三〇カ所の漁場に漁夫一五〇〇人を派遣してほぼ交換前の状況に復したという(樺太定置漁業水産組合『樺太と漁業』)。しかし一八八三年(明治一六)ロシア当局はそれまで無税としてきた日本の漁業家たちに禁止的な漁業輸出税を課すことにしたので、コルサコフ(大泊)の日本領事が抗議した結果一八八五年(明治一八)に税額は一〇分の一に下げられた。しかしそれ以後もロシア当局は日本漁業の中心地であったアニワ湾やタライカ湾の漁業を禁止したり、優良漁区を日本人から取り上げてロシア人に貸し付けるなど、サハリン島における日本人の漁業を排斥しつつ圧迫を繰り返し、そのことは日露戦争まで二〇年間も続くことになった。

サハリン島対岸の沿海州やアムール河下流の鮭鱒類の豊かなことが知られたのは明治二十年代初頭のことであった。ウラジヴォストークの沿岸貿易の先鞭を付けた富山や新潟の漁業家たちがそれらの地方の情報を得て、沿海州の中小河川から北上して明治二五年(一八九二)には二隻の帆船が魚類のもっとも豊富なアムール河口のニコラエフスクに到達した。同三〇年(一八九七)にはニコラエフスク入港の日本漁船は帆船三二隻、汽船一三隻に達していた(板橋守邦『北洋漁業の盛衰』)。それ以前にアムール地方への移民を図っていたロシア政府も、カスピ海のアストラハンやエストニアのタリンのほかフィンランドなどからいく度か漁業移民をアムール河流域に送っていたがいずれも成功せず、彼らは農業に転換していたという。鮭や鱒を獲ることができたとしても運輸交通の便がなく、流通・加工・消費地が整備されていなかった当時のシベリアでは漁業の発達する素地がなかったからである。一方日本の漁船は塩・魚網・食料などのほか交易商品をも積んでゆき、漁撈ののちには塩蔵した多量の鮭・鱒をもち帰って有利な漁業を営んでいた。

ロシア側でもようやく野心的な人々が日本の漁業家から漁船・漁具のほか熟練した漁夫たちの提供を受けてアムール河下流を中心に漁業経営を始めたので、明治三一年(一八九八)には彼らの漁獲量は三万石にのぼったという(この年の日本漁船の収穫は約一万石であった)。さらにロシア当局は同地方の漁利を独占する方針を立て、漁獲物の塩蔵加工と輸出のみを日本人に許可することにした。そのため漁業を禁止された日本の漁業者たちの活動はロシア人からの買魚と加工および日本への輸入に限られ、それは買魚商人ともいうべきものであった。しかし彼らはロシアの漁業者たちに魚網や塩を提供したり、資金を貸し付けたりして実質的に現地漁業を支配していたようである。彼らは一種の前貸資本家として獲れた鮭や鱒を現物で受け取り、塩蔵加工して日本へ輸出したが、豊漁になれば買い叩き、鮮度が悪いといってはまた値引きを求めたので、自ら漁業をするよりはるかに儲けが大きかったという。北洋漁業史ではこの頃のことを「ニコラエフスク買魚時代」と呼んでいる。しかしこのような外国人漁業者の活動をロシア当局は見すごすことができなかったようである。一八九九年(明治三二)シベリア総督府は管内漁業法規を制定して漁場におけるロシア人優先とロシア人漁業の保護を明確にし、一九〇一年(明治三四)には漁業権をロシア人に限ったほか、漁獲・加工ともロシア人によることにしたのはそのためであった。これに対し日本では外国人に船舶・漁具・漁夫の提供を禁止する「外国領海水産組合法」を制定したので双方が譲歩することになったが、このようなロシア側の引き続く規制によって日本人漁業者のサハリン島および沿海州における活動は後退し、ニコラエフスク買魚時代もほぼ一〇年で終わりを告げたという。

北千島と一衣帯水のカムチャツカ半島西岸における豊富な鮭・鱒の漁場のことが知られたのもその頃であった。一八九五年(明治二八)ウラジヴォストークのコーチク商会がカムチャツカで紅鮭のロシア式塩漬(樽漬)に着手して販路をアメリカに求めたが成功せず、翌年には日本市場向けに日本式塩蔵(撒漬)魚の輸出経験をもつ函館のセミョーノフ商会に協力を依頼した。セミョーノフ商会は樺太千島交換条約後に伊達・栖原両家が経営していたサハリン西岸の漁場を引き継ぎ、多数の日本人やアイヌその他の漁夫を雇用して昆布、鰊〆粕、鮭・鱒の塩魚を生産してそれらの多くを日本に輸出していたのである。同商会の共同経営者ジョージ・デンビーはスコットランド生まれのイギリス人で、長崎生まれの日本女性と結婚して四男一女をもうけたが、国籍をロシアに移していたのは漁業経営の都合によるものであったろう(清水恵「函館におけるロシア人商会の活動」)。コーチク商会の依頼を受けたセミョーノフ商会は一八九六年に函館から鮭・鱒の塩蔵に習熟した日本人漁夫四六人をカムチャツカ河に送り込み、鮭・鱒七〇〇〇尾を函館にもち帰ったが、それは一九〇〇年(明治三三)になるとカムチャツカの二一漁区に拡大され、漁獲高は三五〇万尾に達したという。漁獲物の搬送には日本から三隻の船が傭船されたほどであった。その結果数年のうちに、漁業の処女地でロシア官憲の監視の目も届かなかったこの沿岸には、ロシア人名義の日本船のほか日本の密漁船が殺到し、明治三三年度にはその数は公式のものだけでも四六隻、漁夫一五六九人にのぼっていた(露領水産組合編『露領漁業の沿革と現状』)。しかし翌年には三名以上の外国人漁夫の使用を禁止したシベリア総督府の管内漁業仮規則が実施され、義勇艦隊によって密漁船を取り締まったのでカムチャツカにおける日本人漁業も一時的に頓挫した。しかしそれでも大挙してやってくる日本の密漁船に手を焼いていた現地のロシア側では、日露開戦前後には義勇軍を組織して方々で日本漁船を襲撃したので、数百人の漁夫たちが殺害されたという（野村愛正『カムチャッカの鬼』）。明治三七年（一九〇四）に日露開戦を知ったシュムシュ島の郡司大尉が報效義会のわずかな人数でカムチャツカ西岸への遠征に着手した一因も、そのようにして遭難した日本漁船の捜索にあったといわれている。

以上のような日本漁船のカムチャツカ出漁の状況を一変させたのは日露戦争における日本の勝利と、その結果明治四〇年（一九〇七）に締結された「日露漁業協約」であった。この協約は河川および入江（インレット）を除くロシア極東沿岸における漁獲・製造の権利を日本人にも認めていたので、カムチャツカ半島の東西岸、オホーツク海沿岸における日本漁業の飛躍的な発展を約束したのであった。最初にカムチャツカの漁場に進出したのは、その地の漁業に経験があり函館に支店をもっていたロシア国籍のデンビー商会であった。かつてセミョーノフ商会の共同事業者であったジョージ・デンビーは日露戦争後日本政府から受け取った南樺太漁場への補償金を資本として、一九〇八年（明治四一）長男のアルフレッドとともにカムチャツカ東岸のウスチ・カムチャツクに進出し、ロシア人だけに許されていた河川と海面の一一漁区を獲得してネルビーチ湖畔に多数の漁場施設を建設した。函館からは毎年一〇〇〇人に近い日本人漁夫を汽船で送り出したが、漁場を任されていたスタッフの多くも日本人だったという。のちに日魯漁業（株）に発展する堤商会の堤清六も平塚常次郎の協力により、同年カムチャツカ河口に二漁区を得て鮭・鱒の缶詰製造を始めたが、大正二年

(一九一三)には最新式のアメリカ製自動缶詰製造機を導入して、大正七年(一九一八)にはデンビー商会を抜いてその地位を不動のものとした。それとともに日本の中小漁業者たちも競ってカムチャツカに進出したので、日本人の租借漁区数は明治四一年(一九〇八)の一一九からロシア革命前の大正六年(一九一七)には二一八と二倍近くになり、漁獲高は八九〇万尾から七二〇〇万尾と八倍に増加したのであった。漁獲製造の内容についても従来の鮭・鱒塩魚製造から欧米向けの缶詰製造が露領漁業製品中の主流を占めることになった(露領水産組合編『露領漁業の沿革と現状』)。

日露漁業協約は一九一九年(大正八)に更新されることになっていたが、一九一七年にロシア革命が起こったので一九一八年にはオムスクのコルチャック政権との間で漁業権確保の覚書を交換し、一九二〇年(大正九)の漁区競売はウラジヴォストークのゼムストヴォ(地方行政機関)が樹立した臨時政府のもとで執行された。しかし極東各地で蜂起したパルチザンによる日本人漁場の襲撃事件が多発し、日本政府はチタの極東共和国と交渉したが漁業権益の保障を得られなかったので、大正一〇年(一九二一)と一一年には各漁区の公課金を露領水産組合に供託させたうえで日本軍艦の保護の下に漁業者たちの「自衛出漁」が行なわれた(その間の大正一一年八月にはカムチャツカ西岸オゼルナヤ河口沖合で巡洋艦新高が濃霧のなかで転覆し、三二七人が殉職している)。一九二二年一一月極東共和国はロシア社会主義ソビエト共和国に併合され、大正一三〜一五年(一九二四〜二六)には暫定協定により出漁が行なわれた。ソ連政府との漁業協約改訂交渉は「日ソ基本条約」調印後の大正一四年(一九二五)一二月からモスクワで開催され、「日ソ漁業条約」が難交渉の末に調印されたのは昭和三年（一九二八）一月のことであった。

帝政時代のロシア政府の日本人漁業に対する規制も厳しいものであったが、革命政府のそれは国営企業を前面に立てて日本の私企業と対決するもので、これまでとは質的に異なるものであった。日本側は旧協約における日本の漁業権を認めさせたものの、ソ連側は漁区の競売における国営企業の優先を主張したほかに、ソ連の個人漁業家にも積極的に金融の助成をして高値で漁区を落札させた。明治四一年（一九〇八）の日露漁業協約以来日本側は八割以上の漁区を占有していたが、日ソ漁業条約の施行以後はソ連側の漁区数が急増して、昭和五年（一九三〇）の漁区競売では競売漁区の六割以上がソ連側に落札されたので、それに不安を感じた日本では議会両院で北洋漁業権確保の決議案が可決された。そのため駐ソ大使広田弘毅がソ連外務人民委員代理レフ・カラハンと一年にわたり交渉して昭和七年（一九三二）八月広田・カラハン協定が調印され、日本の漁業者は現在借り受けている漁区の大部分を漁業条約満期の一九三六年（昭和一一）まで競売によらず引き続き借り受けることができるようになった。

それとともに新漁業条約以来の漁業取り締まりが一段と厳しくなったことは、日本の漁業者に対してもソビエト労働法が適用されたことによっても知ることができる。史上最初の労働者国家としてソ連側が八時間労働・最低賃金などを労働者の権利として自国内の外国企業に求めたのは当然のことであり、日本側では露領漁業が日露戦争の権益に基づくものとして反対したものの受け入れざるをえなかった。日本側では漁業労働が魚の群来に左右される特殊な季節労働であるとして時間外労働の必要を主張していたが、摘発される労働違反事件が急増したという。とはいえそのことによってこれまで少なくなかった日本の漁夫たちの一日二〇時間労働という地獄のような労働条件は許されなくなったのであった。それはソ連側からすれば日本の漁業に対する干渉の手段にもなりえたであろう。いずれにせよ昭和初年以来の日ソの漁業紛争は、日露戦争の敗戦によって自国の資源を侵害されていたソ連がそれを回復しようと努めた結果起こったものであった。

明治四一年(一九〇八)日露漁業協約当時の露領出漁の日本の漁業者の数は七〇〜九〇人程度であったが、その多くは帆船経営の小規模経営者であった。しかしその後の缶詰生産の発展が資本の集中を促したので、大正一〇年(一九二一)には堤商会を改称した極東漁業(株)が勘察加漁業(株)や日魯漁業(株)と合併して新しい「日魯漁業株式会社」が成立し、大正一三年(一九二四)には三菱系の大北漁業(株)を買収し、日本人租借の露領優良漁場のほとんどを掌中に収める大企業に発展した。とはいえ翌年の日ソ漁業条約以後はソ連の国家計画による国営企業の猛烈な進出のなかで、わが国の露領漁業者たちの無統制な活動の不備が痛感された。昭和四年(一九二九)には、漁区の競売に際し一部の日本の漁業者が非常識な高値で入札して日魯業業(株)の乗っ取りを謀った「島徳事件」さえ起こったのである。そのため日本の漁業者の間では企業合同の気運が高まり、昭和七年(一九三二)三月露領水産組合有志会員たちは北洋合同漁業(株)を設立したのち八月には日魯漁業(株)と合併したので、日魯漁業(株)は日本側租借漁区三八六のうち三七六を有する独占的な企業になった。

その過程で日魯漁業(株)の対抗者として現れたのは、カムチャツカの露領沖合でカニ缶詰を製造するカニ工船であった。露領沿岸は鮭・鱒とともにタラバガニの宝庫であり、日魯漁業(株)も陸上の基地でカニ缶詰の生産を行なっていたが、ロシア側からの生産制限を受けていたという。母船式カニ缶詰製造は大正年間に水産講習所および富山県水産試験場の練習船によって先鞭が付けられ、それに刺激を受けた函館の和島貞二が大正一〇年(一九二一)、二隻の工船で露領沖の公海で二八〇〇函*を生産したのが母船式漁業の始まりといわれている。大正一二年には日魯漁業(株)その他の漁業者たちのカニ工船も出漁し三万八〇〇〇函を生産して、露領の陸上におけるカニ缶詰製造に匹敵することになったが、日魯漁業(株)が二年にして工船漁業から手を引いたのは、漁区使用料を払わない公海のカニ工船がソ連側を刺激して、露領における鮭・鱒漁業に悪影響を及ぼすことを懸念したためという(板橋守邦『北洋漁業の盛衰』)。その間隙をついてカムチャツカ沖合に進出したのが西日本に基盤をもつ共同漁業と林兼商店で、昭和二年(一九二七)には工船一七隻で三三万函のカニ缶詰を洋上で生産したという。その後北洋のカニ工船漁業には多くの業者が参入し、漁場もカムチャツカ西岸から東岸へ、さらにはベーリング海へ拡大した。ただカニ缶詰製造には手作業による部分が多く工船の作業員に労働強化を強いたうえ、非人道的な労働環境のために労働争議の起こることも少なくなく、小林多喜二の小説『蟹工船』がモデルとしたのも大正一五年(一九二六)に起こったそのような「博愛丸事件」であった。

＊戦前の鮭・鱒、カニ缶詰一函は半ポンド缶八ダース、または一ポンド缶四ダースを単位としていた。

カニ工船の成功から発展したのが鮭・鱒の公海上における母船式缶詰製造であった。そのことに最初に着手したのは、これまでエトロフ島で鮭・鱒漁業を経営してきた函館の平出喜三郎であった。彼は昭和三年(一九二八)二隻の大型母船に一一〇〇人の漁夫・雑夫を乗せて、カムチャツカ西岸沖合に大規模な沖建網を設置したのである。ただそこで用いられていた沖定置の建網は長さ数キロメートルに達するもので、金がかかりすぎただけでなく簡単に移動できないのが致命的であった。そのためやがて漁場の選定や移動が自由な流し網が主流になったが、このときにあたりそれまで沿岸の租借漁区における鮭・鱒漁に甘んじてきた日魯漁業(株)も、昭和六年(一九三一)には別会社の太平洋漁業(株)を設立して母船式の沖取り漁業に乗り出し、同八年には缶詰一五万函を生産して同業者の先頭に立った。しかし鮭・鱒の遡上する河口の三カイリ手前に流し網を張りめぐらすこのような漁法により、露領漁場における漁獲量は激減したという。そのことは資源保護上に問題があったばかりでなく、当時一二カイリの領海を主張していたソ連側からの厳しい対応が予想されたので、日魯漁業(株)副社長の平塚常次郎は無統制な沖取りの母船式漁業を直系の太平洋漁業(株)に統合することを農林省に働きかけたという。そのことは来たるべき昭和一〇年(一九三五)の日ソ漁業条約改定交渉をスムーズに進めることを望んでいた農林省の決定で、沖取りは太平洋漁業(株)に合同することが通達された。このようにして昭和九年一二月に、露領漁業は日魯漁業(株)、沖取りは太平洋漁業(株)という北洋漁業における独占体制が決定されたのであった(板橋守邦『北洋漁業の盛衰』)。

二　北千島漁業の開花

明治初年に日本領となった北千島諸島はラッコやオットセイなど貴重な毛皮獣の棲息地として知られていたが、当時の日本にはまだ遠洋漁業のノウハウがなかったので外国の密猟船の活動に委ねて、明治二九年（一八九六）の測量艦武蔵の報告によればラッコの数は数十頭に減少し、また明治一四年（一八八一）にスノーによって発見されたオットセイの繁殖地もすでに壊滅に瀕していたという。

その後北千島のタラ漁場が開発されたのはそこがカムチャツカ出漁の途中にあったからで、やがてシュムシュ島、パラムシル島の沖合でタラ延縄漁業や河川における鱒建網漁が始まった。この海域のタラ漁業に最初に着手したのは郡司大尉の報效義会であったが、彼らはシュムシュ島定住の頃はまだその漁場を知らなかったようである。ラッコ密猟で有名なイギリス人スノーが同島を訪れたとき、郡司一行は沿岸の近くには魚がおらず食料に困っていたので、もっていたタラを分け与えて魚の居場所を教えたと記している（スノー『千島列島黎明記』）。しかしこの漁場を開発したのは、当時タラやカレイの近海漁業に乗り出していた根室在住の富山出身の漁民たちであった。彼らはカムチャツカ出漁の人々から北千島のタラ漁場の有望なことを聞くと明治四〇年（一九〇七）に調査船を出したのち、翌年には有志たちが千島興業合資会社を組織して一七〇〇トンの小雛丸に川崎船（帆・櫓・櫂で操る比較的大型の無動力船）一八隻を付けて漁夫二〇〇人ばかりをパラムシル島に送り込み、主としてタラ漁をしたという(今田正美『奪われた北千島—その漁業史』)。

北千島周辺でタラ釣り漁業が始まってから二年後にはパラムシル島、次いでシュムシュ島でカニ缶詰業が興ったが、それは北千島沖合でタラ延縄にかかるカニの豊富なことを聞いたサハリン島のカニ缶詰工場主の渡辺藤作がこの地に進出し、それに千島興業合資会社系の人々が続いたものという。明治四五年(一九一二)には前年のオットセイ保護条約のためラッコ・オットセイの猟業を廃止した大日本遠洋漁業(株)などが加わり、報効義会もシュムシュ島に工場を建てたので、大正六年(一九一七)には北千島のカニ缶詰工場は一四カ所、産額は一万七五〇〇函に達していた。このようにしてようやく北千島でも漁業経営が定着し、それに伴い出稼ぎ労働者の渡島も急増したので、大正四年(一九一五)から北海道庁の命令航路として日本郵船が函館から北千島へ一夏に四航海の定期船を運航することになり、漁業者にとって便利になった。その結果北千島漁業の根拠地も従来の根室から函館に移ることになったのであった。それだけでなく漁船の動力化が進むにつれて、これまで汽船に搭載されていた川崎船から後年北洋漁業に付きものになった発動機を付けた独航船のさきがけも始まった。大正八年(一九一九)頃には北千島では日本漁業(株)がパラムシル島に二二カ所の漁場をもち、カニ漁では日本漁業(株)のほか日魯漁業(株)・報効義会・児玉只市などが多くの缶詰工場を経営していた。しかし北千島のタラ漁やカニ缶詰生産は昭和七年(一九三二)頃までは停滞が続き、その生産額はカムチャツカや樺太沿岸、さらにはエトロフ島と比べてもまだわずかなものであった。

その間にシュムシュ島やパラムシル島では、カニ缶詰工場を有していた占守漁業(株)や日魯漁業(株)などが、カムチャツカ西岸のオゼルナヤやキシカ沖合まで出漁して、漁獲したカニを同地に運搬し缶詰を製造していた。しかし大正一〇年(一九二一)以降になると前述のように川崎船で集めたカニを洋上の母船内において煮沸して缶詰に製造するカニ工船が発達し、昭和五年(一九三〇)には、北洋におけるカニ工船は一九隻、カニ缶詰製造高は四〇万五〇〇〇函を突破した(今田清二『日本北方漁業論』、岡本正一編著『蟹罐詰発達史』)。昭和期に入ると前述のようにロシアの領海を離れたカムチャツカ西岸沖の公海では、母船式カニ缶詰製造を鮭・鱒漁に適用した母船式鮭鱒漁業も始まったのである。

以上のように明治四十年代からタラ漁業とカニ缶詰業の発達によって小規模ながら北洋漁業の一翼を担ってきた北千島諸島が、様相を一変してその大根拠地として飛躍するようになったのは昭和八年(一九三三)以後のことであった。その遠因は、大正末期頃からとくに顕著となったソビエト政府のカムチャツカにおける漁業権回復のための強行策で、同地における日本漁業は次々に制限を加えられ、トラブルも頻発して後退を余儀なくされたことであった。それゆえ日本の漁業者たちは、カムチャツカ東西岸の公海における鮭・鱒の母船式漁業を始めたが、そのことがこれまでの沿岸漁業では知りえなかった沖合における鮭・鱒漁場の発見につながったのである(今田正美『奪われた北千島—その漁業史』)。とくに北海道議会の北千島開発決議によって昭和六年(一九三一)および七年に派遣された北海道水産試験場の調査船第三深海丸が、北千島海域で鮭・鱒の回遊する大魚道を確認したことは、業界にセンセーションを巻き起こした。カムチャツカ東岸を南下する鮭・鱒の魚群は北千島のオンネコタン海峡を通ってカムチャツカ西岸およびオホーツク海沿岸へ向かうことが明らかになり、またこの調査の結果は、曳き網よりは流し網の方がはるかに漁獲の成績がよいことを示していた（板橋守邦『北洋漁業の盛衰』）。そのことはこれまで母船式漁業に参入できなかった北海道の中小漁業者に大きな可能性を与え、北千島は鮭・鱒独航船の流し網漁にとってあたかも「沈むことのない母船」のような役割をもつことになったのである（高倉新一郎『千島概史』）。このようにしてシュムシュ・パラムシル両島には鮭・鱒缶詰工場の新設が続き、その缶詰生産量は昭和九年（一九三四）には早くも母船式のそれを追い抜いている。それとともに北千島漁業全体の生産高は、昭和七年（一九三二）までは一〇〇万円前後であったものが、翌年には五〇〇万円、一二年（一九三七）には二五〇〇万円、そして大豊漁年の一四年（一九三九）には四三六〇万円に急上昇し、太平洋戦争勃発後の一七年（一九四二）でさえ三六四〇万円に達していた。

『千島調査書』（北海道庁千島調査所編）が記した最盛期の北千島諸島の漁業労働の状況は以下のようなものであった。

(1)　鮭・鱒流網漁業　二〇〇隻の独航船（乗組員は一〇〜一三人）によって行なわれている。投げ網に要する時間は約二時間、揚げ網には約四〜五時間を要する。濃霧・怒濤を冒しての作業は危険を伴う。

(2)　鮭・鱒建網漁業　建網一カ統あたりの漁夫および雑夫は各三〇〜六〇人が普通で、漁船は発動汽船一隻、川崎船五隻を用いている。漁夫は漁業作業、雑夫は陸上で塩蔵作業に従事する。

(3) 鮭・鱒缶詰作業　缶詰工場の塩蔵場の甲板で鰓取り・腹切りの作業ののち洗い場に移され、缶詰原料たる紅鮭の多いときは缶詰場に配置され、鱒や白鮭の多いときは塩蔵場に配置される。

(4) 鱈《たら》漁業の漁法　延縄と一本釣の二種がある。前者は発動機船で早朝に漁場に投げ網し、午前中に揚げ網する。漁期は鮭鱒漁業より一カ月早く、切り上げは一カ月遅い。

(5) 蟹漁業と蟹缶詰業　普通二五トン以下の発動機船に船長以下一二〜一三人が乗り組んで出漁する。漁獲した蟹は船中で甲羅を脱したうえ陸上へ運搬する。

昭和一四年(一九三九)における出稼ぎ漁夫・雑夫・職工らの総数は一万六七二三人で、その出身別は北海道三八%、青森県二五・四%、秋田県一七・六%、岩手県一〇・九%で、北海道と東北地方北部の三県で九割以上を占めていた。

とはいえ北千島諸島は南千島諸島と比べた場合、その領有および経営のあり方に大きな違いがあった。南千島諸島は本土からの移住者たちによって開かれた普通の島で、漁業者のほか多数の居住者や家族が生活する内国植民地であったのに対し、北千島は北洋漁業の大基地となりながらも最後まで漁業者たちの単なる出稼ぎ地に止まったのである。夏季には二万人に近い漁夫や労働者たちで賑わったこれらの島々も、冬季の住民は百数十人ほどの越年番人や役人たちにすぎず、定住者としては報效義会の解散後もシュムシュ島に止まった別所佐助の家族およびその他数家族にすぎなかったのである(別所二郎蔵『わが北千島記』)。

一方、ウルップからマカンルル(ブロートン)までの中部千島の一六島は、明治四四年(一九一一)の日英米露四カ国のオットセイ保護条約締結の結果、北海道庁の管轄から農林省直轄の海獣保護区に指定され、大正五年(一九一六)以降は一般漁船の寄島および漁業が禁止されて、各島にはそれぞれ数人の監視者や番人が居住していただけであった。しかしそこでは農林省直営のもとに日本では珍しい養狐事業が行なわれており、銀狐・黒狐などの優良種の養狐によって、一時期は毎年一〇〇〇人以上の出稼ぎ労働者が従事する北千島のタラ漁に匹敵する生産高を挙げていたという。養狐の越年小屋が置かれていたのはウルップ島・シムシル島など九島で、越年者たちは農林省が建てた住居に家族とともに生活し、夏季は狐の増殖に、秋から冬季には狩猟に従事したという。養狐は柵飼いのほか大体は放牧式だったので、時期を定めて捕獲して生皮を保管し、農林省の官吏に引き渡すのが仕事だったという。ウルップ島やシムシル島には養狐の越年小屋が三カ所あり、それぞれ銀・黒・十字・赤・紅・青等の狐が五〇〇頭から一〇〇〇頭棲息していたという。狐皮の品質を維持するために、時折カナダや樺太などから種狐を入れて血液の更新が図られていた。養狐のためにもっとも必要なのは餌であったが、放し飼いの場合も冬季には適当に餌を散布して給餌せねばならなかった。これらの中部千島に居住して養狐に従事していた人々は『千島調査書』によれば昭和一四年(一九三九)には一八戸、四〇人にすぎず、それらの人々は絶海の孤島で家族のみの淋しい生活を過ごしていたようである。それゆえそれらの人々が「斯かる交通機関その他の施設皆無の孤島に三ヵ年以上の越年を嫌気していた」のは当然のことであった。とはいえ、ケトイ島の越年者板垣老人のように人生の半ばをこの島で送った人々もあったという（庄司幹雄『近代千島列島誌』上）。

第一一章　内国植民地としての南千島諸島

一　南千島諸島の沿革

これまで見てきたように、南千島諸島（ここでは便宜上クナシリ島、エトロフ島のほかに北海道根室半島の延長であるハボマイ群島とシコタン島も含める）は歴史的にみて北千島諸島とは大きな違いがあった。北千島諸島が明治八年（一八七五）の「樺太千島交換条約」によって日本領土となったのに対し、南千島諸島は一八世紀末には松前藩および幕府の政策によって完全に日本の領域に組み込まれ、それとともにこれまでアイヌが唯一の住民であったこれらの島々に和人たちの流入が始まっていたのである。

日本人の南千島への進出は、松前藩がクナシリ島に場所を開いた宝暦四年（一七五四）に始まるといわれている。しかしそれはまだ単なる交易船の派遣にすぎなかったようで、この地で漁業経営が行なわれるようになったのは、安永三年(一七七四)に飛騨屋久兵衛が松前藩への貸金の代償として厚岸・霧多布などの北海道東端場所とともにクナシリ場所を請け負った以後のことであった。とはいえ飛騨屋がクナシリ島で乙名ツキノエの妨害に遭って、安永五年(一七七六)から天明元年(一七八一)この期間この場所の経営を休まざるをえなかったことを考えると(飛騨屋武川家文書第五冊「諸用書留帳」)、この島に和人の支配が及んだのは寛政元年(一七八九)のクナシリ・メナシ事件の鎮圧後であったと思われる。この事件ののちクナシリ島などの諸場所は飛騨屋から没収されて村山伝兵衛の請負となったが、村山家も寛政八年(一七九六)松前藩の恣意の措置によって闕所《けっしょ》(財産の没収)となり、クナシリ場所は江戸の小林屋宗九郎が年一七六両で請け負った。幕府が東蝦夷地と南千島諸島を直轄に移し、従来の場所請負制を廃して直捌き(幕府の直営)としたのは、それから間もなくの寛政一一年(一七九九)のことであった。その前後からクナシリ場所の漁業も大網使用の大規模なものとなって漁獲は一挙に増大し、それとともに漁場も従来の六カ所から一四カ所に増設されている。幕府は文化一〇年(一八一三)には直捌きを止めて場所請負を復活したので、クナシリ場所は文化一四年(一八一七)以後幕末まで藤野四郎兵衛の請負(当初の運上金は年一〇〇〇両)となっていた。

エトロフ島は寛政一一年幕府の東蝦夷地直轄とともに日本の支配が及んだところで、近藤重蔵が全島を七郷二五村に分かち、アイヌの人別帳を作るとともに風俗の同化にも着手した。そこでは前述のように高田屋嘉兵衛が一七カ所の漁場を開き、アイヌに魚網や漁具を与えて漁業に従事させていたが、第三年目の享和三年(一八〇三)には生産高はすでに二万両を超えていたという。その後文化七年(一八一〇)この島は他の場所に先がけて運上金年二〇〇〇両をもって高田屋の請負に委ねられ、それは文政五年(一八二二)の松前藩の復領後も続いた。しかし高田屋は天保四年(一八三三)ロシア船との旗合わせが発覚して闕所となり、その後は藤野喜兵衛などの請負を経て、幕末から明治にかけては栖原《すはら》屋と伊達屋の共同請負場となっていた。

シコタン島には寛政初年に一〇〇人ほどのアイヌが住んでいたといわれ、彼らはその頃から根室場所に招致されて出稼ぎをしていたが、文化初年にはこの島にも番人が派遣され、番屋も建てられて和人の漁業が行なわれるようになった。しかしロシア船のエトロフ島襲撃の翌年住民たちは根室場所に移され、ここは単なる出稼ぎ場所になってしまったようである(「東蝦夷地各場所様子大概書」)。

以上のような南千島における日本人の漁場の発展に伴って注目されるのは、この地方のアイヌ人口の急激な減少である。全ての住民が北海道に移されたシコタン島の場合は別としても、一八〇〇年(寛政一二)に一一一八人を数えていたエトロフ島の住民は一八四一年(天保一二)には一五五戸・六〇八人、一八五六年(安政三)には八九戸・四九八人、一八七三年(明治六)には七八戸・三七八人というように四分の三世紀の間に三分の一になっていた(高倉新一郎「千島樺太の開発と土人」)。クナシリ島ではこの傾向はさらに著しく、一八〇九年(文化六)には一三二戸・五五五人といわれたアイヌ住民の数は、一八二二年(文政五)には一〇六戸・三四七人、一八五四年(安政元)には三七戸・九九人、そして一八六九年(明治二)には一八戸・六九人というようにその減少は止まることなく続いていた。そのため幕末期にはこの島の労働力を補うために、北海道の斜里周辺から多数のアイヌたちがこの島へ出稼ぎに送られていたのである。このようなアイヌ人口の減少については種々の原因が考えられるが、すぐ思いつくのは場所請負人の漁業の都合によって生じたアイヌ成人の半強制的な他の漁場への出稼ぎである。その際には夫婦が別々の場所へ移されることもしばしばであったという。幕府や松前藩もアイヌ人口の減少を憂慮して折々にその対策を指示していたが、アイヌが場所請負漁業の主たる労働力として期待されていた限りこのような傾向を防ぐことはできなかったであろう。

南千島の管轄についてみれば、これらの島々は安政二年(一八五五)には幕府の蝦夷地再直轄によって再び松前藩の手を離れて仙台藩の警備地となり、同六年(一八五九)には仙台藩領の一部としてその経営に委ねられた。明治維新後の明治二年(一八六九)蝦夷地は北海道と改称され、開拓使が設置されて一一国八六郡に分けられた。しかし千島国と名付けられた南千島諸島は幕末期と同様に諸藩に分領して委任され、紗那《シャナ》郡・択捉《エトロフ》郡・振別《フレベツ》郡(以上エトロフ島)はそれぞれ仙台藩・彦根藩・佐賀藩、そして国後郡(クナシリ島)は秋田藩の支配とされ、廃藩置県後の同五年になってようやく開拓使根室支庁に統轄された。それとともにこれまで北海道の経済を支配してきた場所請負制度は、先住民アイヌの酷使につながるとして廃止されたが、なおしばらくは従来の請負人が漁場持という名称で維持され、彼らは遠隔地の行政機構の末端を担っていた。しかし広大な地域を支配する独占的な漁業経営は産業の自由な発展を阻んでいたので、明治九年(一八七六)には漁場持も廃止されて、新たに営業しようとするものには永住・寄留の別なく、漁業者の自由な進出が奨励された。その結果これまで藤野家(クナシリ)、栖原家(エトロフ)の独占的な漁場であった南千島にも、明治一二年

（一八七九）頃から個人もしくは会社組織による漁業家たちが進出するようになり、それとともに漁夫や雑役夫として雇用され渡島する和人たちが増加した。とはいえこのような南千島における漁業の発展にもかかわらず、それらの島々への一般の和人の定住が始まったのは、北海道への開拓移住者たちが増加し、その一部がそこへ移住するようになってからのことであった。

最初は単なる出稼ぎ人にすぎなかった彼らもやがて自ら小規模の漁業を営むようになり、郷里から妻や縁者たちを呼び寄せて世帯をもち、このようにして南千島における日本人の定住者が次第に増加し始めたのであった。明治一六年（一八八三）の「現住戸口本支庁別および国別表」（『新北海道史』九巻）によれば、千島の人口は一三二八人であったが、同年の千島のアイヌ人口は「明治維新以後アイヌ国別戸口表」によれば四八〇人となっているので和人の人口は九〇〇人足らずだったのであろう。それが一〇年後の同二六年（一八九三）に四一〇〇人を超えているのは、この時期に大きな移住の波があったことを示している。それらの移住者たちは主として東北・北陸・関東出身の人々で、北海道に渡ったものの不慣れな開拓生活に夢破れて、クナシリ・エトロフ・シコタンの漁業作業に活路を求めて移住した例が多かったようである（千島歯舞諸島居住者連盟『元島民が語るわれらの北方四島――総集編』）。そのほか夏季の漁業の最盛期に集団でこれらの島々へ出稼ぎに出かけた人々がそのまま島に居ついて、現地の女性と結婚する例も多かったという。

二　内国植民地の成立

　このような移住民の増加につれて南千島の行政機構もようやく整備され始め、明治一三年(一八八〇)エトロフ・クナシリ両島に郡役所や戸長役場が開設されて、大正一三年(一九二四)には北海道二級町村制が施行された。それとともに役場・警察・駅逓・学校・病院・寺社などの諸施設も徐々に設立され、内国植民地としての体裁も整えられたのである。本籍地を島に有する定住人口も次第に増加し、戦前の昭和一〇年(一九三五)に実施された国勢調査によれば、そのころのクナシリ島(八五四七人)、エトロフ島(六一〇九人)、シコタン島(一一七七人)を合わせた人口は一万五八三三人に達していた。ハボマイ群島は当時根室半島の歯舞村に属していたのでここには含まれていないが、昭和二〇年(一九四五)当時の人口は四四五五人であったという。

　これらの島々は北海道からも離れており、各島の連絡も船によるしかなかったので、生活のためには定期航路の整備が不可欠であった。それらの航路には根室近海線、根室択捉線、函館択捉線があり、流氷や結氷のない四～一二月の期間に北海道庁がそれぞれ根室汽船(株)・嘉門海運合資会社・金森商船(株)に命じて年に数十回の運行をさせていた。しかしそれらは濃霧や風浪により欠航が多いため、島々間では漁船を利用することも多かったという。エトロフ島のオホーツク海沿岸は冬季には流氷に覆われたが、太平洋岸はほとんど流氷がなく、単冠《ヒトカップ》湾の年萌《トシモエ》は不凍港だったので冬季のエトロフ島と北海道の唯一の連絡航路は単冠湾の村落に限られていたという。

南千島諸島の気候風土は本土と比べると定住者には厳しい条件であったが、それでも多くの移住者たちを惹きつけたのはその周辺海域の豊かな漁場であった。そこは千島寒流と黒潮や対馬暖流が合流する世界三大漁場の一部であり、なかでも鮭・鱒・タラ・ニシン・鯨・カニ・帆立貝などの宝庫で、ハボマイ群島周辺ではとくに昆布などの海藻類の豊かなことが知られていたからである。昭和一〇年(一九三五)頃にはエトロフ島には一〇カ所の鮭・鱒缶詰工場が、またクナシリ島には一一カ所のカニ缶詰工場が操業していた。しかし鮭・鱒・カニ漁や捕鯨などは島外の函館や根室の大資本によるもので、とくに千島海域の捕鯨はエトロフ島の紗那を中心基地とし中部千島のケトイ島付近までを操業域とする海区と、エトロフ島の単冠湾(年萌)とシコタン島の斜古丹を根拠地とする二海区に分かれ、日本水産(株)・遠洋捕鯨(株)・鮎川捕鯨(株)の三社が大正四年(一九一五)以来毎年三〇〇〜五〇〇頭の鯨を捕獲していたという。そのなかでももっとも多かったのはマッコウ鯨であった。

島々の漁業権や海産干場もほとんどが島外居住者の所有に帰しており、零細な地元の漁民たちは昆布・タラその他の雑魚漁に従事し、生産物は漁業組合を通じ、あるいは彼らに漁業資金や米・野菜・調味料などの生活物資を提供していた、仕込親方と呼ばれる海産物商へ委託して販売するのが普通であった。そのような委託の結果清算が著しく遅延したり、仕込主から多額の手数料や利子を請求されることもあったという。北海道庁千島調査所が昭和一四〜一六年(一九三九〜四一)の三カ年にわたり調査した『千島調査書』によれば、彼らの水産収入はおおむね年一五〇〇円から三〇〇〇円位であったという。生活費も家族五人で一〇〇〇円から一三〇〇円の程度であったと推定されている。昭和九〜一一年（一九三四〜三六）の夫婦・子供二人の所得税課税最低限が一七五〇円だったことを考えると、島民たちの収入は全国並であったように思われる。しかし彼らは渡島当時は漁夫・雑夫として単身労働をし、無資力から努力によって住宅・磯舟・牛馬と多少の土地を所有するに至っていたので、貯金を有するものはわずかであったという。それでも多くの人々が生命保険には加入していたそうである。漁民たちは必要に応じて二、三隻の小舟を所有していたが、そのうち一割程度が動力船であったのはこの地方の特徴であった。住居は平屋の柾葺き屋根が普通で、壁は板張りで隙間が多く防寒には不適なもので、建坪は多くが一五〜二五坪ほどであった。各島とも半数ほどの家庭が蓄音機をもっていたが、エトロフ島の紗那などを除けば電燈設備がなく石油ランプの生活だったので、乾電池式のラジオをもっている家は一部落に二〜八戸しかなく、新聞は役場や学校などでしか読むことができなかったそうである。各島には整った道路がなく部落間の交通は多くは海路に頼っていたので、冬季の交通はとくに困難であった。郵便物は定期船の到着ごとにまとめて配達されたが、それも冬季には途絶した。ただ流氷のないエトロフ島単冠湾の年萌では冬季にも月に一度くらい陸揚げされる郵便物が相当な量にのぼったので、郵便局では十数台の馬橇隊を編成してまず西海岸の留別《ルベツ》まで運び、そこで紗那・別飛《ベットブ》・蘂取《シベトロ》宛の郵便物を仕分けして多数のアルバイトの人たちを雇って配達したが、年萌から蘂取まで届くのに二週間ほどかかったという。

主要な部落には尋常小学校や高等科併置の小学校があり、多くは小規模校であったが、なかには生徒数が一〇〇人を超える学校もみられ、わずかながら根室や釧路の中学校へ進学する生徒もあった。終戦時の各島の児童数と教員数を挙げれば、ハボマイ群島（児童八三一人・教員二四人）、シコタン島（児童一一七人・教員八人）、クナシリ島（児童一四二三人・教員四一人）、エトロフ島（児童六〇二人・教員一七人）であった。しかし各島とも不就学児童が少なくなかった。児童の健康状況にも問題が多く、トラホーム・扁桃腺炎・皮膚病が多くみられた。南千島の医療については、クナシリ島・エトロフ島の各村には村医がいたが、シコタン島の七部落、クナシリ島の七部落、エトロフ島の一〇部落は無医村で治療を受けるのが困難で、交通不便のため急患や冬季の病気には間に合わず、売薬ですませていたという。

南千島の生活は漁業によってなり立っていたので、前掲の『元島民が語るわれらの北方四島――総集編』から各島ごとの生産物の特徴をまとめておきたい。

ハボマイ群島の生産の大部分は昆布・海苔・帆立貝で、それらは島民たちや根室からの出稼ぎ民によって採取され、製品は根室に集荷されていた。シコタン島でも海苔・昆布などの海藻類が生産物の半ばを占め、そのほか帆立貝・フジコ（キンコ）・ナマコなどが主要なものであった。それらは零細地元民もしくは協同組合によって採取されていた。ただこの島の斜古丹港には日本水産（株）の捕鯨基地があり、それは当時東洋一といわれていたそうである。クナシリ島は沿岸の資源が多岐にわたり、海域によって違う水産物がそれぞれの方法で水揚げされていた。生産量で多かったのはやはり海藻類で六～七割を占め、その大半は昆布であった。そのほかタラバガニ・帆立貝・フジコ・ナマコなどがあった。東岸の古釜布《フルカマップ》から泊にかけては日魯漁業(株)のタラバガニ缶詰工場が十数カ所もあり、青森や秋田などから大勢の工員たちが季節ごとに出稼ぎに来ていた。エトロフ島では鮭・鱒の主要漁業は全て会社経営で、函館・根室・東北地方からの多数の出稼ぎ者によって漁獲が行なわれており、地元漁民はタラ・昆布その他の雑魚漁に従事していたという。

北海道庁総務部領土復帰北方漁業対策本部がまとめた『戦前における歯舞・色丹・国後・択捉諸島の概況』(昭和三三年(一九五八)刊行)によれば、昭和二〇年(一九四五)における漁業従事者世帯の推定人口は以下の通りであった。ハボマイ群島(七〇〇世帯・四二四四人)、シコタン島(一二四世帯・七七〇人)、クナシリ島(一〇三八世帯・五六八〇人)、エトロフ島(四一九世帯・二一五〇人)、合計(二二八一世帯・一万二八四四人)。そのほか南千島諸島には企業家に雇用された季節労働者たちが毎年四、五〇〇〇人も出稼ぎとして来島していた。

南千島における漁業以外の産業についてみれば、農業はいわゆる漁村農園といわれる小規模なもので、自家用の蔬菜を作る程度のものであった。馬は乗用および荷駄運送のための唯一の交通機関であったが、各島とも自然放牧の飼育で相当数が飼われており、肉用・農耕用・軍用として島外にも供給されていたという。牛は肉牛用として飼われていたが、毎年一〇〇頭ほどが島外へ売られていた。工業では各漁業会社による鮭・鱒の缶詰工場のほか、クナシリ島やエトロフ島には製材工場が数箇所あり、主として北千島の鮭・鱒塩蔵用の包装函や建築材などを生産していた。鉱業の分野では昭和期になってクナシリ・エトロフ両島では硫黄のほか金・銀・銅・鉛・亜鉛・硫化鉄などの鉱物資源が試掘されていたが、それらはまだ未開発の状態にあった。

娯楽施設のなかった南千島でも、島の人々はそれぞれのやり方で生活を楽しんでいたようである。芝居・演芸会・剣道大会・部落対抗の運動会、活動写真や青年団活動など様々な催しや行事が学校等を利用して行なわれており、島々に多かった海の神を祭る金比羅神のお祭りでは、神輿や山車が村中を練り歩き、屋台店の並ぶこともあったという（千島歯舞諸島居住者連盟『元島民が語る北方四島――生活編』）。

そのような平和な島々の生活に刺激をもたらした話題には、昭和初年に太平洋横断の途中大圏コースを選んで千島列島を飛行した内外の冒険家たちのニュースがあった。昭和六年（一九三一）五月には報知新聞社の後援を受けた水上機報知日米号が東京から千島・アリューシャン列島を経由してサンフランシスコへ向かう途中、悪天候のためエトロフ島のナイボ湾に着水後、シムシル島のブロートン湾北部に不時着して根室に曳航された。翌年九月にはより大型の第二次報知日米号が羽田を出発したが、この飛行機はエトロフ島上空を通過してカムチャツカへ向かう途中で行方不明になっている。それらよりはるかに大きなセンセーションを巻き起こしたのが、アメリカの飛行家リンドバーグ夫妻の千島列島不時着のニュースであった。彼らは単発の水上機シリウス号で極東訪問飛行の途中訪日したもので、一九三一年七月ワシントンを出発し、アラスカ・カムチャツカを経由して千島列島を南下したが、ケトイ島東方で不時着し、農林省の監視船に曳航されてシムシル島のブロートン湾で修理ののち、エトロフ島のシャナ沼やクナシリ島のトーフツ湖を経由して根室港に着水し、同地に二日間滞在して大歓迎を受けたのである。

以上述べてきたように、南千島諸島は一八世紀末以来日本人が進出して豊かな水産資源を利用しつつ、開拓生活を営んできた海域であった。そこは本土からの離れ島で厳しい自然環境の地ではあったが、日本人は一世紀半もその地に慣れ親しみ、島民たちのなかにはすでに数世代にわたり定着した人も多く、彼らはすでにこれらの島々を郷土と意識していた。

終章　第二次世界大戦と千島列島

一　千島列島における日米戦争

千島列島はアリューシャン列島を経由して北米と北東アジアを結ぶ最短経路に位置していたので、日独伊三国同盟が締結された昭和一五年（一九四〇）の前後から日米間の緊張が高まると日本軍は北千島の防衛に注目するようになった。そのためこの年一〇月シュムシュ・パラムシル両島の要塞構築が着手され、一二月には南樺太および千島列島の防備のために北海道の第七師団と弘前の第五七師団を統括する北部軍司令部が札幌に置かれた。翌年九月には両島に砲兵・歩兵各一大隊を派遣して本部をシュムシュ島の別飛《ベットブ》に置き、柏原港も修築された（防衛庁防衛研修所戦史室『北東方面陸軍作戦』2）。その後も北千島の兵力増強とともに中部千島や南千島にも軍事施設の設置が始められたが、海軍も同年七月には北東方面で作戦する第五艦隊を編成していた。日米開戦に際してハワイの真珠湾攻撃のために連合艦隊の集結地となったのもエトロフ島の単冠《ヒトカップ》湾であった。

ところで、昭和一六年(一九四一)四月に日ソ中立条約を締結した日本にとって、わずか二カ月後の六月にナチス・ドイツが独ソ不可侵条約を犯してソ連に侵攻したことは非常にショッキングな出来事であった。日本はその前年に日独伊三国同盟を結んでいたので、直ちにドイツに協力して対ソ戦に参加するか、従前の計画に従って南方に進出するかの二者択一を迫られたからである。しかし日ソ中立条約は、一方が第三国と戦争状態に入ったとき他方は中立を維持することを規定しており、大本営の陸海軍連絡会議も対ソ戦を時期尚早と決定したので、翌七月には従来の方針に従って仏領インドシナ南部(今日のベトナム南部)への進駐を強行し、その結果アメリカとの対立を不可避なものとしたのであった。とはいえそのことが対ソ戦の意図を放棄したものではなかったことは、同月満州で実施された関東軍の大規模な演習(関特演)によっても知ることができる。米・英・蘭の諸国は日本のインドシナ南部進出に対して直ちに在外日本資産の凍結を公布した。次いでアメリカは石油を始め軍需物資の対日輸出を禁止し、さらに日本の中国からの撤退を要求するハル・ノートを突き付けたので、日本政府は九月六日の御前会議において外交交渉で日本の要求が通らない場合には対米(英・蘭)開戦を決定した。

アメリカはドイツがソ連に侵攻すると直ちに武器貸与法に基づいてソ連への武器・食料・資材の提供を始めていたが、一九四一年一二月日本が対米英戦争に突入するとドイツ・イタリアも三国同盟に基づいて対米宣戦を布告し、それは欧州のみならず日米をも巻き込んだ第二次世界大戦に拡大した。その際の日本とソ連の関係は、アメリカの歴史家ジョージ・レンセンが指摘しているように「日ソ中立条約」をめぐって「奇妙な中立」状態に置かれていた。双方は互いの敵と同盟しており、それぞれ互いの同盟国と戦っていたからである(Lensen, Strange Neutrality)。アメリカはソ連への武器や物資の補給をソ連の輸送船のほかソ連籍に変更されたアメリカ船によって太平洋経由で行なっていたが、その際に船籍を変更したアメリカ船はシュムシュ海峡を通ってサハリン島と大陸間のタタール海峡(間宮海峡)を北方から通過し、本来のソ連船はラペルーズ海峡(宗谷海峡)を通過してそれぞれウラジヴォストークに軍需物資を運んでいたという(Stephan, The Kuril Islands)。しかし二つのルートとも、そこへ至るには日本の支配下にあった千島列島の海峡を通過しなければならなかったが、その事情を認識していた日本側もアメリカと戦っている間にソ連と対立することは望ましくなかったので、熟慮の末にそれらの通過を認めざるをえなかったようである。それでも日本海軍が千島海域の制海権を掌握していた間は、千島の海峡を通過する全ての外国船に対して事前の通告を要求し、臨検がしばしば行なわれていたという。

日米開戦後のアリューシャン作戦は大本営直轄で実行され、千島駐屯の北部軍は当初は戦争の圏外に置かれていたようである。しかし昭和一八年(一九四三)二月新たに北千島守備隊・中千島守備隊・南千島守備隊が編成されて北方軍が成立すると、北方軍はアリューシャン方面の作戦も担当するようになり、中部千島のマツワ・シムシル・ウルップ各島、南千島のエトロフ・クナシリ・シコタン各島にも兵力が配置された。しかしその後間もなく五月にはアリューシャン列島のアッツ島守備隊二六〇〇名が玉砕し、七月末にはキスカ島守備隊五二〇〇名がパラムシル島に撤退したので北千島は対米戦線の最前線になり、海軍も八月には第五艦隊と第一二航空艦隊をもって北東方面艦隊を編成し、北太平洋方面の防衛の強化を図った。アリューシャン列島のキスカ島から日本軍守備隊が撤退した後は、アッツ島を基地とするアメリカのB24やB25爆撃機が北千島を攻撃するようになったが、日本軍戦闘機の反撃によって損傷することも多く、それらの米軍機は緊急避難のためにカムチャツカの空軍基地を利用していたという。ソ連側はそのような行為が中立に反することを認識していたので米軍機と乗員を抑留したが、それは名目的なものにすぎなかった。

一方、大本営は昭和一九年(一九四四)春以降に米軍のアリューシャン方面からの反攻を予想して千島の防備強化を求めた北方軍の意見を入れて、第四二師団(仙台で編成)の臨時動員と中部千島への配置を決定した。しかしその増強は早春の北海の暴風と激浪のなかで行なわれたばかりでなく、米国潜水艦の待ち伏せ雷撃によって八隻の輸送船と護衛艦が沈没し、兵員二三四〇人を失うという悲惨なものとなったが、千島守備隊の兵力は昭和一九年五月には約四万三〇〇〇人に達していたという。二〇年春になると南方戦線の苦戦が続いたので、大本営は本土決戦の態勢を整えるために千島方面の部隊の北海道への転進を決定したが、前年春に危険を冒して増強を図った中部千島守備隊の撤退は再び米国潜水艦の脅威下で強行され、四隻の艦船が雷撃で沈没して三一二七人が犠牲となった(庄司幹雄『近代千島列島誌』下)。そのような北海における五五〇〇人に及ぶ兵員や船員の犠牲は、千島の歴史における未曾有の悲劇であった。ただ、同じ頃(昭和一九年)満州の東安省から北千島へ転進した戦車第一一連隊や独立歩兵大隊の諸隊は、輸送船めるぼるん丸・白陽丸・高島丸に分乗して釜山・門司・小樽を経由し四月中旬無事シュムシュ島に到着している。

このように千島列島は昭和一八年(一九四三)以降米艦隊の制海権下に置かれて艦砲射撃や爆撃を受けるようになり、さらに米国潜水艦によって輸送船への攻撃が繰り返されると、日本軍の損害は増大し、千島への物資補給はその間隙をぬって小さな機帆船や小型漁船で行なわれるだけになった。それでも北千島漁業は昭和一九年まで続けられ、すでに母船式鮭鱒漁業は中止されていたものの、機帆船による流し網漁業は制限された海域で危険を冒しながら続けられていた。しかしそれはすでに企業としての操業ではなく食糧確保という国家の方針に従ったもので、小型の機帆船さえ銃撃を受けて犠牲者を出すものが多く、北千島は惨憺たる漁場となっていた。そのような状況の下で以前は北海道新聞社や皇軍慰問連盟などが派遣していた芸能人による「北千島慰問団」も、昭和一八年九月をもって中止されている(渡辺一雄『北千島慰問記録』)。

以上のように千島列島における日米の戦いは、昭和一八年以降すでに制海権を失っていた日本軍に対する米国艦隊の艦砲射撃とアリューシャン基地からの米軍爆撃機の北千島攻撃のほかに、日本の艦船に対する米国潜水艦の波状攻撃が特徴的で、日本側が要塞を備えて待機していた米軍の上陸作戦や陸上戦闘は千島列島ではついに行なわれなかったのである。

二　ソ連軍の千島侵攻

一九四三年(昭和一八)一一月、ルーズベルト、チャーチル、蒋介石による米・英・中三国の首脳会談がエジプトのカイロで開かれ、そこでは大戦終了後における領土不拡大の原則が表明されたものの(カイロ宣言)、日本に対しては満州・台湾・澎湖諸島の中国への返還、朝鮮の独立回復、太平洋諸島の放棄を要求していた。その直後にルーズベルト、チャーチル、スターリンら米・英・ソの三国首脳はイランのテヘランで会談し、その際にはヨーロッパにおける第二戦線の結成とソ連の対日参戦が約束されたが、ソ連の対日参戦の約束については厳重な秘密とされた。そのことを知らなかった日本政府は昭和一九年以降太平洋の戦況悪化とともにソ連の中立の意義が高まったので、同年四月そのことを再確認するためにソ連に政府特使の派遣を受け入れるよう要請したが、それは当然ながら不必要として受け入れられなかった。その際に日本側は、ソ連領海における漁業権の放棄や南樺太および北千島の譲渡などを含む譲歩案を用意していたといわれている。

一九四五年(昭和二〇)二月、米・英・ソ三国首脳は再びソ連の保養地であるクリミヤ半島のヤルタで会談した。同月一一日ルーズベルトとのわずか一五分の非公式会談の際に、スターリンは対日参戦の見返り条件として南樺太の返還と千島列島の引き渡しを口頭で提案し、これに対し対日戦によるアメリカ軍の損害を減少するためにソ連の対日参戦を切望していたルーズベルトは直ちにそのことに同意したという。ルーズベルトに同行していた通訳のC・ボーレンによれば、当時大統領は千島列島が日露戦争でロシアから強奪されたものと理解しており、これらの島々がカイロ宣言に明記された返還されるべき領土に含まれていると考えていたようである（ルーズベルトは、ヤルタ訪問五週間前に国務省の極東委員会が作成していた南千島の日本保留を妥当とする「ブレイクスリー報告」を見ていなかったといわれる）。ルーズベルトの同意を喜んだスターリンは早速「ヤルタ密約」の原案を作成し、それにチャーチルも署名したが、そこにはソ連が「ドイツ降伏後二～三カ月内に対日戦争に参加する」ことが明記され、その条件として南樺太の「返還」と千島列島の「引き渡し」その他が述べられていた。しかしこの密約は大統領の金庫に収められてその場に立ち会った通訳のボーレンとハリマン駐ソ大使を除けば国務長官にも知らされず、イギリスでもチャーチル以外に知るものはなかったという（長谷川毅『暗闘』）。この密約は第二次大戦終結後も秘密にされており、それが米国国務省から公開されたのは米ソ冷戦が進み始めた一九四六年二月のことであった。

昭和二〇年（一九四五）四月五日、ソ連政府は「日ソ中立条約」（昭和一六年（一九四一）四月締結）の不延長を日本に通告したが、この条約は五年満期でその廃棄には一年前の通告を規定していたので、当時はなお一年の有効期間が残されていたはずであった。しかしすでにドイツ崩壊の近いことを確信したスターリンは、四月中に参謀本部に指令して対日戦の準備計画を作成させ、五月早々には極東への兵力・資材の本格的輸送が始まっていた。そのことを察知したモスクワの日本大使館駐在武官室では補佐官の浅井勇中佐を情報確認のためにシベリア鉄道で帰国させ、同中佐はチタで下車して参謀次長宛に「ソ連の軍事輸送は一日一二〜一五列車にのぼり対日参戦はいまや不可避と判断される」と打電したが、参謀本部で戦争指導を担当していた第一二課がその判断を疑問視して採用しなかったという(長谷川毅『暗闘』)。そのため五月中旬に開かれた最高戦争指導会議(首相・外相・陸相・海相・参謀総長・軍令部総長)では、なおもソ連の中立維持を求めるために前年重光外相が作成した南樺太と北千島などの対ソ譲渡案を基礎に、駐日ソ連大使マリクと接触することを前首相広田弘毅に委任した。しかし六月三、四日に箱根で行なわれた広田・マリク会談はモスクワに日本の弱みを認識させるだけに終わったようである。それにもかかわらず、日本政府はさらに国体(天皇制)護持の条件を付けた戦争終結の斡旋をソ連に期待して、同年七月天皇の特使として元老の近衛文麿をモスクワに派遣することを申し入れたが、ポツダムにおける米・英・ソの首脳会談を前にしてソ連がそれを無視したのは当然であった。しかし七月二六日の「ポツダム宣言」のなかにスターリンの署名がなかったことは、日本政府のソ連に対する期待をなおも持続させたようである。

一方、八月六日にはアメリカが広島に原爆を投下し、そのことがソ連参戦の前に日本の降伏を早めることを恐れたスターリンは、対日参戦の日程を二日間早めることを極東軍最高司令官ワシレフスキーに指令した。ソ連の対日宣戦布告が駐ソ大使佐藤尚武に伝えられたのは、彼が近衛特使派遣へのソ連の回答を期待して八月八日午後にモロトフ外相を訪問したときであった。ソ連の対日軍事行動は現地のザバイカル時間の八月九日午前零時(モスクワ時間八月八日午後六時)に三方から満州国境を越えて一五〇万の兵力をもって開始されたが、すでに主要な兵力を南方に転進させ、本土から召集された補充兵に頼っていた関東軍がそれに抵抗することは不可能であった。終戦詔勅の翌八月一六日関東軍司令部は全部隊に停戦を命じたが、ソ連軍との休戦協定が成立したのは一九日であった。ソ連軍は樺太でも八月一一日に北部国境の古屯《コトン》から侵攻を開始し、西岸の真岡や本斗《ホント》に上陸したのち八月二五日には豊原や大泊を占領した。

八月九日のソ連の対日参戦は直ちに北千島にも伝えられたが、この方面では八月一五日の終戦の「玉音放送」の前後頃までは平穏で、八月一六日一六時には大本営から「即時戦闘行動停止ニ関スル命令」が伝達された。この命令は各方面の全部隊への停戦命令の伝達徹底を四八時間以内と判断して、停戦の完了を「一八日一六時」に設定していたという。そのため札幌の第五方面軍ではその命令を麾下の諸部隊に通知しながら、「止むを得ない自衛行動は妨げない。その完全実施の日時は一八日一六時とする」と付記していた。その通知を受けた北千島の守備隊司令部ではそれを連合国との合意事項と考え、間もなく米軍の上陸が始まると思い、整然と降伏することを決めていたようである。

しかし実際には、日本のポツダム宣言受諾から三日後の八月一八日未明にソ連軍が無警告にロパトカ岬の砲台や艦艇からの砲撃とともに、夜陰に乗じてシュムシュ島北端の竹田浜に上陸作戦を強行してきたので、日本軍は当初予定していた無抵抗を変更して迎撃し、自衛のために積極的な「水際の殲滅作戦」を行なったのであった。そのためソ連側の人的損害は上陸部隊八八二四人中死傷一二三二人、行方不明三二五人にのぼったという。もしソ連側が事前にそのことを通告しておれば、日本側はポツダム宣言受諾後にそのような反撃をすることもなく、無益な流血は避けられたはずであるが、ソ連側の作戦計画は準備期間がなく杜撰であったばかりでなく、休戦交渉による「無血占領」は全く考慮していなかったという。そのことは「ソ連兵が血をもって獲得したクリール諸島」という名目を作り出すためにソ連兵の犠牲を求めたスターリンの意図だったといわれている。アメリカの歴史家ジョン・ステファンが指摘しているように、「スターリンは何もしないで獲得できるものでも、実際に戦うことによって獲得することを望んでおり、力のみが、血をもって獲得したもののみが正当化されると考えていた」のであった(Stephan, The Kuril Islands)。さらにスターリンはヤルタ会談のときルーズベルトから「クリール諸島をソ連に引き渡す」という密約を得ていたが、後継者のトルーマンがそのことを守ってくれることへの疑念をもっていたともいう。

一八日の戦闘は主としてシュムシュ島北端部の重要地点四嶺山(一六五高地と一七一高地)をめぐって行なわれ、日本軍は戦車連隊・歩兵大隊・砲兵大隊を前線に投入し、間もなくパラムシル島からは第九一師団の主力も参加してソ連軍を海岸に追い詰めようとしたが、激戦の最中に大本営によって指定された「一八日一六時」になったので攻撃を停止したという。突然に戦闘を中止した日本軍に対してソ連軍は攻勢に転じ重要地点を占拠できたのであった。もしそのことがなかったら、ソ連軍は三倍の兵力を有する日本軍の自衛戦闘によって壊滅していたかもしれないといわれている(井潤裕「占守島・一九四五年八月」)。

八月一八日早朝、「敵(ソ連軍?)が上陸して自衛戦闘中」であることを大本営に通報した札幌の第五方面軍司令部は、それをソ連現地部隊の独断と誤解したらしく、連合軍総司令官マッカーサーに停戦違反として抗議するよう大本営に依頼の打電をした。それに対しマッカーサーもモスクワのアメリカ軍代表を通じてソ連参謀本部に日本軍への攻撃を停止するよう要求したが、それはソ連側の反論を招いたという。シュムシュ島で停戦交渉が始まったのは一九日になってからであったが、二万三〇〇〇人の北千島守備隊の武装解除が終了したのは八月二四日であった。当時北千島には日魯漁業(株)の缶詰工場があり、一五〇〇人の出稼ぎ労働者が働いていたが、そのうち女子従業員約五〇〇人は師団司令部の配慮で八月一九日独航船二六隻に分乗して濃霧のなかを脱出し、全員無事北海道に到着したという。

その後ソ連軍(第二極東方面軍)は八月二五日から三〇日までの間にマツワ・シムシル・ウルップ島などの中部千島諸島を何の抵抗もなく占領したが、エトロフ・クナシリ・シコタン島などの南千島諸島を八月二六〜二九日に占領したのはサハリンの真岡や大泊から発進した別働隊であった。この別働隊の一部は当初は釧路から留萌を結ぶ北海道の北東部の占領も予定していたが、その意図はスターリンに対するトルーマンの拒絶の電報によって中止された。その折にはモスクワ放送によってソ連の空挺部隊が北海道に進駐することを知った日本の大本営が、連合国の最高司令部に繰り返しその中止を要望したという(防衛庁防衛研修所戦史室『北東方面陸軍作戦』2、長谷川毅『暗闘』)。そのことにより北海道はドイツのような分割占領から免れたのであった。ハボマイ群島が占領されたのは、すでに東京湾のミズーリ艦上で連合国代表との間で日本が降伏文書に署名してから三日後の九月五日のことであった。このようにして千島列島全体で捕虜となった日本軍将兵は約五万人にのぼったといわれるが（ヴィソーコフほか『サハリンの歴史』）、それらの人々は全て捕虜の速やかな郷里への帰還を規定した「ポツダム宣言」に違反してシベリアに送られ、困難な条件の下で数年間の非人道的な強制労役に従事させられた。シベリアに抑留された日本軍捕虜は全部で六〇万人に近く、最後の帰還が完了したのは一一年後の昭和三一年（一九五六）のことであったが、その間に六万人余が死亡してついに祖国の土を踏むことができなかった。

終戦当時南千島の居住者は、定住者一万七〇〇〇人のほかに水産加工場などの出稼ぎ者が五〇〇〇人ほどあったといわれるが、そのうちクナシリ・シコタン・ハボマイ群島からは、ソ連軍の進駐前後に家財道具をまとめ夜陰にまぎれて小舟で根室地方に逃れた人たちも少なくなかった。しかし北海道から遠く離れたエトロフ島からは脱出が困難であったため、終戦当時四〇〇〇人ほどいた島民のほとんどはソ連軍占領下の島に留まったという。ソ連側は昭和二二年（一九四七）七月から一方的に南千島に残留していた人々の本土への強制送還を始めたが、それらの人々はわずかの荷物をもって先祖伝来の島を後にしてまず樺太の真岡に移送された。そこで厳しい所持品検査を受けたのち樺太地域の約四〇万の日本人居住者たちとともに北海道の函館に送還されたが、それが終わったのは二四年（一九四九）七月のことであった（千島歯舞諸島居住者連盟『元島民が語るわれらの北方四島――ソ連占領編』）。しかしＧＨＱ指令によって日本国籍を失った三万人にのぼる樺太在住の朝鮮人たち（その半ばは樺太の炭鉱労働のために朝鮮本土から強制徴用された人々であった）は、その後も帰還することができず樺太に残留する結果となった。一方、千島列島や樺太に居住していたアイヌ系の人々は全て日本人として北海道に強制送還されたので、これらの地域の先住民アイヌは古くからの先祖伝来の地を失うことになったのである。

三　サンフランシスコ平和条約と北方領土問題

日本の降伏から一年半後の一九四七年(昭和二二)三月、占領軍総司令官マッカーサー元帥は対日講和の時期が到来したと声明を出し、同年七月米国政府も連合国の極東委員会に対日戦参加国の会議による講和会議を提案した。しかしソ連が拒否権付きの四大国外相会議方式を主張してこれに不参加を表明したので、この問題は進展しなかった。その間に米ソ間の冷戦が進行したので、アメリカはソ連の態度を無視して対日講和を促進することにし、日本や各国政府と講和条件について折衝を行ない、国務省顧問のダレスが作成した「講和七原則」に基づく対日平和条約案とともに日米安全保障条約案の構想が決定された。

対日平和条約調印会議は、一九五一年(昭和二六)九月四〜八日にサンフランシスコのオペラハウスにおいて五二カ国が参加して開催されたが、ソ連など共産圏三カ国は条約文の修正を要求し、それが認められないと調印を拒否して退場した。ソ連が要求した中華人民共和国の招聘が認められなかっただけでなく、ダレスが作成したサンフランシスコ平和条約文の第二条C項は、ヤルタ協定に縛られて日本の千島列島に対する全ての権利の放棄を規定しながら、その領土がどの国に帰属するかを明記していなかったからである。カリフォルニア大学教授長谷川毅は、ダレスが日ソ間のトゲとして領土問題が起こることを予測し、他方米軍の沖縄基地維持から日本のナショナリズムをそらす目的があったのではないかと述べている（長谷川毅『北方領土問題と日露関係』）。日本の首席全権吉田茂は条約の受諾演説において「クナシリ、エトロフの両島は日本本来の領土で、シコタン島およびハボマイ群島は北海道の一部である」ことを主張したが、それはすでに条約の修正につながるものではなかった。ただ、サンフランシスコ平和条約では他の領土条項が正確な地理の範囲を述べながら、日本が放棄した「千島」の範囲を示していなかったことは、その後の「北方領土問題」において論議の起こる曖昧さを残していた。

ソ連が占領した南千島諸島の最初の回復運動は、占領から三カ月後の昭和二〇年（一九四五）一二月、根室町長安藤石典がハボマイ群島・シコタン島から脱出した島民たちとともに連合国最高司令官マッカーサー元帥に宛てた陳情であった。それはソ連軍によって引き起こされた治安の不安を回復するために、それらの島々のアメリカ軍による保障占領を求めたものであった。その後北海道議会が同二二年七月に「歯舞群島及び色丹島、択捉島並びに国後島の日本領土復帰に関する請願」をマッカーサーに送ると、各都府県議会による同様の決議が続いたが、ソ連が千島列島を実効支配し、米ソの冷戦が深まるなかでそれらは単なる希望の表明にすぎなかった。それらのなかで南千島からの引き揚げ者の多数が定着しながらそれまでの漁場を奪われていた根室町では、その後も昭和二六年(一九五一)七月までに計一六通の「復帰嘆願書」を提出している。

フルシチョフ時代

一九五三年(昭和二八)ニキータ・フルシチョフがソ連共産党第一書記に就任し、一九五六年二月の第二〇回党大会でそれまで神格化されていた独裁者の故スターリンを批判したことによって「平和共存」路線が始められると、日ソ間にも新しい波が訪れた。それより以前昭和二九年暮に向米一辺倒の吉田茂首相(在職一九四八〜五四年)に代わって政権についていた鳩山一郎首相(在職一九五四〜五六年)は、翌年一月の国会でわが国の自主独立の方針を強調して国交の開かれていない諸国との関係調整を述べ、翌二月の総選挙では日ソ交渉を公約として取り上げた。戦後一〇年を経過してもシベリアにはまだ多数の日本人捕虜が戦犯として抑留されており、日本の国連加盟もソ連の拒否権によって阻まれており、北洋における漁業の安全操業が望まれていたからである。ソ連側からも一九五五年(昭和三〇年)二月には日ソ交渉に同意するブルガーニン首相の書簡が鳩山に届けられた。このようにして同年六月からロンドンで松本俊一、ヤーコフ・マリクの日ソ両国駐英大使によって始められた日ソ交渉で焦点となったのは、南千島諸島をめぐる領土問題であった。ソ連が平和条約締結後にハボマイ群島およびシコタン島の返還を提案したのに対し、松本は本国からの指示に従ってクナシリ・エトロフ両島の返還を固有の領土として強く要求したので交渉は暗礁に乗り上げ、ここに初めてクナシリ・エトロフ両島をめぐる「北方領土問題」が発生したのであった。そこでは日本が明治八年（一八七五）にサハリン島に対する権利との交換で獲得し、七〇年にわたり経営を続けてきた北千島諸島のことが全く取り上げられなかったのは不思議なことである。

日ソ国交回復交渉は翌昭和三一年（一九五六）七月にモスクワで重光葵外相とシェピーロフ外相の日ソ全権に引き継がれて再開されたが、そこでも南千島諸島の帰属問題をめぐって交渉は再び膠着した。交渉を中断してスエズ運河問題の国際会議に出席するためにロンドンを訪れた重光が同地で米国国務長官ダレスと会談したとき、ソ連案について説明した重光に対し、ダレスは「日本がクナシリ島、エトロフ島に対する権利をソ連に譲る形でソ連と平和条約を結ぶなら、米国はサンフランシスコ条約第二十六条によって沖縄の日本への返還を再考するだろう」と脅しをかけたという（松本俊一『モスクワにかける虹』）。このように日ソの領土問題は早くもアメリカが日ソ間に楔を打ち込む形で利用されたのである。

領土問題の解決には歳月を要することを認識した鳩山首相は、まず念願の日ソ国交回復を急ぐために自らモスクワに赴くことを決意し、そのための五条件を松本全権からソ連邦第一外務次官グロムイコに提示して、「領土問題を含む平和条約交渉は、両国間の正常な外交関係が再開された後に継続することに同意する」との回答を得た（「松本・グロムイコ往復書簡」）。このようにして昭和三一年一〇月一九日モスクワにおいて鳩山首相一行とブルガーニン首相一行の日ソ全権団が「日ソ共同宣言」に署名し、それは日本の国会とソ連の最高会議によって批准された。その主な内容は、①両国間の戦争状態の終結、②大使館の相互設置、③日本の国連加盟の支持、④抑留者の即時送還、

⑤漁業協定の即時発効などで、さらにソ連は将来「両国間に平和条約が締結されたのちにハボマイ群島およびシコタン島を日本に引き渡す」というものであった。しかしこの会議に参加したフルシチョフが「日ソ共同宣言」中に先のグロムイコ書簡中の「領土問題を含む平和条約交渉」のうち「領土問題を含む」という字句を入れることに反対したので、日本側も「松本・グロムイコ往復書簡」を同時発表することを条件にそのことに同意した。「共同宣言」中に「領土問題を含む平和条約交渉」を入れれば、そこでの「領土問題」はクナシリ・エトロフの領土問題を指すことになるからである。

「日ソ共同宣言」の発効後日ソ間には経済・貿易・文化の各方面において正常な関係が回復されたが、昭和三五年(一九六〇)一月に新しい「日米安保条約」が締結されると、ソ連政府は対日覚書を送ってそのことを非難し、「日ソ共同宣言」で約束した平和条約締結後のハボマイ群島およびシコタン島の引き渡しは在日米軍の撤退を条件とすると通告した。日本側では両国間で批准された協定を一方的に変更するのは国際法にもとるものであり、「日ソ共同宣言」調印時にはすでに「日米安保条約」の旧条約が存在していたことを指摘してこれに反論した。しかしソ連側はその後も日米新安保条約に対する非難を繰り返し、翌年九月にはフルシチョフ首相が池田勇人首相(在職一九六〇〜六四年)宛の書簡のなかで「領土問題は一連の国際協定により解決済み」と述べたので、両国間の平和条約交渉はその後一〇年は行なわれなかった。

ブレジネフ時代

「日ソ共同宣言」で合意された平和条約の問題が実際に取り上げられたのは、一九七二年（昭和四七）一月ソ連のグロムイコ外相が日ソ外相定期協議のために来日したときであった。翌年一〇月、田中角栄首相（在職一九七二〜七四年）がソ連を公式訪問してブレジネフ書記長とこの問題を討議したときに、「双方は第二次大戦以来の未解決の諸問題を解決して両国間の善隣関係を確立するために、平和条約の内容に関する諸問題について交渉した」という共同声明をまとめたが、その後「未解決の諸問題」に「領土問題」が含まれていたかどうかについて日ソ間の解釈が異なり、ソ連側では日ソ間に領土問題は存在しないという従来の姿勢を貫いた。一九七六年（昭和五一）八月にソ連外務省がそれまで認めてきた北方領土への日本人のビザなし墓参に、有効な旅券とソ連政府の査証を求めてきたのは、北方領土のソ連帰属を認めさせようとしたもので、その結果北方墓参は以後一〇年にわたり中断されることになった（ゴルバチョフ時代の一九八六年（昭和六一）八月に再開）。

ソ連は一九七六年一二月に北方領土を含む二〇〇海里の漁業水域を設定したので、日本政府はそのような一方的な措置は認められないと抗議した。翌年三月モスクワで始まった日ソ漁業暫定協定の交渉では、ソ連側が根室海峡および珸瑶瑁《ゴヨウマイ》水道を領海として協定に明記するよう求めたので交渉は難航したが、日本側ではこの協定の適用水域をソ連政府の定める北西太平洋のソ連邦沿岸に接続する海域と定めたうえで、ソ連が北方四島周辺水域で漁業規制を実施している現実を認めて、その水域においてもわが国の漁船の安全操業を確保した（外務省『われらの北方領土』二〇〇七年版）。

ゴルバチョフ時代

一九八二年(昭和五七)のブレジネフ書記長の死後、アンドロポフ、チェルネンコと続いた短期政権の後一九八五年(昭和六〇)に登場したゴルバチョフ書記長は、それまでの硬直した冷戦思考からの脱却を求める「新思考外交」を推進し、国内的にもグラースノスチ(情報公開)を唱えて、知識人たちをマルクス・レーニン主義の束縛から解放するペレストロイカ(改革)政策を強力に実行した。彼は一九八八年(昭和六三)六月のウラジヴォストーク演説ではアジア・太平洋地域の関係、とくに対日関係の改善の必要を説いていたが、同年モスクワを訪れた安倍外相が北方領土問題解決の必要を述べたときには、「あなたは取り上げてはならない問題をもち出している。それは第二次大戦の結果としてすでに合法性を与えられている問題である」といい、北方領土問題についてはソ連の態度に変化のないことを強調した。しかし一九九一年(平成三)四月彼がソ連邦最高首脳として初めて来日したとき、海部俊樹首相(在職一九八九〜九一年)との延べ一二時間にわたる首脳会談の末に署名された共同声明のなかでは、明確に「歯舞群島、色丹島、国後島および択捉島の帰属について領土確定の問題を含む」平和条約の話し合いが行なわれたことが確認されている。そのようなゴルバチョフの領土問題に対する態度の軟化は、その頃進みつつあったグラースノスチの結果ソ連でも北方領土問題の存在が広く知られるようになったことの反映だったのであろう。

エリツィン時代

それから間もなくの一九九一年(平成三)六月、ボリス・エリツィンがロシア最初の住民直接選挙によってロシア共和国の初代大統領に当選したことは、ソ連邦内に複雑な二重権力を生じさせることになった。しかし同年八月のゴルバチョフに対するクーデター未遂事件ののち、一二月末にはソ連邦自体が崩壊してゴルバチョフ大統領が失脚したので、エリツィンはロシア共和国大統領として以前のソ連邦の国際法上の権利と義務を引き継ぐことになった。新生ロシアの建設に乗り出したエリツィンは九一年九月海部首相に宛てた信書のなかで領土問題を「法と正義」に基づいて解決し、問題を引き延ばさないことを表明した。しかしその頃からロシア国内では、ソ連邦崩壊による諸共和国の喪失によって自尊心を傷つけられた民族主義者たちによる北方領土返還の反対運動が盛んになって、政情不安のため九二年九月に予定されていたエリツィンの訪日は予定の四日前に突然延期された。その後ロシア議会と大統領の対立は危機的に増大し、翌九三年(平成五)一〇月三日には大統領が議会を武力鎮圧する「一〇月事件」が起こったが、それにもかかわらずエリツィンは一週間後の一〇月一一～一三日まで訪日して細川護熙首相(在職一九九三～九四年)と会談した。その結果まとめられた「日露関係に関する東京宣言」のなかでは、両国間に横たわる「エトロフ、クナシリ、シコタンおよびハボマイ群島」の帰属問題について真剣な交渉が行なわれたことを述べ、双方はこの問題を歴史的、法的事実に立脚し、法と正義の原則を基礎として解決することに合意したことが記されている。

その後も東京宣言は折々に日露間で確認されてきたが、とくに一九九七年(平成九)一月橋本龍太郎首相(在職一九九六〜九八年)がクラスノヤルスクを訪問して「ノーネクタイ」の会談をしたときは、「東京宣言に基づいて二〇〇〇年までに平和条約を締結するよう全力を尽くす」という「クラスノヤルスク合意」が得られ、翌九八年四月来日したエリツィンは橋本首相と「平和条約は東京宣言に基づいて千島の帰属問題を解決すること」で一致した(「川奈合意」)。さらに九八年一一月小渕恵三首相(在職一九九八〜二〇〇〇年)のロシア公式訪問に際しては、橋本政権時代の成果に基づいて「日露間の創造的パートナーシップ構築に関するモスクワ宣言」をまとめたが、それは両国が二一世紀に向けて政治・経済・文化などの面で協力することを約束したもので、二〇〇〇年(平成一二)までに平和条約を締結するために全力を尽くすことを高らかに謳い上げたものであった。その際に両国はエリツィンの提案によって国境画定委員会の設置にさえ合意した。このように日本との領土問題解決に意欲を示したようにみえたエリツィン大統領であったが、国内政治では意に沿わぬ首相を次々に交代させるなど問題が多く、健康状態の悪化もあって、クラスノヤルスクで領土問題解決の期限とした二〇世紀末の一九九九年(平成一一)大晦日に突然辞任を表明し、後任にはプーチン首相を指名した。

プーチン時代

二〇〇〇年(平成一二)および翌年にはプーチン大統領と森喜朗首相(在職二〇〇〇〜〇一年)の相

互訪問が行なわれ、〇一年三月には一九五六年(昭和三一)の日ソ共同宣言とクナシリ・エトロフ両島を含む領土問題の解決を謳った一九九三年(平成五)の東京宣言を確認した「イルクーツク声明」に署名したが、それは「クラスノヤルスク合意」の重要性を指摘したものであった。二〇〇三年(平成一五)一月には小泉純一郎首相(在職二〇〇一～〇六年)が訪露して日露首脳会談を行ない、「日露行動計画の採択に関する共同声明」に署名し、六つの分野で日露の幅広い協力に合意し、領土問題についても早期解決を約束した。小泉首相は同年五月にもサンクトペテルブルグ建都三百周年式典に出席し、一〇月にはバンコクにおけるAPEC会議の際にもプーチンと会談して親交を深めた。しかし同年一一月にラヴロフ外相はロシアのテレビで、ロシアは対日関係では一九五六年の日ソ共同宣言に縛られているだけで、それはシコタン島とハボマイ群島を日本に引き渡して終止符を打てるものだと述べたが、それは東京宣言などこれまでの日露交渉を無視したものであった。それで決着がつくものであればすでに五〇年以上も前に平和条約が締結されていたはずであり、町村外相はその直後の日ソ外相会議の際にそのことに反論している。小泉首相は二〇〇五年(平成一七)五月、日露間では戦後処理が終わっていないにもかかわらず第二次大戦終結六十周年式典のために訪露し、その後も相互訪問のときプーチンと会談しているが、いずれの場合も領土問題解決の努力の継続が確認されたのみで具体的な進展はみられなかった。二〇〇六年安倍晋三内閣(在職二〇〇六～〇七年)の成立にあたり、麻生外相が北方領土問題について面積等分論に基づいて「双方の政治決断」の必要を述べたとき、ロシアの有力紙「イズヴェスチヤ」はこれまで南千島四島の返還に執着してきた日本が勇気をもって問題の島々をロシアと分け合う姿勢をみせたと評価した。しかし次の福田康夫首相(在職二〇〇七〜〇八年)の場合は〇八年(平成二〇)四月に訪露したときにプーチンおよび次期大統領メドベージェフと会談したが、いずれの場合も両国関係を全ての分野で高めることで一致しただけであった。

メドベージェフ時代

二〇〇八年(平成二〇)七月の「北海道洞爺湖サミット」では新大統領となったメドベージェフが福田首相と会談した。〇九年二月には麻生太郎首相(在職二〇〇八〜〇九年)が日露間では領土問題が法的には未確定のサハリンを訪れてメドベージェフ大統領と会談したが、そのときメドベージェフは領土問題について「新たな、独創的で、型にはまらないアプローチ」を提案し、双方は現状から抜け出すために受け入れ可能な解決策を模索することで一致した。同年七月にも両首脳はイタリアでのG8サミットで会談し、メドベージェフは領土問題についての自身の考え方を説明したが、それは日本側を満足させるものではなかった。

二〇〇九年(平成二一)一一月シンガポールでのAPEC首脳会議では民主党政権の鳩山由紀夫首相(在職二〇〇九〜一〇年)が、アジア太平洋地域でロシアと協力を深めるために一九五六年の共同宣言を超えたロシア側の独創的な対応を求めたのに対し、メドベージェフは鳩山政権の間にこの問題の前進を望むと答えた。しかし同年一二月末に岡田外相が訪露してラヴロフ外相と会談し、北方領土についてロシア側に日本の立場を踏まえる形での対応を求めたのに対し、ラヴロフは「国際法および第二次大戦の結果を重視する必要がある」とロシア側の原則的立場を繰り返すに止まった。

菅直人首相(在職二〇一〇～一一年)は、二〇一〇年(平成二二)六月カナダのG8サミット、同年一一月横浜でのAPEC首脳会議に次いで、翌年五月フランスのドーヴィルにおけG8サミットでもメドベージェフ大統領と会談した。とくに最後の会談は東日本大震災の後でもあったので、菅首相はロシアの支援に感謝するとともに各分野での協力に期待を示し、双方は領土問題についても静かな環境のもとで議論を続けることで一致した。しかし同年一一月メドベージェフがロシア元首として史上初めてクナシリ島を訪問し、得意気にカメラを振りかざしてクナシリ島の領有を誇示したことに対し、菅首相がそれを「許しがたい暴挙」と批判したことからロシア側の反発を招き、一二年(平成二四)二月に来日したラヴロフ外相は南千島の独自の開発を強調した。二〇一一年九月に就任した野田佳彦首相(在職二〇一一～一二年)は一一月にホノルルで開かれたAPEC首脳会議のときメドベージェフ大統領と三〇分の会談をした。そこではメドベージェフが両国の経済・貿易関係の進展に満足していること、エネルギー分野の協力を希望したのに対し、野田首相は領土問題の解決と平和条約締結の必要を述べ、ロシアの近代化への支持を表明した。

プーチン新時代

二〇一二年(平成二四)三月一日、三日後のロシア大統領選挙で返り咲きが確実視されていたプーチン首相はモスクワ郊外の公邸で日欧の主要新聞記者たちと会見し、日本との北方領土問題について、この問題は何としても最終的な解決に導きたいと述べ、彼の得意な柔道の「引き分け」という日本語を使って相互に受け入れ可能な妥協を表明したという（『朝日新聞』二〇一二年三月二日）。その真意は定かではなく識者たちの間でも見方は分かれているが、シコタン島・ハボマイ群島だけの返還では「引き分け」にならないことから、二島＋αのシグナルとみる人もおり、だとすれば彼が大統領に再就任する五月以降には、日本側の出方によっては北方領土問題にも何らかの変化が生じる可能性もある。野田首相は早速三月五日大統領に再選されたプーチン首相に祝意を伝え、北方領土問題について「ロシアとの間で英知ある解決に取り組みたい」と述べたという。藤村官房長官も同日の記者会見で「日本は静かな環境のもとでロシアと協議し、法と正義の原則に基づいて両国間の領土問題の解決を図ってゆきたい」と述べた。プーチンはすでに八年間の大統領を経験し、その間の二〇〇一年（平成一三）には日ソ共同宣言と東京宣言の有効性を認めたイルクーツク声明を出しており、今後最長一二年に延長された大統領の任期の間にはかなり煮詰めた論議ができるかもしれない。しかしながらプーチンに代わって再び首相となったメドベージェフは二〇一二年七月三日、プーチン政権の新閣僚たちを伴ってロシア極東視察の途中再びクナシリ島に入り、この島の重要性を強調して「一寸たりともこの島を日本に渡さない」と挑発的な言動をしたという。それをみればプーチン政権の内部には硬軟の意見があることが予想され、領土問題の交渉は今後もかなり困難が続くことであろう。

一方日本では二〇一二年一二月二六日に自由民主党の第二次安倍晋三内閣が成立し、健康を回復した安倍首相は前回とは見違えるほど精力的に経済と外交の建て直しに取り組み始めている。彼は北方領土問題の解決にも意欲を示し、早くも一三年四月二九日にはロシアを訪問してプーチン大統領と会談した。そこでは「受け入れ可能な解決策を目指して交渉を加速化させる」ことで一致し、近く次官級協議の開催が決められたという。

四　北方領土問題の今後

以上述べてきたように日露間の千島列島をめぐる領土問題は、旧ソ連が平和条約締結後にシコタン島とハボマイ群島を引き渡すとした一九五六年(昭和三一)の日ソ共同宣言以来、クナシリ・エトロフ両島を「固有の領土」と主張する日本側とそれをシコタン・ハボマイに止めようとするロシア側の間で、これまで半世紀以上にわたりロシアの実効支配のもとで断続的に外交交渉が継続されてきた。もともとこの問題の原因となったのは、日本のポツダム宣言受諾後に無警告に千島列島に侵攻したスターリンの指令によるソ連の火事場泥棒的な行為によるものであり、この点については日本側にはいささかの瑕疵もないものである。ロシアは「ヤルタ協定」を国際法上の根拠としているが、それは日本側には関わりのない単なる密約にすぎず、また日本はサンフランシスコ平和条約で「千島列島」を放棄したものの、この条約に参加しなかったソ連がそれを根拠としてその領有を主張することはできないはずである。さらに一九五六年八月モスクワ交渉において重光外相が述べたように、サンフランシスコ平和条約がカイロ宣言およびポツダム宣言に則って締結された以上、同条約のいう「千島列島」中に「日本の固有の領土が含まれていなかったことは自明の理」であろう。アメリカ国務省も一九五六年九月に発表した日ソ交渉についての覚書のなかで、「米国は歴史上の事実を注意深く検討した結果、エトロフ、クナシリ両島は常に日本の領土の一部をなしてきたもので、正当に日本の主権下にあるべきものとの結論に到達した」と述べている（杉原高嶺「国際法からみた北方領土」）。

第二次大戦後に西側の戦勝国は領土不拡大を唱えたカイロ・ポツダム両宣言を尊重したので領土を拡大した例は皆無であったが、ただソ連のみが周辺のドイツ・フィンランド・ポーランド・チェコスロヴァキア・ハンガリー・ルーマニアの諸国から新たに領土を獲得し、バルト三国の場合はそれ以前にソ連に併合されたのであった。一九六九年（昭和四四）九月訪ソして北方領土の返還を求めた愛知外相に対し、ソ連首相コスイギンが「第二次大戦の結果を変更することは、ほかに波及する可能性もあり、国境線の現状維持が世界の平和と秩序につながる」と述べたのは、ソ連の本音をもらしたものであった（木村明生「ソ連からみた北方領土」）。そのことは二〇〇五年七月欧州議会において、北東アジア地域の安定を図るために北方領土を日本に返還することをロシアに促す決議案が上程され、欧州連合（EU）に加盟したばかりのバルト三国や旧東欧諸国の強い要望によって採択されたことからも納得することができる。EU加盟国のなかでは現在はエストニアだけがロシアとの領土問題を抱えており、二〇〇五年五月に同国が領土要求を放棄したことをうけてロシアとの間で国境条約が調印されたが、翌月エストニア議会が条約前文に「ソ連がエストニアを占領した」との歴史認識を追加したため、ロシアは条約を撤回したので、条約は未発効のままだという*（「産経新聞」二〇一〇年一一月二日）。ロシアにはペレストロイカ提唱後もスターリン主義に代わる民族主義が強く残っていて、歴史を客観的に評価する素地がまだわずかしかみられないことを示すものであろう。

＊二〇一四年二月一八日、国境画定条約に署名。

ペレストロイカ以後のロシアでは、共産党独裁体制のもとで支配的であった歪められた歴史認識を改めようとする良心的な学者や研究者たちの努力もわずかながら知られているが、近年のロシアの千島・サハリン史関係文献をみてもまだ多くの旧思考が残っている。ロシア科学アカデミー東洋学研究所のコンスタンチン・サルキーソフは北海道新聞の記者に、「北方領土問題の解決のためには首脳レベルの平和条約交渉と平行して、誤った歴史知識を与えられているロシア国民に北方領土の歴史的真実を知らせるための大きな努力が不可欠」だと述べたという（「北海道新聞」一九九一年一〇月三日夕刊）。すなわちロシアでは長い間の閉ざされた共産主義時代に事実を歪曲した歴史観が国民に広く浸透しており、とくに対外関係について歴史的に領土拡張主義が旺盛なこの国でそれを正すことは容易ではないからである。

経済不振の時代には日本の協力に期待を示していたロシアは、石油価格の高騰によって経済が回復するにつれて、日本の協力を期待せずロシア独自の南千島開発を始めている。しかし近年のアメリカにおける安価なシェールガスの開発は、世界有数の天然ガス産出を誇ったロシアの地位を脅かしており、ロシアの対日接近を不可避のものにしつつある。一方日本では北方領土の旧島民の高齢化が進み、国民の少子高齢化によって国力にも衰えがみられるにつれ、いろいろな北方領土問題解決の方策が模索されている。このような観点から日露双方が従来の主張を別にして互いに「受け入れ可能な解決策」を求めれば、中間的な解決に達することもあるのかもしれない。

歴史を振り返ってみると、千島列島の南方に日本の存在することを知ったロシアはシベリアの開発と発展のためにわが国との交易に期待し、長い間国交樹立の努力を続けてきたのであった。日露関係の歴史はこのように千島列島を経由して始まり、それは健全に発展すれば両国の友好の道となるべきものであった。しかし今日においてはその千島列島をめぐる「北方領土問題」によって日露の政治・経済の協力は大きく阻害されており、ロシアのアジア進出にとっても「負の遺産」となっている。外見からすると一七世紀以来のロシアの領土拡張政策は成功したようにみえるが、実際には東方においてもまた西方においても周辺の国々の不信を招き、ロシアの国家としての品位を下げていることをロシアの政府や国民は自省すべきであろう。「北方領土問題」が今後どのように展開してゆくか誰にも予見はできないが、それが続く限り日露両国の間に真の友好は達成されないように思われる。

オホーツク
ニジネカムチャツク
カムチャツカ半島
ペトロパヴロフスク
ボリシェレツク
オホーツク海
ニコラエフスク
ナニオー
ラッカ
アムール川
キジ湖
ロパトカ岬
アライド島
シュムシュ島
パラムシル島
シリンキ島
マカンル島
オンネコタン島

日本北辺の探検と地図の歴史	秋月俊幸著	B5・四七〇頁	価格八三〇〇円
宣教師ニコライの日記抄	中村(健)・中村(喜)・安井・長縄 編訳	四六・五九二頁	価格六五〇〇円
日露戦争とサハリン島	原暉之編著	A5・四五〇頁	価格三八〇〇円
国境・誰がこの線を引いたのか —日本とユーラシア—	岩下明裕編著	A5・二一〇頁	価格一六〇〇円
日本の国境・いかにこの「呪縛」を解くか	岩下明裕編著	A5・二六六頁	価格一六〇〇円
図説 ユーラシアと日本の国境 —ボーダー・ミュージアム—	岩下明裕・木山克彦編著	B5・一二〇頁	価格一八〇〇円
ロシア極東 秘境を歩く —北千島・サハリン・オホーツク—	相原秀起著	四六・二二六頁	価格二八〇〇円
日本の近代化と北海道	永井秀夫著	A5・四一六頁	価格七六〇〇円
アイヌ史の時代へ —余瀝抄—	佐々木利和著	A5・四二〇頁	価格五〇〇〇円

〈価格は税別〉

北海道大学出版会

秋 月 俊 幸（あきづき としゆき）

1931年長崎県生まれ。東京教育大学文学部卒業。北海道大学附属図書館を退職後，北海道大学法学部講師を経て，現在，日露関係史や日本北辺地図学史の研究に従事。著書に『日露関係とサハリン島』（筑摩書房，1994年），『日本北辺の探検と地図の歴史』（北海道大学図書刊行会，1999年），編書に『日本北辺関係旧記目録』（同前，1990年），『明治大正期の北海道—写真と目録』（同前，1992年），『北方史史料集成 第五巻』（北海道出版企画センター，1994年），『書簡集からみた宮部金吾』（北海道大学出版会，2010年），訳書にS.ズナメンスキー『ロシア人の日本発見』（北海道大学図書刊行会，1979年），ニコライ・ブッセ『サハリン島占領日記 1853-54』（平凡社東洋文庫，2003年），ブレット・ウォーカー『蝦夷地の征服 1590-1800』（北海道大学出版会，2007年）などがある。

千島列島をめぐる日本とロシア

2014年5月25日　第1刷発行
2017年1月25日　第3刷発行

著　者　秋 月 俊 幸
発行者　櫻 井 義 秀

発行所　北海道大学出版会
札幌市北区北9条西8丁目 北海道大学構内（〒060-0809）
Tel. 011(747)2308・Fax. 011(736)8605・http://www.hup.gr.jp

㈱アイワード
© 2014　秋月俊幸

ISBN978-4-8329-3386-6

事項索引

サ　行

タ　行

ナ　行

ハ 行

マ 行

ヤ　行

ラ　行

人名索引

ア　行

カ　行

サ　行

タ　行

ナ　行

ハ　行

マ　行

ヤ　行

ラ　行

ワ　行

地名索引

サ　行

タ　行

ナ　行

ハ　行

マ　行

ヤ　行

ラ　行

参考文献

1. 旧　　記(史料名の50音順，＊は収録の叢書・刊本・雑誌など)

赤蝦夷風説考[加模西葛杜加国風説考](工藤平助)　天明1-3(1781-83)　＊北門叢書1
赤人問答書(青嶋俊蔵)　天明6(1786)　写本(弘前市立図書館)
安永八年魯西亜人応接書　安永8(1779)　写本(北海道立文書館)
石狩十勝両河紀行(松本十郎)　明治9(1876)　＊日本庶民生活史料集成 第4巻(三一書房 1969)
宇下人言(松平定信)　寛政年間(1789-1801)　＊宇下人言・修行記録(岩波文庫 1942)
ウルップ嶋江渡海ヲロシア人江応接仕候趣左ニ申上候(富山元十郎，深山宇平太)　享和1(1801)　＊新撰北海道史 第5巻史料1
得撫島探見復命書(内田瀞)　明治24(1891)　写本(北海道大学附属図書館〔以下，北大図書館と略記〕)
蝦夷廻見日記(飯田林右衛門)　天明6(1786)　写本(高知県立図書館)
蝦夷記(新楽閑叟)　文化3(1806)　写本(北大図書館)
蝦夷紀行(寺地強平)　安政3(1856)　写本(東京大学史料編纂所)
蝦夷紀聞　1-15　文化4(1807)　写本(函館市中央図書館)
蝦夷拾遺(佐藤玄六郎)　天明6(1786)　＊北門叢書1
蝦夷草紙(最上徳内)　寛政2(1790)　＊北門叢書1
蝦夷草紙後編　上・中・下(最上徳内)　寛政12(1800)　＊北門叢書3
蝦夷地一件　天明4-寛政2(1784-90)　＊新北海道史 第7巻史料1
蝦夷地一件意見書草案(松平定信)　文化4(1807)　自筆本(北見市立中央図書館)
蝦夷地警固御人数覚帳(仙台藩)　文化5(1808)　写本(北大図書館)
蝦夷地御開拓諸御書付諸伺書類(箱館奉行所)　文久2(1862)　＊新撰北海道史 第5巻史料1
蝦夷島奇観(秦檍麿[村上島之允])　寛政12(1800)　＊雄峰社 1982
蝦夷日記(木村謙次)　寛政10(1788)　＊山崎栄作編(私家版 1986)

エトロフ御場所請負中勘定記録(西川貞次郎)　天保 9-13(1838-42)　写本(北大図書館)
ヱトロフ御用記(奥平貞守)　天保 7(1836)　自筆本(北大図書館)
恵登呂府志　享和 1(1801)　写本(北海道立図書館)
衛刀魯府志(斉藤蔵太)　文化 6(1809)　写本(北大図書館)
エトロフ嶋(今村隼人介)　安政 3(1856)　写本(北大図書館)
択捉島古来沿革(北海道庁)　明治 20(1887)　稿本(北大図書館)
ヱトロフ島東西里数並蝦夷人別巨細書　文化末-文政初頃(1817-18)　写本(北海道立文書館)
恵渡路部漂流記　正徳 2(1712)　＊日本庶民生活史料集成 第 4 巻〈エトロフ島漂着記〉(三一書房 1969)
恵登呂府村々人別帳(恵登呂府会所)　寛政 12(1800)年 6 月改　＊大日本近世史料・近藤重蔵蝦夷地関係史料 2
開国起源(勝海舟)　明治 2(1893)　＊海舟全集　1-2 巻(改造社 1927)
海国兵談(林子平)　天明 6-寛政 3(1786-91)　＊新編林子平全集 1(第一書房 1978)
海辺御備愚意(松平定信)　寛政 4(1792)　＊海防続彙議 巻 1　嘉永 6(1853)　写本(北大図書館)
廻浦日記(松浦武四郎)1-30　安政 4(1857)　＊竹四郎廻浦日記 上・下(北海道出版企画センター 1978)
春日紀行　1-4(柳楢悦)　明治 4(1871)　＊新しい道史 40-42 号(1970)
唐太嶋見聞書(松前平角他)　寛政 3(1791)　写本(北海道立文書館)
瓦剌弗吐島雑記(高橋清左衛門寛光)　寛政 2(1790)　写本(内閣文庫)
環海異聞(大槻玄沢編)　文化 4(1807)　＊北門叢書 4
キイタップ場所支配人庄次郎尋問書(佐藤玄六郎)　天明 6(1786)　写本(北大図書館)
旧樺太土人戸籍謄本(石狩町役場)　明治 39(1906)頃　原本(北大図書館)
休明光記・同附録・同附録一件物・同附録別巻(羽太正養)　文化 4(1807)　＊新撰北海道史 第 5 巻史料 1
休明光記遺稿(蛯子吉蔵)　嘉永 7(1854)序　＊新撰北海道史 第 5 巻史料 1
久奈志里記(奈佐瀬左衛門談)　文化 9(1812)　写本(内閣文庫)
クナシリ州日記(奥平貞守)　天保 8(1837)　自筆本(北大図書館)
クリル諸島人民調書(時任為基)　明治 8(1875)　自筆本(北大図書館)
黒田清隆履歴　元治 1-明治 9(1864-76)　写本(国会図書館憲政資料室)

経済放言(本多利明)　寛政13(1801)　＊日本経済叢書26
経世秘策・同補遺・同後編(本多利明)　寛政末(1800)　＊日本経済叢書12
献芹微衷(大槻清崇(磐渓))　嘉永2(1849)　＊日本海防史料叢書5
五郎治申上荒増(中川五郎治)　文化9(1812)　＊北方史史料集成 第5巻(北海道出版企画センター 1991)
採録夷話(高橋重賢)　寛政11(1799)　＊俄羅斯紀聞 第2集第6冊(早稲田大学図書館)
三航蝦夷日誌(松浦武四郎)　嘉永3(1850)　＊三航蝦夷日誌 下(吉川弘文館 1971)
三国通覧図説(林子平)　天明6(1786)　＊新編林子平全集2(第一書房 1979)
私残記(大村治五平)　文化6(1809)頃　＊森荘已池編　私残記―大村治五平に拠るエトロフ島事件(中公文庫 1977)
春波楼筆記(司馬江漢)　文化8(1811)頃　＊日本経済叢書12
正徳五年松前志摩守差出候書付　正徳5(1715)　＊犀川会資料―北海道史資料集(北海道出版企画センター 1982)
新羅之記録(松前景広)　正保3(1646)　＊新北海道史 第7巻史料1
西域物語　上・中・下(本多利明)　寛政10(1798)　＊日本経済叢書12
正斎手記(近藤重蔵)　寛政10(1798)　＊大日本近世史料・近藤重蔵蝦夷地関係史料1
勢州船北海漂着記　万治3(1660)　＊石井研堂編・山下恒夫再編　江戸漂流記総集 第1巻(日本評論社 1992)
赤夷属嶋起源(菊池惣内)　文化2(1805)　＊新撰北海道史 第5巻史料1 休明光記遺稿 巻4
赤夷動静(本多利明)　寛政3(1791)　＊北方未公開古文書集成3
赤狄事略(蔵用老人)　文化年間(1804-18)　写本(北海道立文書館)
草茅危言(中井竹山)　寛政1(1789)　＊日本経済叢書16
宗谷詰合山崎半蔵日誌　文化年間(1804-18)　写本(函館市中央図書館)
続献芹微衷　大槻平次(磐渓)　嘉永6(1853)　＊日本海防史料叢書6
続通信全覧(外務省編)　明治18(1885)頃　＊影印本(雄松堂 1983-88)
但木成行書簡控　慶応4(1868)　写本(仙台市立博物館)
千島警備稟請書(根室県)　明治17-19(1884-86)　原本(北大図書館)
千島国土人被害一件書類(根室県警察本署)　明治16(1883)　原本(北大図

書館)
千島三郡取調書(長谷部辰連・時任為基) 明治9(1876) *日本庶民生活史料集成 第4巻(三一書房 1969)
千島巡回所見略記(野村高文等) 明治12(1879) 写本(北海道立文書館)
千島巡回復命書(野沢俊次郎) 明治27(1894) 自筆本(北大図書館)
千島巡航日記(吉田政明) 明治17(1884) 自筆本(北大図書館)
千島巡視書類(井深基) 明治11(1878) 写本(北海道立図書館)
千島の白波(平田篤胤) 文化8(1811) *北方史史料集成 第5巻(北海道出版企画センター 1991)
千島秘説(最上徳内) 天明6(1786) 写本(北大図書館)
地北寓談(大原左金吾) 寛政9(1797) *北門叢書 3
通航一覧(林復斎等編) 嘉永6(1853)序 *通航一覧 全8冊(国書刊行会 1912-13)
通航一覧続輯(宮崎成身等編) 安政3(1856)頃 *通航一覧続輯 全5巻(清文堂 1968-73)
通信全覧(江戸幕府) 慶応3(1867) *影印本(雄松堂 1983)
天保雑記(藤川貞) 天保12(1841)? *内閣文庫所蔵史籍叢刊(汲古書院 1983)
東奥辺陬遺事(石坂省編) 天保1(1830) 写本(函館市中央図書館)
東韃地方紀行(間宮林蔵) 文化7(1810) *東韃地方紀行他(平凡社東洋文庫 1988)
徳内私記(最上徳内) 天明8(1788) 写本(北大図書館)
時槻物語(遠藤高璟) 嘉永3(1850) *日本庶民生活史料集成 第5巻(三一書房 1968)
南部商船ホロムシリ嶋漂流記(継右衛門等) 文化3(1806) *通航一覧 第8冊(国書刊行会 1913)
二叟譚奇 上・下(久保田見達・新楽閑叟) 文化7(1810) 写本(北大図書館)〔巻上は「北地日記」(久保田見達), 巻下は「北槎小録」(新楽閑叟)〕
根室旧貫誌(ネモロ会所) 安政3(1856) 写本(北大図書館)
幕末外国関係文書(東京大学史料編纂所編纂) 明治43(1910)- *復刻版(東京大学出版会 1972-)〔ペリー来航以来の外国関係文書を編年順に配列。蝦夷地・ロシア関係の文書を多数含む〕
箱館来槎書類 1-19 文化10(1813) 写本(内閣文庫)

蕃談(古賀謹一郎)　嘉永 2(1849)　＊日本庶民生活史料集成 第 5 巻(三一書房 1968)
東蝦夷図巻(今村治郎橘)　安政 4(1857)　自筆本(北大図書館)
東蝦夷地各場所様子大概書　文化 5-8(1808-11)　＊新北海道史 第 7 巻史料 1
飛騨屋武川家文書 第 5 冊「諸用書留帳」 安永 4-天明 8(1775-88)　原本(岐阜県下呂町武川家)
飛騨屋武川家文書 第 11 冊「願書控」 寛政 1(1789)　原本(岐阜県下呂町武川家)〔松前藩の東蝦夷地請負場所没収を幕府に公訴〕
漂海紀聞(川上親信撰)　文政 8(1825)　＊木崎良平・井田好治編　漂海紀聞　鹿児島大学教養部歴史研究室　1965
漂客談奇(吉田正誉編)　嘉永 5(1852)　＊日本庶民生活史料集成 第 5 巻(三一書房 1968)
飄々謾集 天・地　文化 10(1813)　写本(北海道立文書館)
漂民御覧之記(桂川甫周編)　寛政 5(1793)　＊石井研堂校訂　漂流奇談全集(博文館 1900)
福山秘府(松前広長)　安永 9(1780)　＊新撰北海道史 第 5 巻史料 1
船長日記(小栗重吉述，池田寛親編)　文政 5(1822)　＊日本庶民生活史料集成 第 5 巻(三一書房 1968)
文化魯船渡来騒動(付)落首　文化 4(1807)　写本(函館市中央図書館)
別本赤蝦夷風説考(最上徳内)　天明 8(1788)　写本(北大図書館)
辺策私弁(羽太正養)　享和 3(1803)　写本(北大図書館)
辺策発矇(馬場正通)　享和 3(1803)頃　＊日本経済叢書 19
辺要分界図考(近藤重蔵)　文化 1(1804)　＊近藤正斎全集 1(第一書房 1976)
北夷分界余話(間宮林蔵)　文化 8(1811)　＊東韃地方紀行他(平凡社東洋文庫 1988)
墨斎奇談(大原墨斎)　寛政 9(1797)頃？　写本(国会図書館)
北槎聞略(桂川甫周)　寛政 6(1794)　＊岩波文庫(1990)
北地危言(大原左金吾)　寛政 9(1797)　＊北門叢書 3
北地日記(久保田[伊藤]見達)　文化 4(1807)　写本(北大図書館)
北辺紀聞　文化 6(1809)　写本(北大図書館)
北辺禁秘録(最上徳内)　寛政 7(1795)　写本(北大図書館)
北辺探事(大槻玄沢)　文化 3(1806)　＊北門叢書 6
北辺探事補遺(大槻玄沢)　文化 4(1806)　＊北門叢書 6

北海島舶記(松本胤親)　寛永20-明和8(1643-1771)　写本(北海道立文書館)
松前志(松前広長)　天明1(1781)　＊北門叢書2
松前詰合日記(斉藤勝利)　文化4(1807)　写本(北大図書館)
松前並蝦夷地見分雑記(堀織部・村垣与三郎)　写本(内閣文庫)
松前年暦捷径(松前広長)　寛政11(1799)頃　写本(北海道立文書館)
村山家文書　天明4-明治38(1784-1905)　原本(北大図書館)
野叟独語(杉田玄白)　文化4(1807)　＊日本海防史料叢書4
有北紀聞(山田三川)　天保期(1830-44)　写本(北海道立文書館)
魯西亜国紀聞(最上徳内)　天明6(1786)　写本(内閣文庫)
露西亜語類(田辺安蔵)　寛政5(1793)　＊河合忠信(私家版1985)
魯西亜実記(加藤肩吾)　寛政4(1792)　写本(函館市中央図書館)
魯西亜人モウル言上書　文化9(1812)　写本(北大図書館)
露西亜弁語(源有)　寛政8(1796)頃　近藤出版社1972
露西亜文字集(源有)　寛政8(1796)　吉川弘文館1967

2. 和文文献(著者・編者の50音順)

アダミ，ノルベルト・R.著，市川伸二訳　遠い隣人—近世日露交渉史　平凡社選書　1993
池田誠一編　北千島占守島の五十年　国書刊行会　1997
石川貞治　千島巡検雑記　地学雑誌 7集78巻　1895
井澗裕　占守島・1945年8月　境界研究 2号　2011
板橋守邦　北洋漁業の盛衰—大いなる回帰　東洋経済新報社　1983
井野辺茂雄　維新前史の研究　中文館書店　1935
岩下明裕　北方領土問題—4でも0でも2でもなく　中公新書　2005
ヴィソーコフ，M. S. ほか著，板橋政樹訳　サハリンの歴史—サハリンとクリル諸島の先史から現代まで　北海道撮影社　2001
ヴォエンスキ著，堀竹雄抄訳　十九世紀初年日本に於けるロシア使節　史学雑誌 第19編　1908
NHK取材班　北方四島・千島列島紀行　日本放送出版協会　1993
榎森進　千島海域漁業の史的展開　根室市史 下巻　1968
大野笑三編　南千島色丹島誌　アチックミューゼアム彙報 第47　1940
岡本監輔　千島開拓事宜　1891　[北大図書館]
岡本監輔　千島見聞録　岡本監輔　1892

岡本正一編著　蟹罐詰発達史　霞ヶ関書房　1944
岡本信男編　日魯漁業経営史 第1巻　水産社　1971
岡本柳之助編　日魯交渉北海道史稿　1898　復刻版　明治後期産業発達史資料 289-290 巻　龍渓書舎　1995
オークニ著，原子林二郎訳　カムチャツカの歴史―カムチャツカ植民政策史　大阪屋号書店　1943
外務省編　日「ソ」交渉史　1942　復刻版　巌南堂　1969
外務省編　日露交渉史　1944　復刻版　原書房　1969
外務省　われらの北方領土　1989，1995，2007 年版
外務省調査部編　大日本外交文書 1-8 巻　日本国際協会　1936-40
加藤九祚　初めて世界一周した日本人　新潮社　1993
樺太アイヌ史研究会　対雁の碑―樺太アイヌ強制移住の歴史　北海道出版企画センター　1992
樺太定置漁業水産組合　樺太と漁業　豊原(樺太)　1931
川上淳　千島通史 1-12　根室市歴史と自然の資料館紀要 16-25　2001-13
川上淳　近世後期の奥蝦夷地史と日露関係　北海道出版企画センター　2011
菊池勇夫　北方史のなかの近世日本　校倉書房　1991
菊池勇夫　エトロフ島―つくられた国境　吉川弘文館　1999
菊池勇夫　アイヌと松前の政治文化―境界と民族　校倉書房　2013
菊池俊彦　北東アジア古代文化の研究　北海道大学図書刊行会　1995
菊池俊彦　環オホーツク海古代文化の研究　北海道大学出版会　2004
菊池俊彦編　北の民俗誌―サハリン・千島の民俗　三一書房　1997
喜多章明・高橋房次　千島色丹土人調査書　1933
北構保男　千島アイヌ史序説　日本民族文化とその周辺―国分直一博士古稀記念論集　新日本教育図書　1980
北構保男　千島・シベリア探検史　名著出版　1982
北構保男　1643 年アイヌ社会探訪記―フリース船隊航海記録　雄山閣　1983
木村明生　ソ連からみた北方領土　木村汎編　北方領土を考える(北海道新聞社 1981)所収
木村汎編　北方領土を考える　北海道新聞社　1981
木村汎　北方領土―軌跡と返還への助走　時事通信社　1989
木村汎　遠い隣国―ロシアと日本　世界思想社　2002

参考文献

木村汎　新版日露国境交渉史―北方領土返還への道　角川学芸出版　2005
キリチェンコ，アレクセイ・A. 著，川村秀編集・名越陽子訳　知られざる日露の二百年　現代思潮新社　2013
釧路正教会百年史委員会編纂　ロシアの東方進出と千島アイヌ　釧路正教会百年の歩み 第 1 章　釧路ハリストス正教会　1992
クルウゼンシュテルン著，羽仁五郎訳注　日本紀行〈改訂復刻版〉 異国叢書　雄松堂　1966
郡司成忠　千島探検誌　1894　影印本　郡司すみ(私家版 1987)
河野常吉　安永以前松前藩と露人の関係　史学雑誌 27 編 6 号　1916
郡山良光　幕末日露関係史研究　国書刊行会　1980
国際法学会編　北方領土の地位―千島・樺太をめぐる諸問題　南方同胞援護会　1962(国際法外交雑誌 第 60 巻 3-5 合併号)
小坂洋右　流亡―日露に追われた北千島アイヌ　北海道新聞社　1992
小島倉太郎著，Zajac, Malgorzata(ザヨンツ・マウゴジャータ)訳　小島倉太郎の千島日記　千葉大学ユーラシア言語文化論集 第 3 号
ゴロヴニン著，井上満訳　日本幽囚記 上・中・下　岩波文庫　1943-46
今田清二　日本北方漁業論　水産研究彙報 第 3 巻別刷　1933
今田正美　奪われた北千島―その漁業史　北方領土復帰期成同盟　1965
笹森儀助編　千島探験　私家版　1893　復刻版　至言社　1977
ザヨンツ・マウゴジャータ　千島アイヌの軌跡　草風館　2009
渋沢栄一　楽翁公伝　岩波書店　1938
清水恵　函館におけるロシア人商会の活動　地域史研究はこだて 21 号　1995
シュービン，V. O. 著，兪松根訳　千島列島における 18-19 世紀のロシア人集落　北海道考古学 第 26 輯　1990
庄司幹雄　近代千島列島誌 上・下　私家版　2001
白瀬矗　千島探検録　東京図書出版　1897
末松保和　近世に於ける北方問題の進展　至文堂　1928
杉原高嶺　国際法からみた北方領土　木村汎編　北方領土を考える(北海道新聞社 1981)所収
ステファン，ジョン・J. 著，安川一夫訳　サハリン―日・中・ソ抗争の歴史　原書房　1973
ステラー著，加藤九祚訳　カムチャツカからアメリカへの旅〈世界探検全集 4〉 河出書房新社　1978

ズナメンスキー，S. 著，秋月俊幸訳　ロシア人の日本発見―北太平洋における航海と地図の歴史　北海道大学図書刊行会　1979
スノー，H. J. 著　千島列島篇　高岡直吉　北千島調査報文 附録　1901
スノー，H. J. 著，馬場脩・大久保義昭訳　千島列島黎明記　講談社学術文庫　1980
スハープ，C. 著，永積洋子訳　南部漂着記―南部山田浦漂着のオランダ船長コルネリス・スハープの日記〈キリシタン文化研究シリーズ 9〉キリシタン文化研究会　1974
スラヴィンスキー，ボリス著，加藤幸廣訳　千島占領―一九四五年夏　共同通信社　1993
関熊太郎　千島拓殖論―密漁問題　北海道協会　1893
関熊太郎　千島探検誌　東京　八尾書店　1893
高岡直吉　北千島調査報文―北海道庁参事官高岡直吉復命書　北海道庁　1901　復刻版　北海道出版企画センター　1975
高倉新一郎　千島樺太の開発と土人　北方文化研究報告 10 輯　1955
高倉新一郎　千島概史　南方同胞援護会　1960
高倉新一郎　北方領土―古地図と歴史　北方領土問題調査会　1991
田端宏他　新版北海道の歴史（上）―古代・中世・近世編　北海道新聞社　2011
田保橋潔　近代日本外国関係史　刀江書院　1943
多羅尾忠郎　千島探検実紀　石塚猪男蔵　1893　復刻版　国書刊行会　1974
丹波実　日露外交秘話　中央公論社　2004
チースリク，H. 編，岡本良知訳　北方探検記―元和年間に於ける外国人の蝦夷報告書　吉川弘文館　1962
千島歯舞諸島居住者連盟　元島民が語るわれらの北方四島〈行政編・産業編・生活編・ソ連占領編・総集編・戦後編〉　1988-91
寺山恭輔他編　ロシア史料にみる 18～19 世紀の日露関係 第 1-5 集〈東北大学東北アジア研究センター叢書〉　同センター　2004-10
照井荘助　天明蝦夷探検始末記　八重岳書房　1974
東郷和彦　北方領土交渉秘録―失われた五度の機会　新潮社　2011
ドゥーフ，H. 著，永積洋子訳　ドゥーフ日本回想録〈新異国叢書 第 3 輯〉　雄松堂書店　2003
外崎克久　北の水路誌―千島海域に挑んだ艦長柏原長繁の生涯　御茶の水

書房　1982
鳥居龍蔵　千島アイヌ　吉川弘文館　1903
鳥居龍蔵　考古学民族学研究・千島アイヌ　鳥居龍蔵全集 第5巻　朝日新聞社　1976
中村善太郎　千島樺太侵略史　創元社　1943
中山隆志　一九四五年夏最後の日ソ戦　中公文庫　2001
夏堀正元　北の墓標―小説郡司大尉　中公文庫　1978
日本国外務省・ロシア連邦外務省　日露間領土問題の歴史に関する共同作成資料　日本国外務省　1992
沼田市郎　日露外交史　大阪屋号書店　1943
根室市　根室市史　上・下・史料　1988
根室市総務部企画課領土対策係編　北方領土―終戦前後の記録　1970
根室市総務部国際交流課領土対策係編　日本の領土―北方領土　1994
根室・千島歴史人名事典編集委員会編　根室・千島歴史人名事典　同事典刊行会　2002
野村愛正　カムチャッカの鬼　学風書院　1956
バグロフ，ヴィクトル著，近末義弘訳　南樺太および千島戦史(陸上自衛隊幹部学校記事)　陸上自衛隊幹部学校修身会　1967
長谷川毅　北方領土問題と日露関係　筑摩書房　2000
長谷川毅　暗闘―スターリン，トルーマンと日本降伏　中央公論新社　2006
馬場脩　考古学上より見たる北千島 1-2　人類学・考古学講座 11-12　雄山閣　1938-39
馬場脩　樺太・千島考古・民俗誌 全3巻　北海道出版企画センター　1979
林欽吾　日本北地の古文化と種族　ア・ポロンスキー著，駐露日本公使館訳　ロシア人日本遠訪記 附篇　原書房　1973
春名徹　世界を見てしまった男たち―江戸の異郷体験　ちくま文庫　1988
平岡雅英　日露交渉史話―維新前後の日本とロシア　原書房　1982
平川新(研究代表者)　前近代における日露交流資料の研究　東北大学東北アジア研究センター　2003
ファインベルク，E. 著，小川政邦訳　日本とロシア―その交流の歴史　新時代社　1973
福尾猛市郎　江戸後期エトロフ島の開発と経営　広島大学文学部紀要 第

25 巻 1 号　1965
藤田覚　近世後期政治史と対外関係　東京大学出版会　2005
ブッセ，ニコライ著，秋月俊幸訳　サハリン島占領日記 1853-54—ロシア人の見た日本人とアイヌ　平凡社東洋文庫　2003
麓慎一　明治中期の千島開発について—海軍大尉郡司成忠のシュムシュ島移住を中心に　新潟大学教育人間科学紀要 第 10 巻 2 号　2008
別所二郎蔵　わが北千島記—占守島に生きた一庶民の記録　講談社　1977
[ベニョフスキー著]，水口志計夫・沼田次郎編訳　ベニョフスキー航海記　平凡社東洋文庫　1970
ベルグ，レフ・セミョーノヴィチ著，小場有米訳　カムチャツカ発見とベーリング探検　原書房　1982
ベルクマン，ステン著，加納一郎訳　千島紀行　朝日文庫　1992
防衛庁防衛研修所戦史室　北東方面陸軍作戦 2—千島・樺太・北海道の防衛　朝雲新聞社　1971
北海道ウタリ協会　千島列島のアイヌ民族先住に関する資料　同協会　1983
北海道協会編　千島と北洋—北方富源開発策　同協会　1931
北海道総務部領土復帰北方漁業対策本部編　戦前における歯舞・色丹・国後・択捉諸島の概況　1958
北海道大学附属図書館編　開拓使外国人関係書簡目録　北大図書館　1983
北海道大学附属図書館編　明治大正期の北海道—写真と目録　北海道大学図書刊行会　1992
北海道庁千島調査所編　千島調査書・同追録(1939-41 調査)　北海道総務部領土復帰北方漁業対策本部　1957
北海道庁編　千島調査報文　北海道庁　1931
北海道庁編　北千島資源調査書—附 北洋漁業概説　北海道庁　1932
北海道庁編　千島概況　1934　復刻版　千島概誌　国書刊行会　1977
北海道庁編纂〔河野常吉編〕　北海道史　北海道庁　1918
北海道庁編纂　新撰北海道史 第 1-7 巻　北海道庁　1936-37
北海道庁・北海道協会編　千島北洋開発期成招待会紀要　北海道協会　1934
北海道編　新北海道史 第 1-9 巻　北海道　1969-81
洞富雄　北方領土の歴史と将来　新樹社　1973
ポロンスキー，A. S. 著，榎本武揚他訳　千島誌　北方未公開古文書集成

7　叢文社　1979
ボンダレンコ，オレグ著，上月豊汎・赤地活喜訳　北方四島返還のすすめ―在住ロシア・ジャーナリストの提言　日本放送出版協会　1994
本城玉藻編　根室千島両国郷土誌　本城寺（根室町）　1933
松前町史編集室編　松前町史 通説編 第1-2巻・年表　松前町　1984-97
松本俊一　モスクワにかける虹―日ソ国交回復秘録　朝日新聞社　1966
真鍋重忠　日露関係史―1697-1875　吉川弘文館　1978
皆川新作　最上徳内　電通出版部　1943
宮崎正勝　オホーツク交流圏の史的形成過程―ロシア進出後のオホーツク交流圏と日本　へき地教育研究 57　北海道教育大学　2002
村山七郎　北千島アイヌ語―文献学的研究　吉川弘文館　1971
村山七郎　クリル諸島の文献学的研究　三一書房　1987
森永貴子　ロシアの拡大と毛皮貿易―16～19世紀シベリア・北太平洋の商人世界　彩流社　2008
横山壮次郎　千島巡検記 1-5　地学雑誌 62-66巻　1894
吉田嗣延　北方領土　時事通信社　1982
ラクスマン，アダム著，中村喜和訳　日本来航日誌　山下恒夫編　大黒屋光太夫史料集 第3巻　日本評論社　2003
ランドー，A. S. 著，戸田祐子訳　エゾ地一周ひとり旅―思い出のアイヌ・カントリー　未來社　1985
リコルド著　日本沿岸航海および対日折衝記　ゴロヴニン著，井上満訳　日本幽囚記（下）　岩波文庫　1946
レザーノフ著，大島幹男訳　日本滞在日記 1804-1805　岩波文庫　2000
露領水産組合編　露領漁業の沿革と現状　同組合　1939
渡辺一雄　北千島慰問記録　1943　稿本（北大図書館）
渡辺哲雄　千島物語―その風土と生活　北海タイムス社　1979
渡辺藤四郎　北の第一線―北千島従軍記　北方日本社　1944
和田春樹　北方領土問題を考える　岩波書店　1990
和田春樹　開国―日露国境交渉　日本放送出版協会　1991
和田春樹　北方領土問題―歴史と未来　朝日選書　1999

3. 欧文文献（著・編者のアルファベット順。露文はLC方式の翻字による。邦訳はカッコ内の和文文献参照）

Academy of Sciences of the USSR　The Pacific: scientific investigations.

Leningrad, 1926

Adami, Norbert R.　Eine schwierige Nachbarschaft: Die Geschichte der russisch-japanischen Beziehungen. München, 1990（アダミ著，市川伸二訳　遠い隣人―近世日露交渉史）

Aiushin, N. B. *et al*.　Pamiatniki voennoi istorii na severnykh Kurilakh (po rezul'tatam obsledovaniia ostrov Shumshu i Paramushir v 1991–92). (Kraevedcheskii Biuleten', 1998, no.1)

Alekseev, A. I.: Kurily: russko-iaponskii rubezh. Iuzhno-Sakhalinsk, 1991

Atlas Kuril'skikh ostrovov (Rossiiskaia Akademiia Nauk, Institut Geografii). Moskva-Vladivostok, 2009

Atlas Sakhalinskoi Oblasti. Chast' II: Kuril'skie ostrova. Topograficheskaia karta masshtaba 1:200,000. Iuzhno-Sakharinsk, 1994

Avdiukov, Iu. F.(ed.)　"Komandor": stranitsy zhizni i deiatel'nosti …… N. P. Rezanova. Krasnoiarsk, 1995

Bagrov, V. N.　Iuzhno-Sakhalinskaia i Kuril'skaia operatsiia (Avgust 1945 goda). Moskva, 1959（バグロフ著，近末義弘訳　南樺太および千島戦史（陸上自衛隊幹部学校記事））

Bancroft, Hubert　History of Alaska, 1730–1885. San Francisco, 1886

Benyowsky, M. A.　The memoirs and travels of Mauritius Augustus count de Benyowsky. London, 1893（水口志計夫・沼田次郎編訳　ベニョフスキー航海記）

Berg, L. S.　Otkrytiia Kamchatki i kamchatskie ekspeditsii Beringa. Moskva, 1929（ベルグ著，小場有米訳　カムチャツカ発見とベーリング探検）

Bergman, Sten　Sport and exploration in the Far East: a naturalist's experiences in and around the Kurile Islands. London, 1933（ベルクマン著，加納一郎訳　千島紀行）

Bolkhovitinov, H. H. (ed.)　Istoriia russkoi Ameriki, 1732–1867. 3 vols. Moskva, 1997

Bondarenko, Oleg　Neizvestnye Kurily: ser'eznye razmyshleniia o statuse Kuril'skikh ostrovov. Moskva, 1992（ボンダレンコ著，上月豊汎・赤地活喜訳　北方四島返還のすすめ―在住ロシア・ジャーナリストの提言）

Broughton, W. R.　A Voyage of Discovery to the North Pacific Ocean per-

formed in His Majesty's sloop Providence in the years 1795, 1796, 1797, 1798..., London, 1804

Busse, N. V. Ostrov Sakhalin; Ekspeditsiia 1853-54 gg.; dnevnik 25 avgusta 1853 g.-19 maia 1854 g. St. Peterburg, 1872(ブッセ著，秋月俊幸訳 サハリン島占領日記 1853-54—ロシア人の見た日本人とアイヌ)

Campbell, Archibald A voyage round the world, from 1806 to 1812: in which Japan, Kamchatka, the Aleutian Islands…. were visited. New York, 1816

Cherevko, K. E. Zarozhdenie Russko-Iponskikh otnosheniia XVII-XIX veka. Moskva, 1999

Coen, C. J. Voyage to Cathay, Tatary and the Gold-and Silver-rich islands, east of Japan, 1643: the journal of C. J. Coen relating to the voyage of Marten G. Fries to the north and east of Japan. original Dutch text and English translation ed. by Willem C. H. Robert. Amsterdam, 1975(北構保男 1643年アイヌ社会探訪記—フリース船隊航海記録)

Davydov, G. I. Two Voyages to Russian America, 1802-1807. Kingston, Canada, 1977〔露領アメリカへの2回の航海〕

Dmytryshyn, Basil and Crownhart-Vughan, E.A.P.(ed. and tr.) To Siberia and Russian America: Three Centuries of Russian Eastward Expansion, 1558-1867. A documentary record. 3 vols. Portland, Oregon historical society, 1985-1989

Dostojewsky, M. Russlands Vordringen zum Stillen Ozean und seine erste Berührung mit Japan. Japanisch-deutsche Zeitschrift, Jahrgang 1930

Efimov, A. V. Iz istorii russkikh ekspeditsii na Tikhom okeane: pervaia polovina XVIII veke. Moskva, 1948

Elizar'ev, Vitalii Podlinnaia istoriia Kuril'skikh ostrovov i Sakhalina XVII-XX vv. Moskva, 2007

Eremin, Vladimir Rossiia—Iaponiia i territorial'naia problema: poisk resheniia. Moskva, 1992

Fainberg, E. Ia. Russko-iaponskie otnosheniia v 1697-1875 gg. Moskva, 1960(ファインベルク著，小川政邦訳 日本とロシア—その交流の歴史)

Georgiev, Iu. V. Kurily: ostrova v okeane problem. Moskva, 1998

Golder, F. A.　Russian Expansion on the Pacific, 1641-1850. Cleveland, 1914

Golovnin, V. M.　Zapiski Vasiliia Mikhailovicha Golovnina v plenu u iapontsev v 1811, 1812, i 1813 godakh. St. Peterburg, 1851(ゴロヴニン著，井上満訳　日本幽囚記 上・中・下)

Grekov, V. I.　Ocherki iz istorii russkikh geografichekikh issledovanii v 1725-1765 gg. Moskva, 1960

Gubler, A.　Die Kurilen; ein geographisch-etnographischer Beitrag. (Mitteilungen der geographisch-etnographischen Gesellschaft in Zürich, Bd. 32, 1931-32)

Hasegawa, Tsuyoshi　The Northern Territories dispute and Russo-Japanese relations. 2 vols. Berkeley, Univ. of California, 1998

Khlebnikov, K. T.　Colonial Russian America: Kyrill T. Khlebnikov's report, 1812-1832. Portland, 1976〔露領アメリカ植民地〕

Kirichenko, Aleksei　Neizvestnye momenty 200 let Iapono-Rossiskikh otnoshenii(キリチェンコ著，川村秀編集・名越陽子訳　知られざる日露の二百年)

Klaproth, Julius　Kurilen oder Aino. Asia Polyglotta. Paris, 1823

Kojima, Kurataro　Puteshestvie na Kurilskie ostrova〔千島紀行〕　稿本(北海道立文書館)1884(Zajac, Malgorzata 訳　小島倉太郎の千島日記)

Koller, Susanne　Die historische Entwicklung der Kurilen－Ainu in den Jahren 1875-1884: Mit besonderer Berücksichtigung ihrer Umsiedlung auf die Insel Shikotan im Jahre 1884〔スイス・チューリッヒ大学哲学部修士論文 1996〕

Kossov, O. A.　Sistemnyi podkhod k probleme Iuzhunykh Kuril. Moskva, 2000

Kostanov, A. I.　Dokumental'nye istochniki po istorii otkrytiia Sakhalina i Kuril'skikh ostrovov (XVII—pervaia polovina XIX vv.). (Kraevedcheskii Biulleten', 1992/1)

Krasheninnikov, S. P.　Opisanie zemli Kamchatki: s prilozheniem raportov, donesenii i drugikh neopublikovannykh materialov. M-L, 1949〔カムチャツカ誌〕(英訳：Stepan Petrovich Krasheninnikov. Explorations of Kamchatka. Translated by E.A.P. Crownhart-Vaughan. Portland, 1972)(「カムチャツカ誌」の第3部「カムチャツカの住民」の抄訳が，

ステラー著，加藤九祚訳『カムチャツカからアメリカへの旅』に収録されている）
Krusenstern, I. F.　Reisen um die Welt in den Jahren 1803, 1804, 1805 und 1806 …auf den Schiffen Nadesgda und Newa … Berlin, 1811（クルウゼンシュテルン著，羽仁五郎訳注　日本紀行）
Kuno, Yoshi S.　Japanese expansion on the Asiatic continent; a study in the history of Japan with special reference to her international relations with China, Korea, and Russia. 2 vols. Berkley, 1937-1940
Laksman, Adam　Zhurnal posol'stva A. Laksmana v Iaponiiu. (Inst. Istorii AN SSSR. Istoricheskii Arkhiv. 7 god, no.4, 1961)（ラクスマン著，中村喜和訳　日本来航日誌）
Landor, A. H. Savage　Alone with the Hairy Ainu; or, 3800 miles on a pack saddle in Yezo and a cruise to the Kurile Islands. London, 1893（ランドー著，戸田祐子訳　エゾ地一周ひとり旅─思い出のアイヌ・カントリー〔旅行記部分の抄訳〕）
Langsdorf, G. H.　Bemerkungen auf einer Reise um die Welt in den Jahren 1803 bis 1807. Frankfurt, 1812
Latyshev, I. A.　Pokusheniia na Kurily. Iuzhno-Sakhalinsk, 1992
Latyshev, I. A.　Kto i kak prodaet Possiiu: khronika rossiisko-iaponskikh territorial'nykh torgov (1991-1994 gody). Moskva, 1994
Latyshev, I. A., Senchenko, I. A. et al.　Russkie Kurily: istoriia i sovremennosti. Sbornik dokumentov po istorii formirovaniia russko—iaponskoi granitsy. Moskva, 2002
Lensen, G. A.　Russia's Japan Expedition of 1852 to 1855. Gainesville, Florida, 1955
Lensen, G. A.　The Russian Push towards Japan: Russo-Japanese Relations, 1697-1875. Princeton, 1972
Lensen, G. A.　The Strange Neutrality: Soviet-Japanese Relations during the Second World War, 1941-1945. Tallahassee, Florida, 1972
Milne, J.　Notes on the Koro-pok-guru or pit-dwellers of Yezo and the Kurile Islands. (Transactions of the Asiatic Society of Japan. Vol. 10, 1882)
Miybe, Kingo　The flora of the Kurile Islands. Boston Society of Natural History, 1890〔千島植物誌〕

Müller, G. F. Sammlung russischer Geschichte. Bd.3. St. Peterburg, 1758〔ロシア史集成 第3巻〕

Müller, G. F. Voyages et decouvertes faites par les Russes le long des côtes de la Mer Glaciale & sur l'Océan Oriental, tant vers le Japon que vers l'Amérique……Tome 1. Amsterdam, 1766

Murayama, Shichiro Ainu in Kamchatka. Bulletin of the Faculty of Literature, Kyushu Univ., No.12, 1968

Novakovskii, S. I. Iaponiia i Rossiia. Tokyo, 1918

Okun', S. B. Ocherki po istorii kolonial'noi politiki v Kamchatskoi krae. Leningrad, 1935(オークニ著，原子林二郎訳 カムチャツカの歴史—カムチャツカ植民政策史)

Okun', S. B. The Russian-American Company. Cambridge, 1951

Pozdneev, Dimitorii Materialy po istorii severnykh Iaponii i eia otnoshenii k materiku Azii i Rossii. Tom 1-2 Iokokhama, 1909〔ポズドネエフ著 日露関係／北日本史料〕

Polevoi, B. Pervootkryvateli Kuril'skikh ostrovov. Iuzhno-Sakhalinsk, 1982

Polonskii, A. S. Kurily. St. Peterburg, 1871(ポロンスキー著，榎本武揚他訳 千島誌)

Ramming, Martin Reisen schiffbrüchiger Japaner im XVIII. Jahrhundert. Berlin, 1931〔18世紀における漂流日本人の旅〕

Rees, David The Soviet Seizure of the Kuriles. New York, 1985

Rezanov, N. P. Zhurnal puteshestviia Dvora ego Imperatorskogo Velichestva Kamergera Rezanova iz Kamchatki v Iaponiiu i obratno v 1804, 1805 godakh. ("Komandor", pp.117-238, Krasnoiarsk, 1995)(レザーノフ著，大島幹男訳 日本滞在日記 1804-1805)

Rossiisko-Amerikanskaia Kompaniia i izuchenie Tikhookeanskogo Severa, 1779-1885: Sbornik dokumentov. Moskva, 1994

Russkie ekspeditsii po izucheniiu severnoi chasti Tikhogo Okeana vo vtoroi polovine XVIII v.: Sbornik dokumentov. Moskva, 1989

Senchenko, I. A. Istoriia Sakhalina i Kuril'skikh ostrovov: k probleme russko-iaponskikh otnosheniii v XVII-XX vekakh. Moskva, 2005

Senchenko, I. A. Sakhalin i Kurily: istoriia, osvoeniia i razvitiia. Moskva, 2006

Sgibnev, A. Popytki russkikh k zabedeniiu torgovykh otnoshenii s Iaponiiu. (Morskoi Sbornik, Tom 100, no.1, 1869)

Shubin, V. O. K voprosu o formirovanii granitsy mezhdu Rossii i Iaponiei v XVIII-XIX vv. (Kraevedchekii Biuleten'〔サハリン州郷土史紀要〕, 1990)

Shubin, V. O. Istoriia poselenii Rossiisko-Amerikanskoi Kompanii na Kuril'skikh ostrovakh〔露米会社のクリール諸島植民史〕(Kraevedchekii Biuleten', 1992/3)

Shubin, V. O. Kuril'skikie ostrova v period 1867-1877. (Kraevedchekii Biuleten', 1992/4)

Shubin, V. O. Novye materialy o pereselenii "kuril'tsev" na Kamchatku. (Kraevedchekii Biuleten', 1992/4)

Shubin, V. O. Zhizn' "kuril'tsev" na Kamchatke v 1877-1888 gg. (Kraevedchekii Biuleten', 1992/4)

Slavinskii, B. N. Sovetskaia okkupatsiia Kuril'skikh ostrovov, avgust-sent'iabr' 1945 goda. Moskva, 1993(スラヴィンスキー著，加藤幸廣訳 千島占領―一九四五年夏)

Snow, H. J. In forbidden seas: recollections of sea-otter hunting in the Kurils. London, 1910(スノ--著，馬場脩・大久保義昭訳 千島列島黎明記)

Snow, H. J. Notes on the Kuril Islands. London, 1897〔千島列島誌〕(スノー著 千島列島篇 高岡直吉 北千島調査報文 附録)

Solov'ev, A. Kuril'skie ostrova. Moskva, 1945

Steller, G. W. Beschreibung von dem Lande Kamtchchatka, dessen Einwohnern, deren Sitten, Namen, Lebensart und verschiedenen Gewohnheiten. Frankfurt & Leipzig, 1774〔カムチャツカ地誌〕

Steller, G. W. (tr. by A. Engel and O. Frost) Journal of a voyage with Bering, 1741-1742, Stanford, 1988

Stephan, J. J. Sakhalin: a history. London, 1971(ステファン著，安川一夫訳 サハリン―日・中・ソ抗争の歴史)

Stephan, J. J. The Kuril Islands: Russo-Japanese frontier in the Pacific. Oxford, 1974

Tikhmenev, P. A. A history of the Russian-American Company. Translated and edited by R. A. Pierce and A. Donnelly. Seattle, 1978〔露米会社

史〕
Tikhmenev, P. A.　A history of the Russian-American Company. Vol.2 (Documents). Translated by D. Krenov. Ontario, 1979
Torii, Ryuzo　Etude archéologiques et etnologiques. Les Ainou des Kouriles. (Journal of the College of Science, Tokyo Imperial Univ., Vol.42, 1919)(鳥居龍蔵　考古学民族学研究・千島アイヌ)
Voenskii, K.　Russkoe posol'stvo v Iaponiiu v nachale XIX veka: Posol' stvo Rezanov v Iaponiiu v 1803-1805 gg. Russkaia Starina, 1895 god (ヴォエンスキ著，堀竹雄抄訳　十九世紀初年日本に於けるロシア使節)
Vysokov, M. S.　A brief history of Sakhalin and the Kurils. Iuzhno-Sakhalinsk, 1996
Vysokov, M. S. *et al*.　Istoriia Sakhalinskoi Oblasti s drevneishikh vremen do nashikh dnei. Uchebnoe posobie po istorii. Iuzhno-Sakhalinsk, 1995(ヴィソーコフほか著，板橋政樹訳　サハリンの歴史―サハリンとクリル諸島の先史から現代まで)
Vysokov,. M. S. et al.　Istoriia Sakhalina i Kuril'skikh ostrovov s drevneishikh vremen do nachala XXI stoletiia. Uchebnoe posobie dlia studentov vysshikh uchebnykh zavedenii regiona po spetsial'nosti 〈istoriia〉. Iuzhno-Sakhalinsk, 2008
Znamenskii, S.　V poiskakh Iaponii: iz istorii russkikh geografichekikh otkrytii i morekhodstva v Tikhom Okeane. Vlagoveshchensk, 1929(ズナメンスキー著，秋月俊幸訳　ロシア人の日本発見―北太平洋における航海と地図の歴史)

本書に関係のある拙著・論稿は次の通り(発表順)。

コズイレフスキーの探検と千島地図　北方文化研究 第3号　北海道大学文学部　1968
小島倉太郎少年の魯語学遍歴　窓 28号　ナウカ社　1979
日露関係と領土意識　共産主義と国際政治 第13号　1979
江戸時代における日本人のロシア観　共同研究 日本とロシア　早稲田大学文学部安井亮平研究室　1987
シュパンベルグ探検隊と色丹島(上・下)　北海道新聞　1989.7.17-18
ロシアに漂流した日本人たち　日本とロシア―その人物交流の足跡　北海

参考文献

道日ソ友好文化会館　1989
千島列島の領有と経営　岩波講座 近代日本と植民地 第1巻(1992)所収
日露関係とサハリン島―幕末・明治初年の領土問題　筑摩書房　1994
日露関係の黎明　スラブの世界 第8巻(弘文堂 1995)所収
千島列島をめぐる日露関係　北方領土問題懇話会　1996
北辺地図史から見た初期の日露関係　ロシア研究 No.25　日本国際問題研究所　1997
日本北辺の探検と地図の歴史　北海道大学図書刊行会　1999
蝦夷地とロシア　札幌学院大学人文学部編　北海道とロシア(札幌学院大学生活協同組合 2000)所収
仙台藩とロシア　開国以前の日露関係(東北大学東北アジア研究センターシンポジウム報告集)(同センター 2006)所収
書簡集からみた宮部金吾―ある植物学者の生涯　北海道大学出版会　2010

千島史略年表

1618-20(元和 4-6)　イエズス会宣教師アンジェリスとカルワーリュが蝦夷地を訪れて，蝦夷地東方の「ラッコ島」(エトロフ島)のことを報じる。

1643　オランダの航海者フリース一行が東インド会社の命を受け，北海道・南千島・サハリン島南部の周辺海域を航行して初めてその地方の実測地図を作製。

1644(正保 1)　松前藩，幕府の命によって「正保国絵図」を提出(千島の島々は蝦夷地の東方に 36 の小島をひとかたまりに描く)。

1648　ヤクーツクのコサック，デジニョフ一行シベリア北東端のチュコト半島に進出してアナドイルスクを拠点とする。

1661(寛文 1)　伊勢松坂船の 15 人エトロフ島に漂着。

1697(元禄 10)　アナドイルスクのコサック百人長アトラーソフがカムチャツカの征服に着手し，その南部でクリール人(千島アイヌ)に出会い，大坂の漂流民デンベイを発見。

1700(元禄 13)　松前藩，幕府の命によって「元禄国絵図」を提出。

1702　モスクワに送られたデンベイを謁見したピョートル大帝は日本の商業に関心をもち，日本に至る航路の探索と交易樹立の努力を命令。

1710(宝永 7)　紀州漂流民サニマ一行がカムチャツカに漂着し，コサックに救出される。

1711　アンツィフォーロフとコズイレフスキーを首謀者とするコサックたちがカムチャツカで反乱を起こして隊長たちを殺害し，千島第 1 島のシュムシュ島に渡る。

1712(正徳 2)　薩摩大隅船エトロフ島に漂着。

1713　コズイレフスキー一行のコサックたちが，パラムシル島まで遠征し，この島で捕虜にしたエトロフ島アイヌのシャタノイからマツマイ島(北海道)までの千島の 15 の島名と各島の特徴を知る。

1721　エヴレイノフとルージン，ピョートル大帝から秘密の命令を受け海洋船で千島第 6 島まで航行して地図を作製。

1739(元文 4)　日本探索のシュパンベルグ探検隊，仙台湾の田代島沖合で漁民や仙台藩士と接触，帰途濃霧のなかで南千島周辺を航行して地図を作製。

1766-69　コサック百人長チョールヌイ，ヤサークの支払いを嫌って逃亡した千島アイヌたちを追って南下し，ラッコの豊富なウルップ島に到達。

千島史略年表

1770-71　プロトジャーコノフ商会の一行，ウルップ島のラッコ狩猟をめぐってエトロフ島アイヌたちと争い，21人が殺害される。

1771（明和8）　カムチャツカ流刑のハンガリア人ベニョフスキー，流刑囚や労働者たちを誘ってボリシェレツクで反乱を起こし，官船を奪ってマカオを目指し逃亡。その途中，四国や奄美大島に立ち寄り，長崎のオランダ商館宛にロシアの蝦夷地への野心を警告。

1778（安永7）　シベリア政庁が派遣したシャバーリン一行のロシア人たちが厚岸で松前藩の使節一行と会見し，交易関係の樹立を申し出て断わられる。

1783（天明3）　仙台藩医工藤平助，ロシア南下の情報を記した『赤蝦夷風説考』を幕府に提出し，蝦夷地開発とロシア交易の必要を説く。

1785-86（天明5-6）　老中田沼意次，蝦夷地の実地調査のために5人の普請役を責任者とする調査隊を派遣。調査隊はウルップ島以南の南千島およびカラフト島南部を調査し，地図を作製。

1786（天明6）　仙台藩士林子平，『三国通覧図説』を刊行してロシア人の千島進出とアイヌ交易を記す。

1787　フランスのラペルーズ探検隊，沿海州沿岸とサハリン西岸を正確に測量してラペルーズ海峡を通過したのち，南千島を経由してカムチャツカに至る。

1789（寛政1）　クナシリ島およびメナシ（北海道東端地方）のアイヌたちが蜂起して場所請負人配下の和人たち71人を殺害，松前藩に鎮圧される。

1791（寛政3）　仙台藩士林子平，『海国兵談』を刊行してロシアの南下に対する警戒と諸外国に対する沿岸防備の急務を説く。翌年老中松平定信により版木を没収され，仙台での蟄居を命じられる。

1791-92（寛政3-4）　幕府の蝦夷地再調査に際して最上徳内が普請役に取り立てられ，南千島およびカラフト南部を調査。

1792-93（寛政4-5）　ロシア使節ラクスマンが伊勢漂流民大黒屋光太夫らを送還して根室に到来し，通商樹立を要請。幕府は使節を松前で応接し，長崎入港の信牌（許可証）を渡す。

1795　イルクーツクの大商人シェリホフ，将来の対日交易に備えてウルップ島にズヴェズダチェトフを団長とする40人の植民団を派遣（1805年退去）。

1796-97（寛政8-9）　イギリスの航海者ブロートンが2度にわたり蝦夷地のアブタ（虻田）に到来して松前藩士と接触。北海道南岸，南千島，タタール海峡両岸を測量。

1799（寛政11）　幕府が東蝦夷地および南千島諸島の7カ年上地を決定して，津軽・南部両藩に警備を命じ，経営の重点をエトロフ島に置く。

1799　ロシアは北太平洋領土を統括する特権的な株式会社として「露米会社」

を設立。

1804(文化1)　露米会社代表のレザーノフが特命全権大使として長崎に到来し，ラクスマンに与えられた信牌を持参して通商関係の樹立を要請したが，幕府は鎖国を理由に拒絶。

1804-05　ロシアの航海者クルーゼンシュテルンがサハリン島東岸を測量したのちアムール・リマーンに達するも，政府の禁令で調査できず。

1806(文化3)　南部牛滝村の継右衛門一行(1803年パラムシル島に漂着)がカムチャツカから独力でエトロフ島に帰着。

1806-07(文化3-4)　レザーノフの指令を受けた露米会社船がカラフトのアニワ湾の漁場施設やエトロフ島の津軽・南部陣屋などを襲撃して焼き払う。

1807(文化4)　幕府が西蝦夷地・カラフト南部を含む全蝦夷地を直轄し，松前藩は奥州梁川に移封される。

1808-09(文化5-6)　松田伝十郎と間宮林蔵がカラフト奥地の調査に派遣され，カラフト西岸のラッカ岬まで到達。翌年間宮はアムール河口北方のナニオーに達してカラフトが島であることを確認。次いでギリヤーク人首長に同行してアムール河畔の満州仮府で朝貢交易の実態を調査し，帰途にアムール河口およびアムール・リマーンの正確な地図を作製。

1811(文化8)　ロシア艦長ゴロヴニーンの一行，クナシリ島のトマリに上陸して日本側の捕虜となり，松前に幽閉される(1813年釈放)。

1821(文政4)　幕府は蝦夷地の直轄をやめ，松前藩に全蝦夷地を復領させる。

1821　露米会社の第2次特許状が千島列島における会社の管轄地を「ウルップ島の南端の岬北緯45度50分まで」と規定。

1822　露米会社，ウルップ島にロシア人とアレウート人の狩猟植民団を送る。

1853(嘉永6)　プチャーチンの率いる4隻のロシア艦隊が長崎に入港し，国交と領土確定を要請(1855年日露和親条約)。

1855(安政2)　幕府は松前および江差地方を除く北海道と南千島，カラフト島南部を再び松前藩から上地して箱館奉行所を置き，蝦夷地を東北6藩に分領して警備と経営を委ねる。

1869(明治2)　明治新政府が蝦夷地を「北海道」と改称，11国86郡に分け，行政官庁として札幌に「開拓使」を置く。

1872(明治5)　南千島諸島は千島国として開拓使根室支庁に属す。
英米人狩猟者たちによる千島列島でのラッコ密猟が始まる。

1875(明治8)　ペテルブルグで「樺太千島交換条約」調印(樺太との交換で北千島諸島が日本領となる)。
北千島諸島を千島国に編入して，得撫・新知・占守の3郡を置く。

1882(明治15)　開拓使を廃して北海道に函館・札幌・根室の3県を置き，千

島列島は根室県の管轄となる。

1884(明治 17) 根室県令湯地定基，政府の官吏たちに随行して千島巡視に赴き，シュムシュ島に集結していた千島アイヌたちを説得して全員をシコタン島に移す。

植物学者宮部金吾，札幌農学校植物園のための採集旅行中にシコタン島とエトロフ島を訪れ，千島固有の植物を採集。

1891(明治 24) 明治天皇の勅命を受けて，片岡侍従の一行千島巡視の途中エトロフ島で越年，翌春シュムシュ島のモヨロップ湾で調査。

岡本監輔が「千島義会」を設立し，ウルップ島以南の千島諸島を視察。

1893(明治 26) 「報效義会」の郡司大尉一行，隅田川を発して北千島へ向かうも八戸沖で遭難，その後生存者の一部は測量艦磐城に便乗してシュムシュ島に到着し越年。

1896(明治 29) 函館のセミョーノフ商会が鮭や鱒の塩蔵に習熟した日本人漁夫をカムチャツカに送る。以後その地にロシア人名義の日本船や日本の密漁船が殺到。

1899(明治 32) 東大人類学教室の鳥居龍蔵，軍艦武蔵に便乗してシュムシュ島で竪穴調査の後，シコタン島で千島アイヌたちの言語・習慣その他を研究(1903 年『千島アイヌ』を刊行)。

1900(明治 33) 北海道庁参事官高岡直吉らが北千島諸島の総合研究を実施(『北千島調査報文』)。

1907(明治 40) 「日露漁業協約」が締結され，カムチャツカ東西岸・オホーツク海沿岸における日本漁業が発展。

1928(昭和 3) ソ連政府との間で「日ソ漁業協約」が締結され，北洋漁業の取り締まりが厳しくなる。

1929(昭和 4) スウェーデンの動物学者ベルクマンが農林省の協力で千島諸島の動物相を調査。

1931-32(昭和 6-7) 北海道水産試験場の調査船が北千島オンネコタン海峡を回遊する鮭・鱒の大魚道を発見，水産業界にセンセーションを巻き起こし，以後北千島諸島は北洋漁業の大基地となる。

1933-38(昭和 8-13) 函館の考古学者馬場脩，北千島のシュムシュ，パラムシル両島で 5 度にわたり発掘調査を行なって多数の考古学資料を収集。

1940(昭和 15) 北千島のシュムシュ，パラムシル両島に陸軍の要塞構築が始まる。

1941(昭和 16) 12 月日米開戦。

1943(昭和 18) 5 月アリューシャン列島のアッツ島守備隊玉砕，7 月末キスカ島守備隊が北千島パラムシル島に撤退。

1944-45(昭和 19-20)　中部千島への増援部隊，米潜水艦の待ち伏せ雷撃で多数の犠牲者を出す。

1945(昭和 20)　日本のポツダム宣言受諾後の 8 月 18 日未明，ソ連軍がシュムシュ島に強行上陸して日本の守備隊と激戦。その後ソ連軍は千島列島の全てを無血占領。

1947(昭和 22)　サンフランシスコ平和条約締結(日本は千島列島に対する権利を放棄するも，ソ連は調印せず)。

1955(昭和 30)　ロンドンにおける日ソ両国大使の国交回復交渉で，初めてクナシリ，エトロフ両島の返還をめぐる「北方領土問題」が起こる。

1956(昭和 31)　モスクワで鳩山首相が「日ソ共同宣言」に署名し，日ソの国交が回復。

1960(昭和 35)　「日米安保条約」改定に対しソ連は「日ソ共同宣言」に記されたシコタン，ハボマイ群島の返還に条件をつける。

1976(昭和 51)　ソ連の 200 海里漁業水域設定に対し，日本側はソ連の北方水域での漁業規制を認めて日本漁船の安全操業を確保。

1991(平成 3)　ゴルバチョフ大統領，来日時の共同宣言において「北方領土問題」を含む平和条約の話し合いをしたことを確認。

1993(平成 5)　エリツィン大統領来日の際細川首相と会談して「日露関係に関する東京宣言」をまとめ，法と正義の原則に基づく領土問題の解決を約束。

1997(平成 9)　橋本首相の訪露に際してエリツィン大統領との間で「クラスノヤルスク合意」，翌年「川奈合意」。

2011(平成 23)　メドベージェフ大統領，ロシア元首として初めて北方領土のクナシリ島を訪問し日本側の反発を受ける。翌年には首相として再度同島を訪問。

2012(平成 24)　プーチン首相，再度の大統領就任を前にして日欧の主要新聞記者らに「北方領土問題」解決への意欲を語る。

図版出典一覧

図 1　H. チースリク編『北方探検記』より
図 2　P. Teleki: Atlas zur Geschichte der Kartographie der Japanischen Inseln より
図 3　J. Janssonius. Nova et accurata Iaponiae, Terrae Esonis...descriptio, 1650(北海道大学附属図書館所蔵図より)
図 4　国立歴史民俗博物館所蔵図(成田修一編『蝦夷地図抄』より)
図 5　S. Remezov. Chertezh vnov' Kamchadal'skie zemli i moria, ca. 1712 (A. V. Efimov: Atlas geograficheskikh otkrytii... より)
図 6　A. Shestakov. 〔The so-called Shestakof map〕 ca. 1725 (F. A. Golder: Russian expansion on the Pacific より)
図 7　Karta Evreinova, ca. 1722 (A. V. Efimov: Atlas geograficheskikh otkrytii... より)
図 8　Karta iuzhnoi chasti Kamchatki i Kuril'skikh ostrovov M. Shpanberga, ca. 1739 (A. V. Efimov: Atlas geograficheskikh otkrytii... より)
図 9　Mappa generalis totius Imperii Russici, 1745 (Kayserliche Academie der Wissenschaften: Russischer Atlas... より)
図 10　ゲッチンゲン大学図書館所蔵図